明治大学資源利用史研究クラスター
先史文化研究の新展開
2

身を飾る縄文人

副葬品から見た縄文社会

栗島義明 編

はじめに

　従来から装身具についての研究は、決して考古学のなかで主流とは言い得ない対象でありテーマでもあったが、それは多くの装身具が確認されている縄文時代にあっても例外ではなかった。装身具研究の魅力は素材や形態の多様性だけでなく、縄文人がそれを身に着けることで自身は言うに及ばず、集団内の自らの役割と地位を表示していた、つまり集団や社会と個人との関わりを示す具体的な示標遺物であることに集約できる。

　集団墓や廃屋墓など引き合いに出すまでもなく、縄文時代に於いて総ての人々が装身具を身に着けていた訳ではなくて、集落内のなかも特定の人物のみが装着していた可能性がたかい。性別や年齢、出自や人物の技量や能力など様々な要因がその背景にあったと推察され、考古学が今その解明への途上にあることが本書の論文からも理解していただけるであろう。

　また、現代のそれと比較しても遜色のない多種多様な縄文時代の装身具類、髪飾り、箋（ヘアピン）、耳飾り、首飾り、胸飾り、腕輪、腰飾りなど、これらがどんな素材を用いて、何時、どの地で流行し、どんな人物が身に着けていたのか、本書のページをめくるなかで縄文の不思議やロマンに出会えるのではないかと考えている。研究者ばかりでなく、一般の方々にとってもそれは興味ある過去との出会いとなるに違いない。

栗島　義明

2019 年 9 月 20 日

身を飾る縄文人 —副葬品から見た縄文社会— 目次

はじめに ……………………………………………………… 栗島義明　*1*

序　章　身を飾る縄文人 ……………………………… 栗島義明　*4*

第Ⅰ章　列島各地の副葬品

第1節　定住化に伴う副葬品の顕在化
　　　　—富山県小竹貝塚— ……………………………… 町田賢一　*15*

第2節　東京湾岸域に風靡した帯佩具
　　　　—千葉県草刈貝塚出土の叉状角製品を焦点に— ……… 渡辺　新　*31*

第3節　北海道南西部の縄文時代の装身具 ………… 青野友哉　*51*

コラム①　東北北部地域の墓と副葬品—青森・岩手・秋田— … 八木勝枝　*66*

第4節　東海地方の貝塚に残された副葬品 ………… 川添和暁　*71*

コラム②　縄文時代最古の装飾品—長野県栃原岩陰遺跡— ……… 藤森英二　*89*

第Ⅱ章　装身具素材の採集・加工

第1節　玦状耳飾と前期の装身具 …………………… 川崎　保　*101*

コラム①　取掛西貝塚について …………………………… 石坂雅樹　*116*

第2節　ヒスイ原産地での玉類製作 ………………… 木島　勉　*121*

第3節　余山貝塚と貝輪の生産・流通 ……………… 栗島義明　*135*

コラム②　晩期土製耳飾りの製作跡—群馬県桐生市千網谷戸遺跡— … 増田　修　*149*

コラム③　航海者が残した装身具—東京都八丈島倉輪遺跡— …… 栗島義明　*156*

第Ⅲ章　各種装身具の流通と着装方法

第1節　後晩期の土製耳飾り …………………………… 吉岡卓真 *165*

コラム①　東三洞貝塚―貝輪の生産と流通― ……………………… 河　仁秀 *181*

第2節　後晩期集落内における耳飾祭祀の展開
　　　　―土製耳飾集中出土地点の形成背景― ……………… 三浦　綾 *189*

第3節　後晩期の勾玉の広域性と地域性 ……………… 森山　高 *205*

コラム②　巨大遺跡に残された副葬品―長野県岡谷市梨久保遺跡― 山田武文 *222*

コラム③　吉胡貝塚―人骨と装飾品：腰飾り― ……………… 栗島義明 *228*

コラム④　ヒスイとコハクの出会い ……………………… 栗島義明 *234*

第Ⅳ章　副葬品と縄文社会

第1節　古人骨から見た装身具と着装者 ……………… 谷畑美帆 *237*

コラム①　着飾った縄文女性―山鹿貝塚2号人骨から― ………… 栗島義明 *248*

第2節　大珠の佩用とその社会的意義を探る ……… 栗島義明 *253*

第3節　縄文時代の墓制と装身具・副葬品の関係 … 山田康弘 *267*

コラム②　彩り鮮やかな合葬墓
　　　　―北海道恵庭市カリンバ遺跡― ……………… 木村英明・上屋眞一 *290*

コラム③　蔚珍竹邊里顔面付突起と東三洞貝塚出土の仮面形貝製品
　　　　―北の顔と南の顔　朝鮮半島と九州― ………………… 廣瀬雄一 *296*

第4節　身体装飾の発達と後晩期社会の複雑化 ……… 阿部芳郎 *303*

あとがき ……………………………………………… 栗島義明 *322*

執筆者一覧 …………………………………………………… *323*

序　章

身を飾る縄文人

栗 島 義 明

はじめに

　「身を飾る縄文人」。こんなタイトルの本を作ってみようかと漠然と考えるようになったのは8年程前のことであっただろうか。当時、縄文時代の装身具についてヒスイ製大珠を中心に数人の研究者を交えて討議する機会があったが、それ以後は多種多様の装身具類がどの時期にどんな地域を中心に発達し、生産遺跡を中心にその広域的な分布や流通についても強い興味を抱くこととなった。装身具はどうしても土器や石器などと言った、言わば研究の表舞台に立った研究対象と同等に扱われることは少なく、しかも住居や墓など遺構研究との関連性を積極的に分析・検討されることも比較的少なかった。何よりも多くの装身具研究が個々の形態についての時間的変位やその空間的分布についての議論に留まっていた点、反省すべきことは確かにあったように感じるのは決して私一人ではないであろう。

(1) 研究の課題

　装身具研究の最大の障害は、本来の機能を知ることのできる良好な装着事例が少数にとどまる点にあることは多言を要しない。髪飾り、耳飾り、胸飾り、腕飾りなどの装身具が使用した人物と共に出土、すなわち使用状況を明確に示すような装着状態を保ったまま検出されることは非常に稀であり、わずかに海浜部に残された貝塚に限定されてしまっているうえに、その貝塚に於いても人骨の出土例は決して多くはないうえに装身具を伴出した事例は極めて少数に留まる。このように述べると其々の装身具が少数ながらも人骨装着事例があり、

しかも形態的特徴から改めてその機能を疑う余地はないとの意見も聞こえてこようが、機能が明確で装着事例の多い貝輪についてさえ女性の年齢構成とどんな対応関係にあり、左右の装着数の相違や素材貝の違いがどのような意味や社会的背景を持ったものか、そもそも貝輪がすべての女性が身に付けたのか否か、或る年齢や時期、特別な地位の表象であったのかなど、最も基本的な疑問への答えは見出されていない。ましてや発見例も装着例も少ない髪飾りや腰飾り、発見例は膨大だが装着事例が極端に少ない耳飾りなどに関しては、今後に残された研究課題も多いと言わなければならない。

(2) 研究の方向性

多くの課題が山積した状況は何も当該装身具研究に限られたことではない。縄文遺跡から出土する膨大な土器や石器についても実はその機能さえ十分に明確とはなっていないものも多い。打製石斧の用途、多様な磨製石斧が木工加工のどの場面で使い分けられていたのか、いわゆる「石匙」や「凹石」の機能、そして土器にしても深鉢形土器がどのような食糧調理に使われたのか、浅鉢や皿、香炉など多様な形態の土器がどのような機能を有し、どのような場面で使用されたのか、まだまだ研究者の間でも見解の食い違いも多く議論は尽くされてはいない。

そのような研究現状を踏まえつつも、装身具研究にはほかの考古資料にも決して引けを取らない魅力的、且つ縄文研究にとって極めて重要な可能性を秘めている。考古学研究の目標をどこに据えているか、研究者によって多少の違いはあるだろうが、多くの研究者がその時代の人々の生活や集団、社会の姿を知りたいという目的を掲げていることは間違いない。装身具研究はそのような目的に迫るための、極めて重要であり有効な考古資料の一つであることは間違いない。装身具の装着が性別や年齢構成、或いは特定個人や世帯などに関連している可能性については従来から指摘されていることであるが、そのような問題へのアプローチはまさに縄文人やその集団、社会を知るための有効な学問的手段として位置づけられるであろう。また同じ装身具であっても地域によって装着の仕方や材質に対する評価が相違するならば、地域社会の制度や地域文化というものを把握する近道となり得る。集落の形態や埋葬風習など縄文社会やそ

の構成を知る為に多くの考古学者は研究を積み重ねているが、装身具研究はそれらと共に当時の集団や社会、とくに社会の構成や慣習・風俗面への優れたアプローチ手段として位置づけることも可能と言えるのである。

　もう一つ忘れてならないのが、縄文社会における交易問題への解明に果す装身具研究の役割にある。装身具類はその装着部位および方法が形態を規定していることから、形態的な変位は比較的少ない部類に属している。形態的な変化に乏しいということは、反面で素材選択が厳格化していることにも結び付いており、とくに腕輪に於けるオオツタノハ、胸飾りである大珠や連珠・勾玉の素材となったヒスイやコハクが著名である。オオツタノハは伊豆諸島の三宅島以南か鹿児島県のトカラ列島付近で採取され、ヒスイは新潟県糸魚川周辺、コハクは千葉県銚子市の犬吠埼というように、その採取地（生息地）や産出地が限定された素材を用いたものが在り、特徴的な装身具形態と一目瞭然の素材特質から広域的な分布実態が古くから指摘されてきた。とくに装身具はほかの道具よりも地域や地方を超えて遠隔地へと運ばれる性格も併せ持つことから、縄文時代の活発な交易活動を端的明瞭に示す資料として、とりわけオオツタノハ製貝輪やヒスイ製大珠の広域分布が、多くの研究者の注目を集めている点についてはここで指摘するまでもない。

(3) 具体的事例と研究実践

　列島各地にはそれぞれの地域に根差した、或いはその地域でとくに発達した

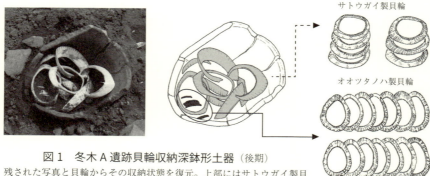

図1　冬木A遺跡貝輪収納深鉢形土器（後期）
残された写真と貝輪からその収納状態を復元。上部にはサトウガイ製貝輪9点、底部付近にオオツタノハ製貝輪が14点納められていたと考えられる。（写真は茨城県教育財団提供）

装身具の存在も知られており、そのような事例についてはコラムのなかでも取り上げてみたところである。東北地方の後〜晩期の土壙に副葬されたヒスイ・コハク製の小玉（連珠）については八木氏からの報告をいただいた。関連した東北北部から道南地域を含めて当該地域の副葬品の豊富さと種類の多さは青野氏の論考に詳細に触れられているとおりであり、東海地方の貝塚や副葬品を熟知した川添氏の論考からも、縄文社会の複雑化や装身具類が社会や組織との関係性を有し、集団のなかでの佩用者の地位やそこでの役割を投影している可能性を読み取ることができよう。そして縄文社会の複雑化や階層問題については北海道カリンバ遺跡の合葬墓の評価を避けては通れない。過剰なまでに着飾ったとも例えられる多数の装身具を身にまとった人物が複数、同一の墓に時を置かずして埋葬されている事実をどのように評価するか、木村氏の問いかけは研究者への大きな課題と言える。

　群馬県千網遺跡の耳飾り、愛知県吉胡貝塚の腰飾り、福岡県山鹿貝塚の貝輪などの学史的な資料についても本書では取り上げることができた。また近年の再整理や新資料として注目されている長野県栃原岩陰遺跡の早期段階のタカラガイ、ツノガイなどの装身具類、同県梨久保遺跡の中期の土壙出土のヒスイ・コハク製の玉類、千葉県取掛西貝塚の早期段階の小玉や管玉などツノガイ製品についても紹介できたことは幸運であった。いずれにしても縄文人がその初期の段階から各種の貝製品を中心に多様な装身具を製作し、それを身に着けていたことに改めて多くの人々は驚きを覚えるに違いない。すでに縄文前期段階には貝輪用に沿岸部のベンケイガイやサトウガイのみならず、希少貝であるオオツタノハ貝を求め伊豆諸島南端部の八丈島にまで人々の足跡が及んでいたことが確認されている。島嶼部の希少貝を見出して貝輪素材に組み込んだ彼らの装身行為は驚嘆に値するし、さらにはそうしたオオツタノハ製貝輪を晩期段階まで継続的に採取・加工・流通させていた縄文時代の航海・交易に対する積極性については認識を新たにせざるを得ない。

（4）装身具の出現

　装身具の出現は旧石器時代にまで遡ることは明らかで、北海道の湯の里4遺跡やピリカ（美利河）遺跡などから出土している石製小玉を挙げれば十分であ

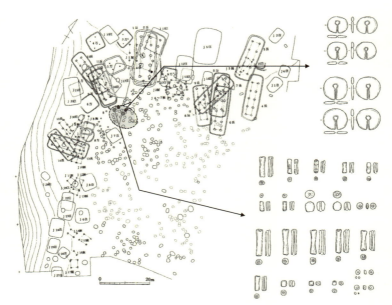

図2 根古谷台遺跡（宇都宮市教育委員会 2018『根古谷台遺跡』）
特定墓群にのみ装身具が集中している。

ろう。草創期から早期段階の縄文人たちは美しくて希少性のたかいツノガイやイモガイ、或いは呪術性や勇猛さを象徴したタカラガイや熊・サメの牙歯などを身にまとっていたと考えられ、それ以後とは装身具が持つ明らかな意味の違いがあったと推察される。前期段階では玦状耳飾りや貝輪、垂飾り、管玉、小玉含めて装身具形態の統一性が認められることは無論、それらが副葬品として出土する墓が明らかに墓域内の特的空間に集中する傾向を見出すことができるからである。装身具が明確に集団内での個人表象の装置として位置づけられた姿をそこに見出すことが可能となり、そのような傾向が認められるようになるのが環状集落の出現や定住生活の開始時期と期を同じくしているのは決して偶然ではあるまい。そうした装身具を取り巻く社会・文化環境については、廣瀬氏の報告を読むと普遍的との印象を抱くに違いない。

　町田氏が詳細に論じた富山県小竹貝塚の集団墓とそこに認められる数々の副葬品、そして川崎氏が検討したように前期初頭から全国的な広がりを見せる玦状耳飾りについても、定住生活を営むようになった集団の規模・構成を

抜きにして考えることはできまい。小竹貝塚以外にも古くは大阪府の国府遺跡の集団墓と玦状耳飾りの関係、そして近年に至り報告された福井県の桑野遺跡や栃木県の根古谷台遺跡に於ける石製装身具の特定墓群への集中も、そのような社会的背景を抜きにしては正当な判断を下すことは難しいと言えるであろう（図2）。

(5) 装身具の大量化と社会

　装身具に用いられた貴石や貝などの素材についての研究も、最近の動向として注視されている分野である。糸魚川周辺のヒスイ製品の加工遺跡については、有名な長者原遺跡を始めとして全国的に知られているところであり、木島氏も指摘しているように大量の原石を効率よく加工していた姿が出土品から確認できる。こうした大規模な生産遺跡が原産地周辺に残された現象はヒスイに限らずベンケイガイを素材とした貝輪についても確認でき、千葉県の余山貝塚ではこれまでに2000点以上の貝輪未製品が出土している。この遺跡では銚子周辺や鹿島灘などのベンケイガイの打ち上げ貝殻を持ち込んで、後期段階から継続的に貝輪製作が進められていたことが判明しているが、こうした現象が日本列島に限らずに韓半島南部、釜山郊外の著名な東三洞貝塚からも報告されている事実は極めて興味深い。河氏は貝塚周辺の豊富なベンケイガイの打ち上げ殻を用いた貝輪製作が、おもに内陸部側や対馬海峡を挟んだ九州北部への交易品としての役割を負っていた可能性を指摘している。こうした大量生産の背景には広域的な物資交易と共に、列島に見られるのと同様に貝輪の多数装着という文化的現象も同じく影響していると考えるべきであろうか。

(6) 新たな研究課題

　土製の耳飾りとヒスイなどを用いた縄文勾玉や小玉は、或る意味でもっともポピュラーで大量に発見されている縄文時代の装身具資料と言える。後期段階以後に盛行するこれらの装身具は大量に発見されるものの装着事例がほとんどなく、しかも遺構（墓）内からの出土事例も極端に少なく包含層からの出土が殆どであることから、これまで正面からそれらと向き合う研究が少なかった。その意味で森山氏の研究は貴重で今後の展開が楽しみであるし、三浦・吉岡両

氏の研究は大量に出土していることを背景にその型式や機能に迫った意欲的な論考と言える。多くの資料が確認されている土製耳飾りは千網谷戸遺跡のように製作に特化した遺跡も存在するようで、製作痕跡は不明瞭だが1遺跡に数百点から千点も上回る耳飾りを出土する例が顕著に認められ、しかもそのような遺跡は各地域に数箇所存在しているようである。群馬県の千網遺跡・茅野遺跡、栃木県の寺野東遺跡・藤岡神社遺跡、埼玉県中央部の小深作遺跡、千葉県の下戸宮前遺跡などでは数百点が、そして長野県エリ穴遺跡からは2500点を上回る土製耳飾りが発見されている。地域社会に於いて特定の集落にその製作が託されていたのであろうか。いずれにしても吉岡氏も指摘するように耳飾りの大小や文様が装着人物のライフステージと密接に関係するとすれば、地域社会のなかでも土製耳飾りの生産が特定集落へと分業的に委託された可能性も否定できない。耳飾りの文様研究からそうした地域性や相互の交流関係が追求されれば、より一層興味深い研究成果が得られるに違いない。

(7) 今後の展望

　耳飾りや勾玉、小玉など装着事例が少ないとは言え装着部位や方法が明らかな遺物であるのに対して、装着方法ほかが不明な装身具もある。代表的な資料として挙げられるのが腰飾りと呼ばれるものである。古くは1920年以前に調査された大阪府国府遺跡や岡山県津雲貝塚から発見された当該資料は、人骨の腰部から出土したことから腰飾りと呼称されたもので、鹿角を加工し穿孔を持つことから以後は腰部に吊り下げられた装身具との理解が定着した。その後、1922・1923年の吉胡貝塚の調査によってこの腰飾りが多量に発見され、そのいずれもが人骨腰部付近から発見されたことから、もはや装着部位や名称について疑問が挟まれることはなかった。この腰飾りの発生が東日本地域の中期段階にあることは定説となっているが、今回、東京湾岸の腰飾りとされた資料の詳細な観察をへて渡辺氏は儀仗と捉えるべきとの新説を披瀝している。今後、研究者の間でも大いに話題となるであろうが、定説への疑問と更なる議論の積み重ねこそが考古学の醍醐味でもあるし、その討論の深まりのなかでこそ研究深耕も果たされるに違いない。

　疑われることの少ない通説・定説に対する見直しが必要な遺物は何も腰飾り

に限ったものではない。人骨の胸部付近から検出されている大珠については、出土状況を参考に垂飾りのように装着人物の胸部を飾っていたとの認識が常識となっているが、果たしてそのとおりなのであろうか。10cmを上回る楕円形状の大形品に紐を通して下げるとなると恒常的装着はそもそも除外されるが、典型的な垂飾りが楕円形状の上端部付近が穿孔されているのに対して、ヒスイ製大珠では例外なく中央部付近に穿孔を持つ。しかも紐ズレなどの痕跡をそこに観察できた経験はなく、これら大珠が紐を通して特定人物の胸部に垂れ下がるように佩用されたものか、今後は疑って見て行く必要があろう。

まとめ

装身具研究の目指すのはそれを装着した人物との関係性の解明にある。谷畑氏のように形質人類学に精通したうえで意識的に装身具とのかかわりを追究してゆく姿勢は、今後の装身具研究のなかで欠くことのできない重要な方向性であると言える。そのような研究を強く推進されている山田氏の論考では装身具と埋葬属性との関係性、性別や抜歯、埋葬形態、埋葬施設など多様な様相を総括的に捉える姿勢を固辞されている。今後の研究指針としても高く評価されよう。恐らく研究者の多くはそのような研究領域の広がりを意識しつつも、個別的な装身具の形態的研究やせいぜいその型式的な変化や分布に主眼を置くに留まっているように感じる。装身具を用いた実在としての縄文人がどんな装身具との対応関係を成立させていたのか、その機能や意味の

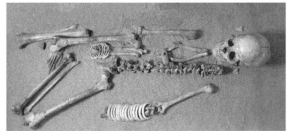

図3 北と南の着飾った縄文女性（上：礼文島船泊遺跡、礼文町教育委員会提供 下：福岡県山鹿貝塚）

追求を今後の装身具研究の方針と定め、そこに向かった研究の方向性を貫いて
ゆくことが豊かな研究成果へとつながってゆくと思われる。幸いにして今回、
阿部氏からはそのような新たな装身具研究を開拓する豊かな内容の論考を投稿
いただいており、装身具からそれを装着した人物や社会へと見事な論点を披瀝
されたことは本書にとっても大きな成果となった。

*

　近年では全国的に発掘調査が少なくなったとは言え、縄文時代の新資料の増
加は膨大であり連動するように研究の細分化が否応なく進んでいる。そのよう
な背景もあって装身具研究では、地域や時代を限定しなければその集成は無論
のこと、個別の装身具研究さえも簡単には手が付けられない程の膨大な資料数
に困惑せざるを得ない状況となっている。本書で扱った様々な装身具について
も時代や地域、そして膨大な基礎的資料を鑑みれば、加えて装着した縄文人の
形質的な特質までを考慮しなくてはならない研究現状を鑑みると、装身具研究
を概観することは可能だが、個人で総ての装身具を対象に研究推進することは
不可能となった点については改めて説明するまでもない。本書ではそれぞれの
装身具資料の分析に長け、多くの研究業績をものにされている方々に協力をお
願いし、最新の資料を含む総括的且つ精鋭的な研究成果を投稿いただくことが
できた。今後、研究者に限らず学生や一般の方々が縄文時代の装身具ばかりで
なく、当時の集団や社会制度などを考える場合には、本書をひも解き参照する
に違いないとの確証を抱くに十分な内容となっていると思う。編者としては本
当に誇らしいことであり、何よりも投稿いただいた方々にこの場を借りて深く
感謝申し上げたい。

第 I 章

列島各地の副葬品

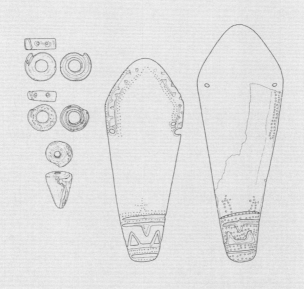

第 *1* 節

定住化に伴う副葬品の顕在化
―富山県小竹貝塚―

町田賢一

はじめに

2010（平成22）年、富山県富山市小竹貝塚から100体近くの縄文時代前期埋
葬人骨が見つかった（町田編2014）。墓壙は明確ではなかったが埋葬人骨のい
くつかには石・骨・歯牙・土製品などの供伴遺物があった。これらは被葬者の
装身具や副葬品とみられる。本稿ではこれらを紹介し、考察してみたい。

1. 小竹貝塚の概要（図1）

小竹貝塚は、富山県のほぼ中央部に位置する縄文時代前期後半の低湿地性
貝塚である。標高は現況で約3.2m。従来から"日本海側最大級の貝塚"と呼
称されるような著名な貝塚ではあるものの、本格的な発掘調査はなされてい
なかった。2009・2010年、（公財）富山県文化振興財団埋蔵文化財調査事務所
が北陸新幹線建設に先立って行った調査で竪穴建物10棟（居住域）、厚さ2m
にも及ぶヤマトシジミの貝層（廃棄域）、丸木舟を転用した板敷遺構（生産加工
域）、大量の埋葬人骨や埋葬犬（墓域）などが地点を変えてみつかり、単なる
貝塚ではなく大型の複合集落であることがわかった。これにより、"日本海側
最大級の貝塚"の名にふさわしい状況が明らかにされてきた。遺跡の存続時期
は前期中～末葉までで、最盛期が前期後葉である。

2. 埋葬人骨の概要（図2）

小竹貝塚でみつかった埋葬人骨は、坂上和弘ら国立科学博物館人類研究部の
分析で最小個体数91体を数える（坂上ほか2014）。性別は男性が女性よりも約

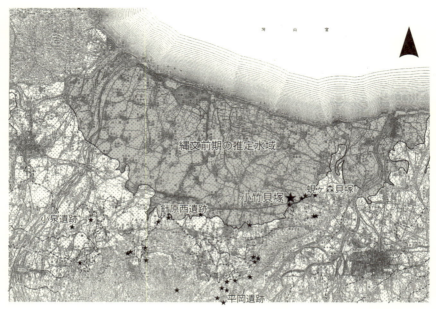

上：小竹貝塚と縄文前期の
遺跡位置（1：200.000）
5万分の1地形図富山
（明治43年測図大正4年製版）
を一部改変

下：小竹貝塚前期後葉の
遺跡利用想定図（1：5,000）

図1　小竹貝塚の位置と空間利用想定図

2倍多く、死亡推定年齢は青年（約15〜29歳）が多い。埋葬形態の内訳は、屈葬36、土器棺4、伸展葬1でそのほかは散乱骨となっている。埋葬人骨の時期は前期後葉（福浦下層式〜蜆ヶ森I式期）で、大きく4つに区分できる。1つの時期には約10〜30体が埋葬され、各期間には厚さ1〜3cm程度の灰層や破砕貝層が挟まれている。埋葬人骨は貝層を掘りこんで墓壙をつくり、貝殻（ヤマトシジミ）で埋めていることから、墓壙のプランを確認することは困難であった。

　屈葬では仰臥23（男性19・女性3・不明1）、側臥10（女性7・男性3）、不明3（男性1・女性1・不明1）で仰臥が多い。男女比をみると仰臥では男性、側臥では女性が圧倒する。仰臥のうち9体は抱石葬で、いずれも男性である。伸展葬は女性1体である。前期の伸展葬は類例が少なく、特異性がうかがえる。土器棺は、深鉢底部に周産期から1歳前後の乳児骨が入っていた。

　散乱骨が多い要因は、墓域が限られており、そこに繰り返し埋葬を行った結果、墓壙を掘るたびに以前埋葬していた人骨があらわれ、移動させられたからによる。なぜ墓域が限られているかというと、遺跡の立地が低湿地を主体としており、地盤のいい狭小な箇所は竪穴建物などの居住域になっていた。それ以外の低地は貝殻を廃棄し、一種の造成を行うことで墓壙を掘ることができる安定した場所を確保していた。このため、墓域についても貝殻の廃棄が進んだ部分にしか形成できなかった。なお、人骨には人為的損傷が残り、石斧などの石器を使って墓壙を掘っていたことが明らかとなっている。散乱骨には散在するものが多いが、四肢骨を並べて置いているものがあり、改葬の可能性がある。

3. 装身具と副葬品（図3・4、表1）

　埋葬人骨のうち、被葬者に対する副葬品とみられる遺物を直近にもつ人骨と生前もしくは死亡時に身に着けていたとみられる装身具をもつ人骨についてみていく。以前にも報告書（町田編2014）や論考（町田2015）で装身具と副葬品については扱ったが、貝層内に埋葬されていることで混入や墓壙外とみられるものがあり、共伴関係について精査し、再考した。結果、装身具は14・25・26・29・68・71号人骨の6体、副葬品は9・12・14・35・70号人骨の5体となった。このうち14号人骨は装身具と副葬品をあわせもっているので10体となる。これらの割合は、発掘調査時に埋葬人骨として認識できた72体から

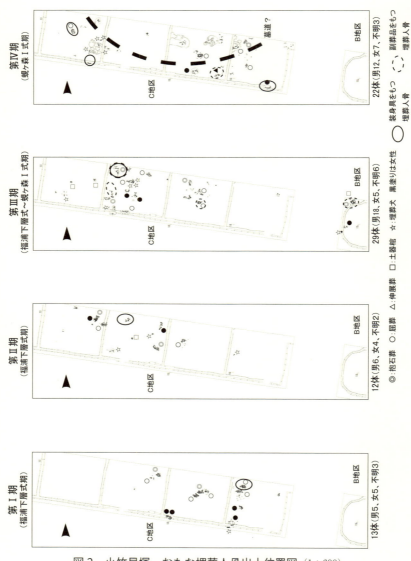

図2 小竹貝塚 おもな埋葬人骨出土位置図 (1：600)

18 第Ⅰ章 列島各地の副葬品

みると14％、報告書の最小個体数91体でみると11％といずれにせよ全体の1割強しかない。つぎにこの10体について詳しくみていく。

（1）9号人骨（図4）

埋葬形態：仰臥伸展葬　**年齢性別**：中年（約30〜49歳）女性　**推定身長**：
　152.7cm（やや高身長）　**頭位**：N71°E　**形態学的情報**：下腿骨を除いてほ
　ぼ全身が残存。中頭。齲蝕2。耳状面前溝（妊娠痕）あり。習慣的に蹲踞
　姿勢を行っていたとみられる。　**時期**：埋葬人骨第Ⅳ期（蜆ヶ森Ⅰ式期）
　^{14}C年代：4,970±28yrBP　**寄生虫**：鞭虫卵（寄生虫症の可能性あり）

副葬品：凹石1（砂岩。長さ10.8cm、幅8.6cm。表と裏面に2つずつの窪みがあ
　る。側面を研磨しており、磨石に転用されている。）

副葬品の位置：寛骨の右約6cmに凹石の長軸を人骨にあわせて置かれて
　いた。

調査所見：埋葬人骨唯一の伸展葬。上肢を強く曲げ、下肢を伸ばす。胸部に
　頭骨が乗っている。凹石が寛骨すぐ脇に長軸をあわせて置かれている
　女性。

（2）12号人骨（図3）

埋葬形態：仰臥屈葬で抱石葬　**年齢性別**：中年（約30〜49歳）男性　**推定**
　身長：153.5cm　**頭位**：N5°W　**形態学的情報**：ほぼ全身が残存。短頭。
　低顔。齲蝕1。エナメル質減形成。変形性頸椎症か。腰椎シュモール結
　節。華奢な上腕骨。二頭筋に骨増殖。橈骨にリッピング。基節骨に骨増
　殖。習慣的に蹲踞姿勢や中足指節関節を強く背屈していたとみられる。
　時期：埋葬人骨第Ⅲ期（福浦下層式〜蜆ヶ森Ⅰ式期）　**^{14}C年代**：5,137±
　30yrBP　**寄生虫**：鞭虫卵（寄生虫症の可能性あり）

副葬品：磨製石斧7（透閃石岩。長さ8cm以上で幅5cm内外の大型が3、長さ
　5cm以上で幅3cm内外の中型が2、長さ4cm以下で幅1.5cm内外の小型が2
　ある。使用痕分析の結果、刃端に摩耗があり木材対象と推定、小型は刃端に
　直交する線状痕があり、ノミとしての使用がうかがえる。）、砥石1（いわゆ
　る石皿。砂岩。長軸26.5cm・短軸24.1cm。砥面は表裏2面。）

副葬品の位置：左上腕骨の1cm左に25×13cmの範囲に磨製石斧7つをまと
　めて置く。磨製石斧は刃部を上に向ける3、下に向ける2、横向きが2

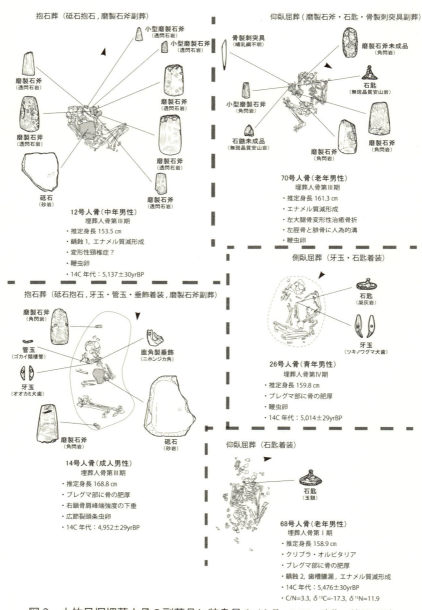

図3　小竹貝塚埋葬人骨の副葬品と装身具1（人骨：1/50、遺物：縮尺不同）

であった。胸～腹部に抱石として砥石をもつ。砥石は長軸を斜めに置いている。

調査所見：13号人骨を片付けた上に埋葬されている。胸部に砥石を抱え、上肢脇に磨製石斧7点をまとめて置く。磨製石斧は大小あり、まとまって見つかっていることから袋状の入れ物に入れていたのかもしれない。砥石は磨製石斧を磨いていたものとみられ、両者はセット関係と考えられる。

（3） 14号人骨 （図3）

埋葬形態：仰臥屈葬で抱石葬。一時埋葬後、一部攪乱か。　年齢性別：成人（年齢不明）男性　推定身長：168.8cm（高身長）　頭位：S14°E　形態学的情報：下腿骨を除いてほぼ全身が残存。中頭。ブレグマ部に骨の肥厚。右鎖骨肩峰端に強度の下垂。右の上腕骨と大腿骨が左に比べて太い。　時期：埋葬人骨第Ⅲ期（福浦下層式～蜆ヶ森Ⅰ式期）　^{14}C年代：4,952±29yrBP　寄生虫：広節裂頭条虫卵（寄生虫症の可能性あり）

副葬品：磨製石斧2（いずれも角閃岩で刃部を欠損している。長さ9～10cm、幅4～5cm。使用痕分析から巨視的剝離痕・木材対象と推定される。）、砥石1（いわゆる石皿。砂岩。砥面は表裏2面。長さ20.7cm・幅17.0cmで一部欠損）。

副葬品の位置：頭蓋上方17cmと下肢下方10cmに磨製石斧が横方向に1つずつ、胸～腹部に抱石として砥石を置く。砥石は長軸を左上腕骨に合わせている。

装身具：牙玉2（オオカミ上顎の左右犬歯。長さ3.5～3.8cm・幅1.0～1.1cmで基部に穿孔。黒色。）、管玉（カンザシゴカイとみられる棲管の両側を切断したもの。長さ5.6cm・幅1.1cm。白～灰色）、角製垂飾（奇形の鹿角を素材とする。"し"字状。長さ・幅ともに3.1cmで基部に穿孔。茶色。）

装身具の位置：下顎骨下～胸部に牙玉・管玉・垂飾がまとまって置かれていた。

調査所見：覆土の違いから墓壙（長軸約160cm・短軸約70cm）を確認できた。頭部の上方と下肢の下方に置かれた磨製石斧はいずれも刃部を損傷し、使用頻度が高かったことがうかがえる。12号人骨同様、胸部に砥石を抱え、磨製石斧とのセットとみられる。副葬品と装身具をもつ唯一の個体。

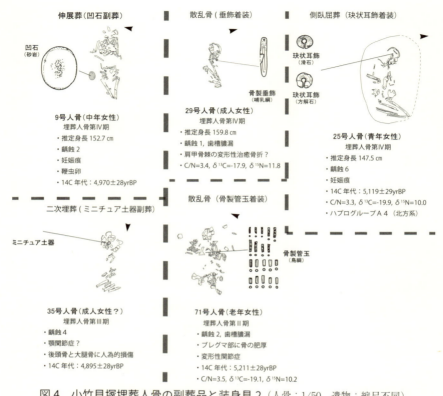

図4　小竹貝塚埋葬人骨の副葬品と装身具2（人骨：1/50、遺物：縮尺不同）

表1　小竹貝塚埋葬人骨推定年齢別の副葬品と装身具

推定年齢	男性 装身具 遺物	出土位置	埋葬形態	副葬品 遺物	出土位置	埋葬形態	抱石葬	女性 装身具 遺物	出土位置	埋葬形態	副葬品 遺物	出土位置	埋葬形態
胎児～少年 (0～14歳)	-	-	-	-	-	-	-	-	-	-	-	-	-
青年 (約15～29歳)	牙玉(ツキノワグマ犬歯)・石匙	胸部上	側臥屈葬	-	-	-	○	玦状耳飾	頭部内	側臥屈葬	-	-	-
中年 (約30～49歳)	-	-	-	磨製石斧・砥石	上腕骨左	仰臥屈葬 (抱石葬)	○	-	-	-	凹石	寛骨右	仰臥伸展葬
老年 (約50歳以上)	石匙	下顎下	仰臥屈葬	磨製石斧・石匙・石鏃・骨製刺突具(哺乳綱)	上腕骨右	仰臥屈葬		骨製管玉(鳥綱)	胸部上	散乱骨			
成人 (年齢不明)	牙玉(オオカミ犬歯)・ゴカイ類棲管製管玉・鹿角製垂飾	胸部上	仰臥屈葬 (抱石葬)	磨製石斧・砥石	頭部上方・脚部下方	仰臥屈葬 (抱石葬)	○	骨製垂飾(哺乳綱)	下顎下	散乱骨	ミニチュア土器	頭部中央	散乱骨 (二次埋葬)

22　第Ⅰ章　列島各地の副葬品

（4）25号人骨（図4）

埋葬形態：側臥屈葬　**年齢性別**：青年（約15〜29歳）女性　**推定身長**：147.5cm　**頭位**：N82°W　**形態学的情報**：全身の骨が部分的に残存。齲蝕6。耳状面前溝（妊娠痕）あり。かなり華奢な大腿骨。　**時期**：埋葬人骨第IV期（蜆ヶ森I式期）　^{14}C**年代**：5,119±29yrBP　**ハプログループ**：A4（北方系）　**炭素・窒素同位体比**：C/N＝3.3, δ^{13}C＝-19.9, δ^{15}N＝10.0（淡水魚（雑食）近く）

装身具：玦状耳飾2（滑石と方解石がある。滑石製は縦3.4cm、横4.0cmの楕円形で半透明〜灰色の優品。方解石製は縦3.8cm、横4.0cmの円形で風化が進んだ白色。いずれも完形。）

装身具の位置：陥没した頭骨内から二つ見つかった。

調査所見：女性の頭部内から玦状耳飾が2点みつかり、耳飾として着装していたと考える。玦状耳飾の大きさはほぼ同じだが、石材および色調が異なる。

（5）26号人骨（図3）

埋葬形態：側臥屈葬　**年齢性別**：青年（約15〜29歳）男性　**推定身長**：159.8cm　**頭位**：S45°E　**形態学的情報**：体幹骨を除いてほぼ全身が残存。短頭。ブレグマ部に骨の肥厚。華奢な右上腕骨、右大腿骨。左腓骨骨膜炎か。習慣的に蹲踞姿勢を行っていたとみられる。　**時期**：埋葬人骨第IV期（蜆ヶ森I式期）　^{14}C**年代**：5,014±29yrBP　**寄生虫**：鞭虫卵（寄生虫症に感染）

装身具：牙玉2（ツキノワグマ下顎左犬歯を素材とする。長さ5.9〜6.0cm・幅1.6〜1.8cmで基部に直径3〜4mmの穿孔。）、石匙（医王山系の凝灰岩。楕円形刃部につまみをつける。長さ3.0cm・幅5.1cm。光沢のある緑色で完形。）

装身具の位置：下顎骨下〜胸部からまとまって見つかった。

調査所見：男性人骨の胸部から2個1対の牙玉と石匙がセットで出土。牙玉はいずれも左犬歯で別個体のツキノワグマから取っているが、加工して大きさをそろえている。石匙は鮮やかな緑色で装飾品としての意識が強いとみられ、牙玉の間に入れて頸飾りとしたのだろう。

(6) 29号人骨（図4）

埋葬形態：散乱骨（頭蓋骨と下顎骨の関節状態は維持）。一次埋葬後撹乱され、四肢骨移動。　**年齢性別**：成人（年齢不明）女性　**頭位**：N55°W　**形態学的情報**：頭骨と四肢骨の一部が残存。齲蝕1。歯槽膿漏。肩甲棘の変形性治癒骨折か。　**時期**：埋葬人骨第Ⅳ期（蜆ヶ森Ⅰ式期）　**^{14}C年代**：5,290±28yrBP　**炭素・窒素同位体比**：C/N＝3.4, δ^{13}C＝-17.9, δ^{15}N＝11.8（淡水魚（肉食）近く）

装身具：骨製垂飾（哺乳綱を素材とし、基部に穿孔する。表面には細かい円形の刺突が複数施される。サイズは長さ11.0cm・幅1.7cm。）

装身具の位置：下顎骨下からそれに平行するように置かれていた。

調査所見：散乱骨だが頭蓋～下顎骨は原位置にあり、下顎骨下にある骨製垂飾は頸飾りであったのだろう。垂飾表面には細かい刺突文が施され、鳥浜貝塚出土品と類似する。

(7) 35号人骨（図4）

埋葬形態：散乱骨（関節状態はいずれも維持されていない）。下肢骨を並べる二次埋葬。　**年齢性別**：成人（年齢不明）女性？　**頭位**：S13°E　**形態学的情報**：全身骨が部分的に残存。顎関節症か。齲蝕4。後頭骨内面と右大腿骨に人為的損傷とみられる線条痕がある。　**時期**：埋葬人骨第Ⅲ期（福浦下層式～蜆ヶ森式Ⅰ式期）

副葬品：ミニチュア土器（球状の中央に窪み。完形。直径4.8cm・高さ3.4cm。）

副葬品の位置：押しつぶされた頭部の中央部に置かれていた。

調査所見：散乱骨で原位置をとどめていない。墓壙掘削時についたものとみられる人為的損傷が残る。下肢骨は人為的に長軸をそろえて並べられていることから、一種の改葬とみられる。頭部は潰れた感じだが、その上に窪みを入れた球状のミニチュア土器が置かれている。改葬に伴う祭祀行為だろうか。

(8) 68号人骨（図3）

埋葬形態：仰臥屈葬。一時埋葬後、一部撹乱か。　**年齢性別**：老年（約50歳以上）男性　**推定身長**：158.9cm　**頭位**：S73°W　**形態学的情報**：右大腿骨を除く全身骨が残存。右頭骨に人為的穿孔か。ブレグマ部に骨の

肥厚。眼窩天井にクリブラ・オルビタリア、齲蝕2。エナメル質減形成。下顎臼歯に鞍状咬耗。歯槽膿漏。腰椎にリッピング。肋骨骨膜炎か。右肩甲骨に骨増殖。華奢な上腕骨。橈骨窩。右尺骨骨膜炎か。習慣的に蹲踞姿勢や中足指節関節を強く背屈していたとみられる。　時期：埋葬人骨第Ⅰ期（福浦下層式期）　^{14}C年代：5,476±30yrBP　炭素・窒素同位体比：C/N＝3.3, δ^{13}C＝-17.3, δ^{15}N＝11.9（淡水魚（肉食）近く）

装身具：石匙（玉髄。楕円形刃部につまみがつく。長さ4.0cm・幅5.5cm。光沢のある黄色。完形。）

装身具の位置：下顎骨下に密着してみつかり、つまみを上に刃部を下顎と併行にしていた。

調査所見：下顎骨下に石匙が置かれる。石材は玉髄で鮮やかな黄色。男性で頸飾りだろう。

(9) 70号人骨 (図3)

埋葬形態：仰臥屈葬。一時埋葬後、一部攪乱か。　**年齢性別**：老年（約50歳以上）男性　**推定身長**：161.3cm　**頭位**：S59°W　**形態学的情報**：頭蓋冠部と右下肢骨を除く全身骨が残存。エナメル質減形成。腰椎リッピング。左大腿骨変形性治癒骨折。右大腿骨骨膜炎か。左脛骨・腓骨の骨幹中央部が帯状に陥凹(かんおう)し、浅い溝がみられる。左足舟状骨の底面に骨隆起。　**時期**：埋葬人骨第Ⅲ期（福浦下層式～蜆ヶ森Ⅰ式期）　**寄生虫**：鞭虫卵（寄生虫症の可能性あり）

副葬品：磨製石斧4（素材はすべて角閃岩。長さ約4cmの小型が1、ほかは7.7cm以上の大型で、一つは未成品。使用痕分析では木材対象と推定され、小型は刃端に直交する線状痕があり、ノミとしての使用がうかがえる。）、石匙1（無斑晶質安山岩。二等辺三角形の刃部につまみがつく。長さ3.6cm・幅4.0cm。灰色。完形。）、石鏃1（無斑晶質安山岩。平基無茎で未成品。長さ3.0cm・幅2.3cm。）、骨製刺突具1（哺乳綱長管骨骨幹部。長さ7.9cm・幅1.0cm。）

副葬品の位置：右上腕骨の右に1cm離れて20×15の範囲に磨製石斧・石匙・石鏃・骨製刺突具を置く。

調査所見：12号人骨同様に上肢脇に磨製石斧をまとめて置く。磨製石斧が大小あるのも12号人骨と同様だが、未成品を含み、それ以外の石匙・

石鏃・骨製刺突具も一緒に置く特徴がある。

（10）71号人骨（図4）

埋葬形態：散乱骨（右股関節のみ間接状態）。一時埋葬後、攪乱されている。

年齢性別：老年（約50歳以上）女性　**頭位**：N54°E　**形態学的情報**：椎骨を除く全身骨が部分的に残存。短頭。ブレグマ部に骨の肥厚。齲蝕2。歯槽膿漏か。下顎骨が集団的特異性を示すと考えられる「ロッカージョー」。耳状面前溝（妊娠痕）あり。左橈骨・尺骨変形性関節症。習慣的に蹲踞姿勢や中足指節関節を強く背屈していたとみられる。

時期：埋葬人骨第Ⅱ期（福浦下層式期）　^{14}C年代：5,211±28yrBP　炭素・窒素同位体比：C/N＝3.5、δ^{13}C＝-19.1、δ^{15}N＝10.2（淡水魚（雑食）近く）

装身具：骨製管玉19（カモ科の可能性がある鳥綱の尺骨？骨幹部。上下擦切で研磨する10個と端部未整形で太い線刻を入れる9個の2種類がある。サイズは長さ1.9～3.8cm・幅0.4～1.0cm。）

装身具の位置：胸部から管玉がまとまってみつかった。

調査所見：散乱骨で原位置をとどめていないが、胸部から19個の骨製管玉がまとまってみつかった。サイズはほぼ同じで2種類の文様タイプがあり、組み合わせて頸飾りとしたのだろう。とくに線刻の入ったものは小竹貝塚では貝層や遺物包含層でもなく、特殊なアクセサリーかもしれない。

4. 装身具のあり方

装身具は5種類あり骨角歯牙製品が3種類、石製品が2種類で骨角歯牙製品が多い。出土数でみてみると、管玉20、牙玉4、石匙2、玦状耳飾2、垂飾2で管玉が圧倒している。ただ、管玉は1体が19個もっており実際は2体、玦状耳飾や牙玉は2個1対で持っているので、人骨数ではそれほど変わらない。着装部位では玦状耳飾が頭部のほかは、下顎～胸部でみつかっている。このことから玦状耳飾が文字通り耳飾りでほかは頸飾りと考えられる。性別は男性3体、女性3体で同じだが、内容が異なる。男性は牙玉・石匙・垂飾・管玉、女性は管玉・玦状耳飾・垂飾である。管玉と垂飾は重なっているが、素材が異なる。男性の管玉はゴカイ類の棲管を切断したもので、女性のそれは鳥類の尺骨

などを切断したものである。男性の垂飾は奇形の鹿角に穿孔したもので、女性のそれは哺乳類の骨を札状に加工して列点と穿孔したものである。このような素材の差は、異なる意味合いをもつモノと考えたほうがいいのかもしれない。

5. 副葬品のあり方

副葬品は7種類で石製品が5種類、骨角器が1種類、土製品が1種類と石製品が圧倒する。出土数でみてみると、磨製石斧13、砥石2、石匙1、石鏃1、骨製刺突具1、凹石1、ミニチュア土器1で磨製石斧が圧倒している。磨製石斧をもつ人骨は3体で1体あたり2〜7個と複数もつ。

種類別にみると、磨製石斧とそれを研ぐ砥石といった伐採や木工加工具と石鏃や石匙の狩猟および解体具は男性、木の実を加工するための凹石は女性と男女差が明確になっている。これらは被葬者の生前の生業を示していると考えられよう。なお、ミニチュア土器は窪みをもつ球状で改葬時に置かれたものと考えられるが、形状から凹石を意識したもので同様な意味合いをもつものなのだろう。

6. 装身具と副葬品からみえる社会

装身具と副葬品をもつ埋葬人骨は4時期区分でみても、各時期ごと1〜5体と少ない。埋葬人骨の多くが散乱骨であることから装身具や副葬品も散乱しているものもあるだろうが、埋葬形態を維持している人骨でも少数である。ということはこれらをもつ人物はほかとは異なる要素を持っていると考えられよう。

14号人骨は、装身具と副葬品をあわせもつ唯一の人物だが、身長は168.8cmと高く、右鎖骨肩峰端の下垂が強く右肩に強い負荷のかかる動作をしており、寄生虫卵分析では唯一サケ科の生食によって感染する広節裂頭条虫卵が出ているなど明らかにほかと異なる。副葬品でも磨製石斧の置き方が12・70号人骨が袋状の入れ物などに入れて脇に置いているのに対し、14号人骨は頭上と足下に1つずつ配置する。装身具もオオカミの犬歯を牙玉とし、奇形の鹿角垂飾とゴカイ類棲管製管玉という遺物包含層・貝層も含めて遺跡で唯一出ている品々を持っている。生業・食性・持ち物とその置き方がまったく異なるということは小竹貝塚に元々いた人物ではなく、ほかのムラから入ってきた人物なのではないだろうか。山田康弘の言葉を借りれば、婚入者や外来者ということに

なろうか（山田 2015）。

　70 号人骨は、副葬品の量やバラエティに富んだ人物だが、左大腿骨を骨折しながらも帯状の固定具で人為的に固定して高齢まで生き延びた唯一の男性である。12 号人骨同様に大小の磨製石斧を脇に持っているが、砥石を持たず未成品が含まれる。石鏃も未成品であり、使用後の遺物だけでなく、ほかとは異なる様相を示している。

　石匙は装身具と副葬品のいずれにもみられるが、形状や色彩が異なる。装身具の石匙は楕円形の刃部につまみをつけ 26 号人骨が緑色、68 号人骨が黄色で調査発見時も鮮やかな色でシンボリックなあり方であった。一方、70 号人骨の副葬品としては二等辺三角形の刃部につまみをつけるいわゆる鳥浜型（大工原 2008）で、色調はシックな灰色であった。このことから石匙には 2 つの用途があり、前者は装飾品、後者は利器であったものとみられる。

　玦状耳飾については藤田富士夫が玦飾と呼称し、実験考古学によって耳飾以外のあり方を示している（藤田 2013）。25 号人骨では、側臥屈葬女性の陥没した頭部内から玦状耳飾が 2 つみつかっている。残念ながら切れ目の向きなど詳細な出土状態はわからないが、2 つセットで頭部にあることからみれば耳飾りとするのが自然であろう。それ以外の装身具は顎下から胸部にある頸飾りしかない。また、藤田の言う両目や頭額飾の「両眼頭額」は側臥であるので相当しないだろう。

　抱石葬は 9 体あるが、石器を抱くのは 12・14 号人骨の 2 体で、ほか 7 体は人頭大の自然礫である。12・14 号人骨は磨製石斧とセットでもつ砥石を抱石としている。とすると通常の抱石は自然礫であり、ほかの副葬品とセットになる場合のみ石器をもつのであろう。つまり自然礫と石器では抱石葬の意味合いがまったく異なるのではないだろうか。ただ、小竹貝塚の抱石葬 9 体はすべて男性であり、少なくともここでは性差があったのだろう。

　散乱骨のうち、四肢骨を並べてそろえる人骨は少なくとも 4 例ある。そのうちの一つである 35 号人骨にはミニチュア土器が置かれている。掘り返された人骨はバラバラに散らかされるだけでなく、並べてそろえるいわば“改葬”が行われ、その際にミニチュア土器を使った祭祀もなされたのであろう。貝層中からミニチュア土器などの土製品が複数出ており、原位置を保っていないが同

28　第 I 章　列島各地の副葬品

様な祭祀に使われたのかもしれない。

　このように副葬品・装身具をもつ人骨は、おのおのほかの人骨とは異なる要素をもっていると言える。この要因を外来者とするのか階層差とするのかは検討の余地があるものの、少なくとも14号人骨については食性分析からみても前者が認められよう。いずれにしても副葬品・装身具を持つ人物は少ないわけで、特別であることは間違いないだろう。なお、25号人骨はDNA分析では北方系でほかと比べてかなり華奢という特異性がある。

おわりに

　小竹貝塚では埋葬人骨に伴って副葬品や装身具がいくつかみつかった。人骨は人類学の分析や自然科学分析によって多くの情報を得ることができた。この結果、年齢性別による埋葬方法の違いでそれに伴う遺物が異なることがはっきりとわかった。つまり、小竹貝塚の埋葬人骨からは、今まで想像すらできなかった縄文時代の個人所有物とその差異が明確となってきた。たしかに、これまでにも墓壙底部にあった遺物のあり方から男女差や頭位の想定はなされてきたが、人骨は残っていないために年齢や形態的分析はできなかった。富山県内では平岡遺跡が同時期の集落として知られ（金三津ほか2015）、環状集落内部に人頭大の礫や2個セットの玦状耳飾などが入った土壙墓がみつかっているが、人骨は残っていない。縄文時代で人骨に伴う確実な副葬品や装身具は、後晩期であれば複数の類例が知られるが（山田2014）、それ以前は数少ない。たとえば、墓壙に屈葬人骨とその頭上に石鏃を複数もつ新潟県堂の貝塚人骨（中期）や玦状耳飾を頭部両脇にセットでもつ大阪府国府遺跡人骨（前期）などわずかである。これが小竹貝塚では数少ないとはいえ10体もあり、一気に資料が増加したこととなる。今後はこれらのもつ意味について他遺跡の事例と比べ、考えていきたい。

引用・参考文献
　金三津道子・町田賢一　2015『平岡遺跡発掘調査報告』（公財）富山県文化振興財団埋蔵文化財調査事務所
　坂上和弘・河野礼子・茂原信生・溝口優司　2014「形態分析」『小竹貝塚発掘調査報告』（公財）富山県文化振興財団埋蔵文化財調査事務所

大工原豊　2008『縄文石器研究序論』六一書房

中尾智行・塚本浩司・瀬尾昌太　2015『海をみつめた縄文人―放生津潟とヒスイ海岸―』大阪府立弥生文化博物館

中村由克　2019「遺跡出土の石器　石製品の石材」『桑野遺跡』あわら市教育委員会

納屋内高史　2018「小竹貝塚における集落変遷の再検討―貝層と墓域を中心として―」『富山市考古資料館紀要　第37号』富山市考古資料館

藤田富士夫　2013「玦飾の出土状態を実験考古学から考える」『考古学の諸相　Ⅲ』坂詰秀一先生喜寿記念会

町田賢一編　2014『小竹貝塚発掘調査報告』（公財）富山県文化振興財団埋蔵文化財調査事務所

町田賢一　2014「富山県小竹貝塚における埋葬人骨の装身具と副葬品」『副葬品から見た縄文社会―財の生産・流通・副葬―』

町田賢一　2015「北陸における縄文墓制―小竹貝塚を中心に―」『季刊考古学　第130号』雄山閣

町田賢一　2016「小竹貝塚からみた縄文人の"持ち物"」『平成27年度　埋蔵文化財年報』（公財）富山県文化振興財団埋蔵文化財調査事務所

町田賢一　2018『日本海側最大級の縄文貝塚　小竹貝塚』新泉社

桃井飛鳥　2015「特別コラム　小竹縄文人の生活習慣と労働痕跡」『海をみつめた縄文人―放生津潟とヒスイ海岸―』大阪府立弥生文化博物館

山田康弘　2014「人骨出土例から見た縄文時代の墓制と副葬品・装身具―人骨・墓地・威信財―」『副葬品から見た縄文社会―財の生産・流通・副葬―』

山田康弘　2015「小竹貝塚にみる縄文墓制と社会」『海をみつめた縄文人―放生津潟とヒスイ海岸―』大阪府立弥生文化博物館

山田康弘　2017「抱石葬小考」『山本輝久先生古稀記念論集　二十一世紀考古学の現在』六一書房

第2節

東京湾岸域に風靡した帯佩具
―千葉県草刈貝塚出土の叉状角製品を焦点に―

渡辺　新

はじめに

　東京湾の東岸域では縄文時代中期の半ば頃、画一的な外形を見せる環状集落がほぼ時を同じくして点々と営みが始まる。集落址では臨海の立地ゆえ大なり小なり貝層の形成が常である。それが人骨の保存に適した条件を生み、墓葬の実際を目の当たりにすることができる。なかには骨角貝製品が着装されている状態の人骨も見られ、とりわけ男性人骨に伴う「腰飾」は列島にいち早く風靡した一群として際立つ。

　「腰飾」は叉状角製品と尖頭箆状骨製品を双璧に、側面二孔環状貝製品を加えた3種がある。それぞれ形態や文様に勝坂式土器の装飾と共通点が認められ、細別型式に照らした年代を知ることができる。それによって3種がおおよそ同時に出現したこと、伴出土器との型式の隔たりから伝世した製品もあることが判る。

　その風靡は集落継続期間の前半で終息する。ちょうど、錯綜していた多方面の土器型式が加曽利E式に統一され、集落の営為が安定した時分にあたる。ただし3種の消長は一様でなく、風靡の途上で迎えた転機をきっかけに、叉状角製品がほかより早く姿を消す。その転機とは腰飾化であり、角製品には形態上不都合な風向きとなって、衰亡に向かってゆく。こうした経緯を問わず、3種を「腰飾」と一括にするのでは言葉が足りない。然るべき総称を帯佩具と呼ぶならば語弊はなかろう。

　ここでは、千葉県市原市草刈貝塚から出土した新旧で形態が異なる2つの叉状角製品に焦点をあて、その変化に垣間見える往時の人々の葛藤を描きたい。

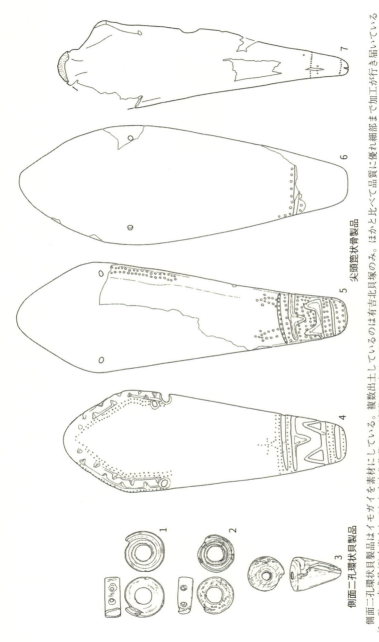

側面二孔環状貝製品

尖頭箆状骨製品

図1 側面二孔環状貝製品と尖頭箆状骨製品 S=1/3
1～3：千葉市有吉北貝塚 4：千葉市有吉南貝塚 5：船橋市高根木戸遺跡 6：木更津市祇園貝塚 7：新宿区合加賀町二丁目遺跡

側面二孔環状貝製品はイモガイを素材にしている。複数出土しているのは有吉北貝塚のみ。ほかと比べて品質に優れ細部まで加工が行き届いている(1・2)。未成品(3)も出土しており有吉北集落で一元製作され各地に分配されたとも考えよう。

尖頭箆状骨製品はハンドウイルカなど小型鯨類の下顎骨を素材にしている。初出のものは勝坂Ⅴ式土器に見られる蛇体文と形態・文様が相同。有吉北集落で帯状されたのち有吉南集落へ伝えられたらしい(4)。大群を越えて高根木戸集落で帯状されるようになったのは加曽利E1式土器の初期の頃。下方の文様が少し変化しており蛇体文の影響が残る有吉南集落でも祇園集落に照応する(5)。やや遅れて祇園集落でも帯状が始まり東岸域を席巻する(6)。さらに北西岸域と波及する(7)。

32 第Ⅰ章 列島各地の副葬品

1. 叉状角製品が姿を消した後

　発祥地が同じく千葉市有吉北貝塚であるらしい2種、側面二孔環状貝製品と尖頭篦状骨製品が東京湾東岸域に広く浸透し、さらに周辺地域にも波及する（図1）。この2種が一体的な関係をもっていたことは、両方を併せて腰に提げる人物、千葉市有吉南貝塚354号人骨の存在がそれを証拠づける。

　東岸域では中期の環状集落址の分布に瞭然とした疎密があって、3つの大群を形成している状況が見て取れる[1]。また、大群の内部では中小の河川によって開析された本谷を分節として、その支谷に並び立つ集落址が小群となる纏まりを見せている。2種の帯佩具を、与えられた職掌の証しである徽章とみた場合、その管轄によって使い分けられていた様子が各々の分布状態から浮かび上がってくる（図2）。

　側面二孔環状貝製品は大群内に複数が保有され、おおむね小群に1つの割合

図2　3つの大群と2種の帯佩具の分布（西野雅人氏提供）

で分布することから、小群内の至近で隣り合う集落間の利害を調停し、諒解関係の構築を担う世話役が帯佩。尖頭箆状骨製品は大群に１つであるから、小群の世話役を束ね、大群内外の合意形成を図る代表者が帯佩していたと考える（渡辺2012）。２種を併せて帯佩する有吉南貝塚354号は、大群代表と小群世話役を兼任する人物ということになる。どうやら村田川流域部は、組織強化に注力しなければならない事情を抱えた小群であったと見える。

　合意形成の過程には尖頭箆状骨製品を帯佩した代表者が襲撃される事態（渡辺2019）も発生し、その道のりは平坦でなかったことが分かる。相互一致にこぎつけたのは加曽利Ｅ１式からＥ２式に移り変わる頃であるらしい。２種の帯佩具は残らず土中に至って、あえて徽章を掲げずとも連携は維持されてゆく。事実、各地の環状集落は加曽利Ｅ３式まで変わらず営為が続いている。

2. 草刈貝塚の立処

　草刈貝塚は、遺構内の貝層堆積を主とする点列貝塚であり、全域にわたって発掘調査が行われ環状集落の全貌が明らかにされる。集落址の外形は、中央の「広場」を群集する小竪穴が帯状に囲み、その外周を竪穴住居址が取り巻まいて環状を成した、東岸域の拠点集落の一典型を示している。竪穴住居址が「広場」ないし群集小竪穴に求心して環状に列するものと、環状から外れて分散するものに大きく別れる様相は、草刈集落の個性といえるかもしれない（図3）。東岸域の拠点集落は規模も含めて「等質的」（西野2012）であると言われるが、環状の全貌を知りうる隣の有吉北集落と比べれば、外方に分散する住居址を除いてもなお、草刈集落の規模が勝っているのは歴然としている。

　両集落の規模の較差は、集落の立地がまず関わっている。草刈が置かれたのは広く平坦な土地であり、悠揚に集落を構えることが可能である。有吉北には選択肢がなかったのであろうか、三方が急峻な斜面となった狭隘な土地に置き、窮屈に集落を構えるほかない。その立地に長けているところを挙げるとすれば、天然要害のごとく地形であるから侵襲への備えには適っている。そして較差は食料生産地までの距離も関わる。海浜生産地の限りではあるが、草刈はそれを目前とするのに対し、有吉北は支谷を遠く下ってこなければならない。資源獲得が容易な地ほど多く人間が集まってくるのは必然であろう。

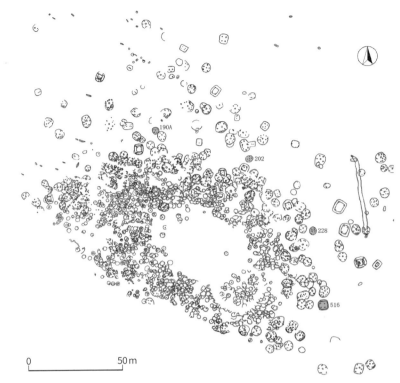

190A・202・516は叉状角製品が出土。202・228・516は多数の死体が収容される。4軒は求心的な分布を見せる住居址群と外方で分散する住居址群との間に介を結ぶかのごとく等間隔の配置を見せる。

図3　草刈貝塚の環状集落址（西野雅人氏提供）

　精神的な側面でも違いがはっきりと現れている。草刈では、死者に対して家を提供し軒を寄せ合うとでもいうべく、「住居址」に多数の死体が収容される独特な観念を持った墓葬が見られる。対して有吉北では住居址に纏わる墓葬自体が低調である[2]。しかし草刈のそうした墓葬は、加曽利E式以前の特徴であり、叉状角製品の帯佩が止むのと同時にその影を潜め、以降はほかの集落と足並みを揃えた住居の跡地に少人数を葬る形へと変節し、没個性に任せる。

　すると間もなく、有吉北集落に相接して環状を成す有吉南集落が構えられる。両者を同体と見なせば、その規模は草刈集落に匹敵あるいは凌駕する。

3. 新旧2つの叉状角製品

　叉状角製品は、鹿角の角幹から角枝が分岐する部位を素材に用い、角座側の叉状箇所を体部に、角幹・角枝を左右の突起に加工している。草刈貝塚では202号址から全形を保つ1点、190A号址から左右突起が欠損する体部1点、516号址から突起部の部品1点が出土する。伴う土器は190A号址、516号址では勝坂ⅣないしⅤ式、阿玉台ⅢないしⅣ式。202号址では軸巻縄文の土器があるなどより新しい傾向を見る（図4）。土器から判断すれば、全形を保つものが後出で、体部ならびに突起部部品が先出となる。

(1) 旧叉状角製品

　190A号址の角製品体部は、住居址内に堆積した貝層中から出土する。覆土からは男性らしい大人一個体分の歯牙と骨片が出土しているが、角製品との関連は詳らかでない。左右の突起が脱落または欠損しているものの、体部自体は所々表面が剝落する程度で形状を良く留めている。天地の方向は突起部を上にした形と措定する。表裏の別は文様が施される面が表、無文の面が裏になる（図5）。

図4　叉状角製品に伴う土器　S=1/10
1～2：190A号址　3～5：202号址　6～12：516号址

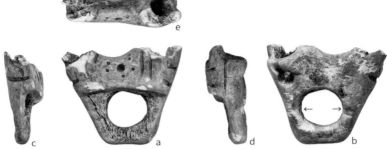

図 5　190A 号址の叉状角製品体部　S=1/2（千葉県教育委員会所蔵）
a：表面観　b：裏面観（矢印は結束紐固定溝）　c：左側面観　d：右側面観　e：上面観

　文様は左右突起の間の体部上半に上方を開放させた矩形の沈線区画が設けられ、その中央に１つの大きな点文、それを囲む５つの小さな点文が主文様として施される。沈線区画の左右にはそれに沿った沈線が加えられ、区画を二重にしている。右側の縁辺には「さんずい」のように並ぶ短い沈線が施され、側面には表裏の界を示すかのように縦長の沈線が加えられる。左側は文様に乏しく、側面に水平の沈線を施すのみであるが一際深く、表裏両面から視界に入る。右突起の基部に刻まれた深い溝は、欠損して部分的にしか観察できないが、文様として加えられたのではないように見える。
　左右の突起は長さが大きく異なっていたことが判る。左は角枝で作られており、細く前後に扁平である。突起の先端を前後に二分する深い溝が、外側から内側やや裏面方向へと刻まれ、根挟み状に成形される。上端は欠損面となっているが、終端をわずかに欠いた状態であることが観察される。上方へ伸びたとしても１cmに満たないであろう。右は角幹で作られていて断面が円形で太い。基部の上面に体部深くまで達する漏斗状の槽が掘削され、別個に作った長大な突起を植立させる仕組が装置されている。その開口部は、裏半面が基部で切断、表半面がそれよりやや上方で切断しているため、表側の立ち上がりが樋状となる。
　特徴的なのは体部下半の半截加工と大形の透孔である。透孔は水平に切り取られた半截部の上端に沿うことで、表面の半截面を刺股端部の形にしている。ここに端部を半截した刺股を継手すれば、長い柄を持つことになるだろう。裏面から見た透穴の上下二分する左右には、結束した紐を固定する溝が設けられ

第 2 節　東京湾岸域に風靡した帯佩具　37

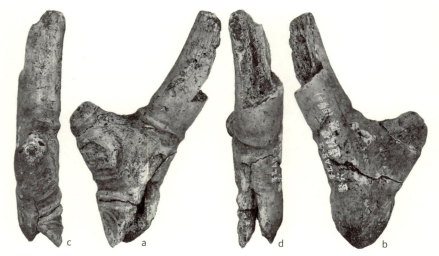

長突起の先端は内側方の一部に終端面が認められる。製作当初からこの高さであったとするには形態のうえでも素材の大きさからも違和感がある。外側面の破損の状態は内側から外側に向けて強い力を加え裂き割ったかのようである。現状で目にする終端面は追い口切りの痕跡かと思われる。

図6　東平賀遺跡の叉状角製品　S=1/2（松戸市博物館所蔵）
a：表面観　b：裏面観　c：左側面観　d：右側面観

ている。左側は表面が剝落しているとはいえ、溝の凹は判然としており、柄が取り付けられていたのは疑いない。すなわち握り持って帯佩する「指揮杖」（長谷部1924）の姿形であったということになる。

　「指揮杖」の姿形をした中期の帯佩具は、草刈例のほかにも同種となりそうなものが見出されつつある[3]。それらは下端に柄を取り付ける設えがあり、左右の突起に長短があることで共通する。千葉県松戸市東平賀遺跡出土の叉状角製品は、中期の竪穴遺構から出土。下端に柄を挟みこんで取り付ける加工がされ、懸垂孔を持たないことからも「腰飾」でないのは明らかである。表裏の別があり、右の突起が長いことで草刈例と共通する（図6）。東京都大田区千鳥窪貝塚出土の叉状角製品は、勝坂式土器が伴う。「鳥形短剣」（春成1985）と呼ばれて久しいが、名称とは逆の天地が実際である。下端には柄穴状の開口があり、柄突起の付いた柄を差し込む加工がされる。両面に文様が施されており、表裏の別が判然としないところは前二者と異なるが、短突起の先端に溝が刻まれるのは、草刈例と共通する（図7）。この2例は形態のみならず、辿った経緯

38　第Ⅰ章　列島各地の副葬品

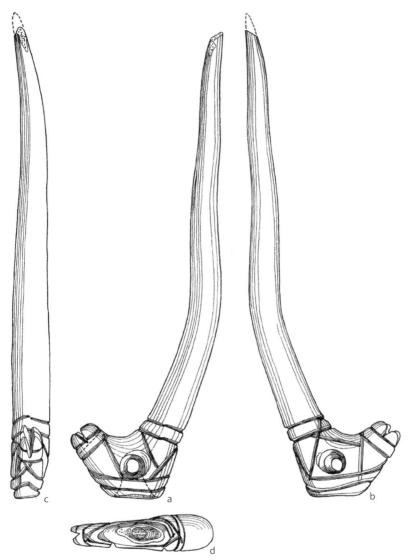

1号人骨(熟年男性)に伴って出土。a面を上向きにして着柄側を頭蓋方に向け長突起を右上腕骨内側面に密着させる。体部に穿たれた孔の縁は上腕骨の方向に鈍磨が生じている。右腕に結いつけていたらしい。

図7　千鳥窪貝塚の叉状角製品　S=1/2

第2節　東京湾岸域に風靡した帯佩具　39

も草刈例と似通っているらしい。詳細は機会を改めたい。
　516号址の角製品突起部の部品は、住居址柱穴内から出土する。この住居址には7体もの死体が収容されているほか、抽象的な表現になってしまうが、古い観念の後片付けでもしたかのような各種遺物の集中を見る。
　突起の先端を鉤状に成形し、その下方には浮彫隆帯で縁取った蛇行文が彫刻される。中央に穿たれる孔には擦過痕が一切無く、懸垂する用途でないのは確かである。突起の断面は円形を呈しており、角幹で作られていることが判る（図8）。下半が欠損するので全長を推定するに、千鳥窪貝塚の角製品と重ね合わせたところ恰好の一致を見せ、全長のみならず下端の形状までも示唆を得る（図8-1a）。下端の形状は190A号址出土の体部に装置された突起植立槽によく適合し、同一個体に帰すると考える。そして旧叉状角製品は図9に示すような全形に復原される。
　素材を逆さにして組み合わせる工夫は、本来なら端部に向かって細くなり尖って終わる角幹の形状では果たせない彫刻を可能にし、旨趣をあまねく形として顕わすのに奏功。角製品の形そのものが勝坂式の象徴ともいえる三叉文を体現するのに加え、顔面把手や蛇体把手・突起などに見られるのと同じ蛇行文が長突起を一周して、その威風を一層高めている。

図8　516号址の叉状角製品突起部部品　S=1/2（千葉県教育委員会所蔵）

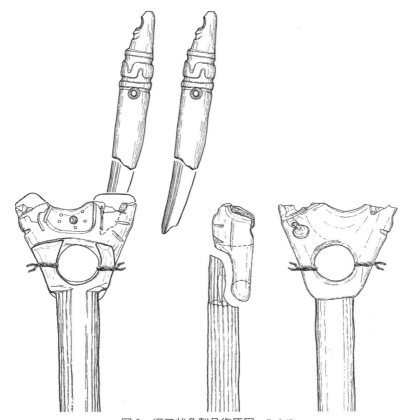

図9　旧叉状角製品復原図　S=1/2

　長突起の裏面基部下方に突起植立槽へ貫通する大きな孔が見られる。孔には顕著な擦過痕が観察でき、紐が懸けられていたことを判然とさせている。裏面には身体と接触して生じたとみられる滑沢も認められ、新叉状角製品のあり方を鑑みれば、「腰飾」へ転化したと判断できる。重量があるうえ左右非対称である角製品を、腰に提げて帯佩するのは勝手が悪く、その対応に苦心の跡がうかがえる。

　表面を疵つけず、突起が従前通り上を向く形になるよう、かつ重量負荷に耐える厚みのある箇所を選んで、裏面基部下方に紐孔が開けられたのであろう[4]。紐孔は突起を植立させる槽の内部に達し、槽上面の小孔へと通じている。小孔

は槽開口部の一部が裏面方向へ半円形に突出した形を成し、その縁辺にはやはり顕著な擦過痕を見る。紐は槽内を通って植立する長突起の根方に接触してしまうが、当初、植立する突起の圧迫を受けて動くことはなく、また突起と槽の間のわずかな隙間を充填して強固に連結する効果があったのかもしれない。しかし紐が常に動く孔の出入口では損耗が進行し、やがて紐全体が動き出す。すると槽に植立する長突起は連結が緩み、揺動が始まって脱落を繰り返すことになる。幾度となく紐を取り替える様子が目に浮かぶ。

（2）新叉状角製品

202号址の角製品は、「住居址」床面上に横たわる大人の男性、A人骨の腰部から出土する。文様のある表面を上向きにして、左右の突起を頭蓋方へ向ける。突起の基部下方の両側に穿たれた紐孔は、その縁辺に突起方へ傾斜する溝状の擦過痕を瞭然とさせており、突起を上に向けて懸垂されていたのは明らかである。したがって出土状態は、腰に帯佩したままの姿で遺されていることが判る[5]。帯佩は生前も肌身離さずであったらしく、身体との接触で生じた滑沢が裏面に強く現れている。全形を保つものの、割れた状態で出土した為に割口がやや傷む。

新製品の外観は、体部の大きさやその下半の大形透孔など、旧製品を継承していると見受けられるが、大きく変容しているのは、素材全体を半截して扁平に仕上げられているところである。それは腰に提げて帯佩するうえで望ましい形状とはいえ、重厚感が薄れる結果を招いている。また表から見える位置に紐孔を躊躇なく穿つことも変容の一つといえよう。さらには文様や突起にも少なからぬ変容が認められる。

文様というよりもむしろ符号のような凹点が、大形透孔の上方に1つ付されている。その位置は旧製品の主文様が施された箇所にあたり、凹点はそれを極限まで簡略化させた表現であると思われる。文様として視覚的に映るのは、体部下端の施文を唯一としている。下端には両側面に及ぶ突帯が設けられており、そこに列点文が施される。旧製品には見られない表現であり、文様の無かった位置に加えられている。その位置は柄が装着されていた箇所にあたる。

突起は左右の長さが平衡に近い。懸垂して帯佩するのに均衡を保たせる目的もあったのかもしれないが、実情は短突起が発達し、長突起が萎縮したことに原因する。短突起は立体的な装飾を彫刻する必要があるため、太い角幹が用い

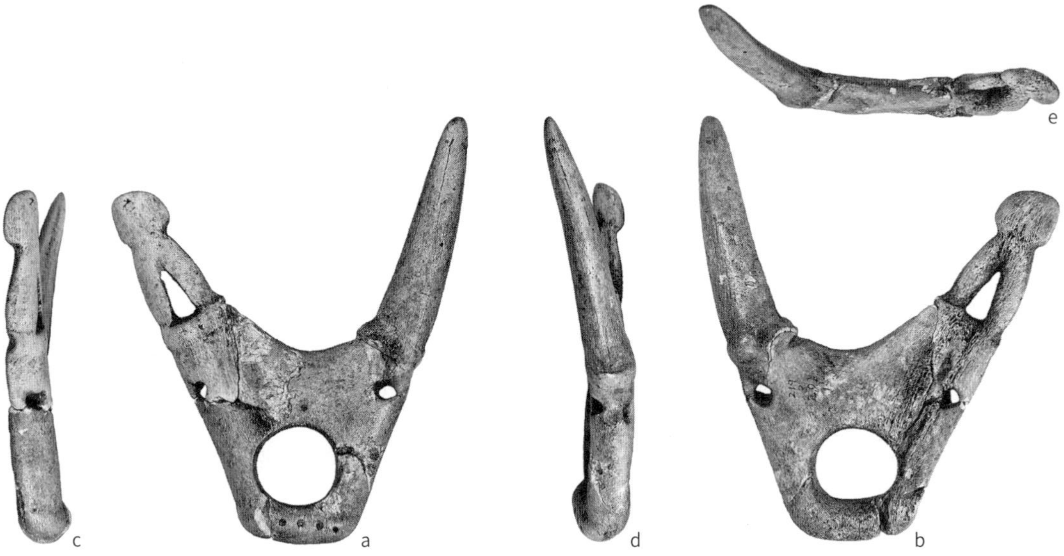

図10 202号址の叉状角製品 S=1/2 （千葉県教育委員会所蔵）
a：表面観 b：裏面観 c：左側面観 d：右側面観 e：上面観

第2節 東京湾岸域に風靡した帯佩具 43

られている。基部に平低な突帯を設け、突帯に底辺を一致させた三角形の透孔が開けられる。先端は側面を削って頭部が作り出される。頭部の端が丸くなっているのは摩滅による変形であり、本来は尖頭を呈していたとみられる。裏面は体部に至るまで海面質が取り除かれ、それによって短突起全体が箆状に形成されている。長突起は角枝で作られており、前後に扁平で先端へ向かって細くなり鋭く尖って終わる。無文であるのは、彫刻を施そうにも細すぎるからであろう。また長突起を長大にしたくても、角枝を用いるので限界がある。そこで工夫を凝らし、角幹に対し角枝の伸びる方向が傾いた素材を選んで、突起が表面側へ向かって強く反った形に仕上げ、遠近感で長く見せようとしている。基部を一周する隆帯は旧製品の長突起槽の痕跡とみられる。

4. 叉状角製品と尖頭箆状骨製品の相剋

有吉南貝塚の尖頭箆状骨製品（図1-4）は、文様の端部を損ねて紐孔が穿たれており、帯佩の途上で「腰飾」に転化したことを示唆している。そして下部文様帯の右方にある三角文の外側低角を喪失しているのは、手擦れによるものとみられ、当初は「笏」（長谷部1924）のように握り持って帯佩していたと判断される。腰飾化によって被る影響は、叉状角製品と比較にならないほど小さかったであろう。大形ではあるものの、扁平かつ左右対称であるから均衡を保った懸垂が容易であり、箆状の形態は身体側面によく馴染む。むしろ、文様の一部をわずかに損ねるだけで、枢要な下部文様帯の消耗を抑えることができるのだから、腰飾化は好機でさえあり、その遂行を率先したのではないかと察する。

旧叉状角製品に見る腰飾化への対応は、長期的視野に欠けたところがある。表面に疵をつけず温存することを優先し、耐久性に配慮しない懸垂方法を採る。腰飾化は一過性の風潮であると楽観し、ふたたび柄の装着できる時機が近いと予期していたらしい。修繕を重ね苦心惨憺するも、その時機は訪れることなく、「腰飾」に適った形態の角製品を新調する。

新調された叉状角製品は、重厚感に欠いた扁平な形態を余儀なくされても仕方ないが、さらに自発的であるとは思われない変更を負わされる。左右の突起は素材を幹枝反転させて用い、長突起が角枝で作られることによって従前の威風を失っている。そうした代償を払ってでも短突起に彫刻を施さざるをえず、

角幹がその造作に充てられる。施された彫刻は、異なる旨趣が移植されたかのような形態を見せ、それが尖頭篦状を呈しているからには、尖頭篦状骨製品を標章とする閥派の強い干渉があったのは紛れもない。そして、主文様は凹点でかつての位置を示すにとどめ、下端に加えられた文様に目を向けさせる。文様の表現とそれが下端に位置するあり方は、尖頭篦状骨製品の下限に見られる文様と共通する。文様が下限の表示を含蓄しているとすれば、本意はともかく、柄の装着を放棄する意志の表れであると見て取れる。表面に穿たれた紐孔もまた、その諦念を告げている。

5. 叉状角製品帯佩者の挙措

新叉状角製品が出土した202号址には、6個体分の死体が収容されており、覆土層中に4個体、床面上に2体を数える。床面上の2体はともに仰臥し、立膝にした下肢を体右方へ倒す形で、ふたり身体を寄せ合っている。「住居址」内側に5～6歳の幼児、外側に角製品を帯佩する大人男性が位置しており、幼児を軸に据えた並び順であると見受けられる（図11）。

男性人骨には死体現象で生じる骨の変位が現れておらず、死後直ぐさま土に覆われたと判断できる。幼児人骨では肋骨に変位が認められる。肋骨は軟骨を介して胸骨に束ねられるが、腐朽の進行によってそれが解けると、仰臥の姿勢で変位の妨げがなければ前端が落下し着地する。幼児の肋骨は、前端から後端に至るまで壊れることなく、並べ置かれたように着地しており、腐朽進行過程で土に覆われていなかったことを示している。さらに変位が認められ、骨盤と下肢が体幹から離隔して体左方向へ動いている状態を目にする。動いた骨の膝部分が、男性人骨の腰部に接触しているので、その変位は男性の死体が収容される時に、押されて生じた人的関与によるものと了解される[6]。ようするに、男性の死体が収容された時点で、幼児の死体は土の被覆なく腐朽進行の最中にあった状況を見せているのであり、死亡順序が幼児→男性であることを確然とさせている。ただ、離隔しながらも骨盤と下肢は交連がよく維持され、腐朽がさほど進行していなかった様子をうかがわせるから、2人の死亡時間に大きな差は無かったといえよう。

男性は、右腕を体幹に密着させて肘を強く屈し、手を首元に添えるか、掴

写真中央に叉状角製品を見る。右上は炉に設置された土器。その下に写る頭蓋骨は覆土層包含。
図 11　身体を寄せ合う幼児と男性（千葉県教育委員会提供）

むかの動作を見せ、頭を大きく左に回旋させて幼児と視線を合わせる。頭の回旋は、下肢が体右方に倒された姿勢での可動範囲を越えた動きになっている。ただし回旋運動を制限する頸部組織が破壊されていた場合、例えば縊死体であったとすれば、出土状態の頭の位置にまで動かすのは容易である[7]。左腕は幼児の歓心を求めるように肘を軽く接触させ、手を腰に伸ばす。橈・尺骨は平行するので手のひらを上に向けていることが判る。叉状角製品はちょうど手のひらの位置にある。男性は身命を捧げ、容儀帯佩を正した姿で幼児に随従している。

おわりに

叉状角製品と尖頭筓状骨製品は、いずれも勝坂式土器文化のなかに根付いた思想が形をとって現れたものである。その形に二つの別があるのは、いわば宗派の違いといったところであろう。両者はおおむね同時に出現し、並行して帯佩される時がしばらくの間続く。

加曽利E式成立直前の頃になると叉状角製品の帯佩が止む。それは並立していた宗派の一方が途絶えたことを意味している。帯佩が止む直前の角製品は、

一派が衰亡の途にあって妥協を強いられたあげく、重厚感を喪失。屹立する突起も萎縮して、威風が殺がれたように変容してしまう。

　最後の帯佩者であった男性は、それを身につけたまま葬られる。そのすぐ隣には先立って葬られた幼児が首座しており、男性は陪従するかのごとく身を横たえる。男性は幼児の後を追うように、さほど時間を置くことなく亡くなっており、自ら命を絶ったのではないかと疑いを抱かせる。そうした様子から一派が途絶えることになったのは、幼児の早逝を原因としている事情が見えてくる。

　ならば、この幼児はいかなる存在であったのか。そこに理解が及べば叉状角製品の意味するところの核心に迫ることができよう。

註

1)　奥東京湾湾口部に集まる大群をN群、都川・村田川流域部をE群、小櫃川・矢那川流域部をS群と呼んでおく。さらにE群とS群の間にもう一群を括れるかもしれないが、ほとんど調査されておらず実態が未だ詳らかでない。S群については大群に数えない見地もある（西野2012）。それがほかと比べて遺跡数が少ないからなのか、性質が異なるからなのか、具体的な説明が無い。大群と認知しそれを括る基準を明確にして資料を共有することが、課題として残されている。

2)　「東岸域の中期拠点集落群の形成には関東広域の集団が関わった可能性が高い」（西野2012）とすれば、隣り合う集落であっても双方の故地は遠く離れていたことも考えられる。有吉北貝塚の墓葬について要覧を記した際、北斜面貝層中に多く人骨片が出土するのは、北斜面を臨む台地上の住居址に墓葬されていた人骨が斜面崩落で落下したものと意見した（上守・渡辺2008）。これは草刈貝塚の墓葬のあり方を標準にした考えで、その標準が有吉北に当てはまるとは断言できない。竪穴住居址に纏わる墓葬は低調であり、加曽利E式以前の唯一の墓葬が斜面で発見されていることを鑑みるならば、北斜面の人骨は元からそこにあったと、出土状態そのままに捉えるのが至当である。

3)　叉状角製品の傍系と予察される帯佩具もある。鎌ヶ谷市根郷貝塚の例などがそれに相当するが、未だ十分に吟味できていない。目下の課題である。

4)　草刈貝塚の叉状角製品は西川博孝による再報告（西川1999）で仔細が詳らかとなり、その記述を参照させていただいたこともあった。だが角製品を熟覧する機会を得た結果、「紐通し孔が左右とも2回あけられている」と記される観察所見は、矛盾点を指摘せざるを得ない。長突起の表面基部にあるという「紐通し孔」は、深く抉り込まれているが貫通していない。また短突起の先端

を根挟み状に加工する溝について、細かく見ると2回にわたって穿孔された「紐通し孔」であるという。紐孔であるならば擦過痕が生じるのは必然であり、細かな観察でようやく確認できる2回の穿孔痕など残るはずはない。懸垂するための紐孔は、裏面基部下方の1ヶ所のみである。

5) 202号址の叉状角製品について春成秀爾は「人骨に伴って裏返った状態で見つかったことからすると、尖った両端を下にして着装していたようである。」「大きな孔も（中略）紐通しのためで、その縁と内側は著しく摩滅している」と記している（春成2002）が、いずれも事実とは異なる。

6) 追葬に際して旧葬死体を毀損させたのは単なる粗相であると一概に言えない。旧叉状角製品の長突起部品が出土した516号址のA人骨には、交連する下肢の「離断」が指摘されている（石川2017）。

7) 縊死体では頸部筋や靱帯に伸長あるいは断裂が起こり、舌骨・甲状軟骨・輪状軟骨の骨折が伴う。頸部に全体重の力が大きく作用した場合は頸椎の骨折や脱臼が起こる。いずれの場合も常態と比較して頭部回旋の可動範囲がかなり大きくなる（古畑1964）。

引用・参考文献

石川　健　2017「埋葬遺体の特異な取り扱いからみた縄文墓制について」『考古学ジャーナル』No.702、ニューサイエンス社、pp.31-33

犬塚俊雄　1995「根郷貝塚第一次調査人骨の出土状態について」『鎌ヶ谷市史研究』第8号、鎌ヶ谷市教育委員会、pp.26-33

犬塚俊雄　2010「根郷貝塚」『鎌ケ谷市史』資料編Ⅰ（考古）、鎌ケ谷市、pp.142-146

小片　保・本間隆平・森沢佐歳　1971「高根木戸遺跡人骨群」八幡一郎・西野　元・岡崎文喜編『高根木戸―縄文時代中期集落址発掘報告書―』、船橋市教育委員会、pp.283-293

小笠原永隆ほか　1998『千葉東南部ニュータウン19―千葉市有吉北貝塚1（旧石器・縄文時代）―』千葉県文化財センター調査報告第324集、千葉県文化財センター

上守秀明・渡辺　新　2008「千葉市有吉北貝塚における人骨出土状態―その要覧とSK095人骨葬送復原―」『千葉縄文研究』2、千葉縄文研究会、pp.27-50

菊池義次　1957「千鳥久保貝塚発見の骨角器を着装せる人骨に就いて」『古代』25・26合併号、早稲田大学考古学会、pp.55-97

倉田恵津子　2015「東平賀遺跡」『松戸市史』上巻（改訂版）原始・古代・中世、松戸市、pp.742-747

坂上和弘・梶ケ山真理　2014「市谷加賀町二丁目遺跡6次調査出土縄文時代人骨」鈴木康弘・塩野崎直子ほか『市谷加賀町二丁目遺跡Ⅵ―埋葬遺構編―』新宿

区、pp.40-60

茂原信生　2008「人骨」西野雅人『千葉東南部ニュータウン 40─千葉市有吉南貝塚─』千葉県教育振興財団調査報告第 604 集、千葉県教育振興財団、pp.379-386

下総考古学研究会　2004「＜特集＞勝坂式土器の研究」『下総考古学』8、下総考古学研究会、pp.1-99

下総考古学研究会　1995「千葉県松戸市中峠遺跡第 3 次調査報告」『下総考古学』14、下総考古学研究会、pp.1-68

下総考古学研究会　2004「＜特集＞房総半島における勝坂式土器の研究」『下総考古学』18、下総考古学研究会、pp.1-116

鈴木康弘・塩野崎直子ほか　2014『市谷加賀町二丁目遺跡Ⅵ─埋葬遺構編─』新宿区

高田　博ほか　1986『千原台ニュータウンⅢ─草刈遺跡（B区）─』千葉県文化財センター調査報告第 117 集、千葉県文化財センター

高橋龍三郎　1991「縄文時代の葬制」山岸良二編『原始・古代日本の墓制』同成社、pp.48-84

高柳正春ほか　1997『中野久木谷頭遺跡C地点』流山市埋蔵文化財調査報告 Vol.23、山武考古学研究所

西川博孝　1999「草刈貝塚出土の叉状腰飾について」『研究連絡誌』第 54 号、千葉県文化財センター、pp.18-24

西野雅人　2008『千葉東南部ニュータウン 40─千葉市有吉南貝塚─』千葉県教育振興財団調査報告第 604 集、千葉県教育振興財団

西野雅人　2012「縄文中期「腰飾」出現の背景」『千葉縄文研究』5、千葉縄文研究会、pp.25-40

西村正衛　1972「阿玉台式土器編年的研究の概要─利根川下流域を中心として─」『早稲田大学文学研究科紀要』第十八輯、早稲田大学、pp.73-103

西村正衛　1984「千葉県香取郡山田町向油田貝塚─縄文中期文化の研究─」『石器時代における利根川下流域の研究─貝塚を中心として─』早稲田大学出版部、pp.295-321

西村正衛　1984「阿玉台式土器の編年」『石器時代における利根川下流域の研究─貝塚を中心として─』早稲田大学出版部、pp.471-479

長谷部言人　1924「陸前名取郡増田村下増田經の塚出土鹿角製刀装具に就て。附、石器時代鹿角製腰飾」『人類學雜誌』第参拾九巻、第四號第五號第六號、東京人類學會、pp.141-164

蜂屋孝之・小林清隆ほか　2010『千原台ニュータウンⅩⅩⅢ─市原市草刈遺跡（H区）─』千葉県教育振興財団調査報告第 633 集、千葉県教育振興財団

春成秀爾　2002「有鉤短剣と腰飾り」『縄文社会論究』塙書房、pp.131-204

春成秀爾　1985「鉤と霊―有鉤短剣の研究―」『国立歴史民俗博物館研究報告』第 7 集、第一法規出版、pp.1-62

平野元三郎ほか　1970『祇園貝塚―発掘調査概報―』千葉県文化財調査抄報第 4 集、千葉県教育委員会

平本嘉助・溝口優司　1986「草刈遺跡出土人骨について」高田博ほか『千原台ニュータウンⅢ―草刈遺跡（Ｂ区）―』千葉県文化財センター調査報告第 117 集、千葉県文化財センター、pp.795-860

古畑種基　1964「縊死」『簡明法醫學』金原出版、pp.55-61

峰村　篤　2008『千駄堀寒風遺跡出土遺物を中心とする考古資料』松戸市史考古資料集 2、松戸市博物館

森本岩太郎・高橋　譲　1995「鎌ヶ谷市根郷貝塚第一次調査出土の人骨について」『鎌ヶ谷市史研究』第 8 号、鎌ヶ谷市教育委員会、pp.14-25

森本岩太郎・吉田俊爾　1995「松戸市中峠遺跡出土の縄文時代中期人骨について」『下総考古学』14、下総考古学研究会、pp.72-95

山口　敏　1997「東京都大田区千鳥窪貝塚出土人骨について」『大田区の縄文貝塚』大田区の文化財第 32 集、大田区教育委員会、pp.181-190

山内清男　1940『日本先史土器図譜』第Ⅷ輯 勝坂式（図 70〜79）、先史考古学会

山内清男　1940『日本先史土器図譜』第Ⅸ輯 加曽利Ｅ式（図 80〜89）、先史考古学会

八幡一郎・西野　元・岡崎文喜編　1971『高根木戸―縄文時代中期集落址発掘報告書―』船橋市教育委員会

渡辺　新　2006「―市川市姥山貝塚接續溝第 1 號竪穴―5 人の死体検案」『千葉縄文研究』1、千葉縄文研究会、pp.11-30

渡辺　新・西野雅人　2006「骨角貝製「腰飾」―箆状鯨類下顎骨製品・環状イモガイ製品―」『千葉縄文研究』1、千葉縄文研究会、pp.41-56

渡辺　新　2009「姥山貝塚「接続溝第 1 号竪穴（住居址）遺骸」」『東京湾巨大貝塚の時代と社会』明治大学日本先史文化研究所 先史文化研究の新視点Ⅰ、雄山閣、pp.45-62

渡辺　新　2012「蛇の標章―*Union of the Snake*―」『千葉縄文研究』5、千葉縄文研究会、pp.1-23

渡辺　新　2019「縄文時代のテロリズム」『千葉縄文研究』9、千葉縄文研究会、pp.113-122

挿図出典

図 1 : 1 〜 3（小笠原ほか 1998）4 〜 6（渡辺 2012）7（鈴木・塩野崎ほか 2014）　図 4 :（高田ほか 1986）
図 7 :（春成 2002）　図 8-1a :（高田ほか 1986、春成 2002）加筆　図 9 :（高田ほか 1986、西川 1999）加筆
図 5・6・8・10 : 筆者撮影

第3節 --

北海道南西部の縄文時代の装身具

青野友哉

1. 北海道の装身具

　北海道の縄文遺跡からは、首飾りや腰飾りなどに用いられる玉類（石製・琥珀製・植物製・土製・貝製・魚骨製）、腕輪（貝製・植物製）、ヘアーピン（かんざし）、漆塗櫛、耳飾り、人歯型の牙製品、イモガイ製品など多種多様な装身具が出土している。本稿ではこれらのうち玉類を中心に取り上げ、地域的な特徴について概観する。対象範囲は縄文時代の渡島半島から石狩低地帯にかけての道南西部を中心とするが、必要に応じて道北部や道東部の例、さらには続縄文期の例も参照する。

　北海道南西部は約 20,000 年前の旧石器時代から玉類が出土しており、今金町美利河 1 遺跡や長万部町オバルベツ 2 遺跡、知内町湯の里 4 遺跡など日本列島の中でも早い時期から装身具の出土が集中する地域である。

　縄文時代になっても、北海道内の玉類の分布の中心が渡島半島から石狩低地帯にあることは間違いなく、とくに翡翠製玉類が多く出土している。野村崇によると北海道内の縄文時代の翡翠製玉類は 69 遺跡から 700 点以上が出土している（野村 2005）が、このうち 600 点以上が渡島半島から石狩低地帯にかけての出土である（図 1）。

　翡翠製玉類は縄文前期から晩期まで存在するが、八雲町シラリカ 2 遺跡では縄文前期円筒下層式 c あるいは d の時期の包含層から紡錘形の垂飾が出土しており、翡翠製としては東北・北海道地域において最古級の例である。

　また、縄文後期には道北部の礼文島船泊遺跡や道東部の斜里町栗沢台地遺跡などでも出土する。この分布域の拡大は縄文後期前葉に東日本一帯に広域の土

51

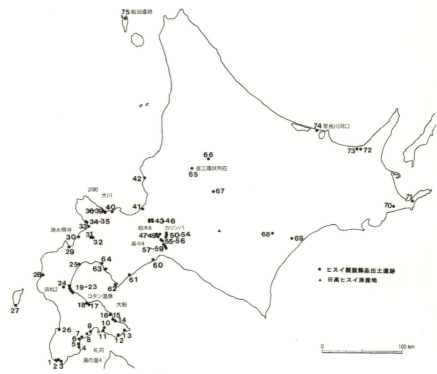

図1 翡翠製玉類の出土遺跡（野村2005より転載）

器文化圏が成立する時期にあたり、翡翠製玉類を求める共通の価値観の広がりと流通網の確立によるものである。また、出土量は縄文中期中葉から晩期初頭にかけて最大となる。なお、翡翠には道内産の日高翡翠が知られているものの上記の玉類はほぼ糸魚川産と考えられている。

玉類の材質には翡翠のほかに蛇紋岩、メノウなどの石材、貝、琥珀、植物などがあり、分布域を異にすることがある。例えば琥珀製玉類は多用される後・晩期には石狩低地帯以東に偏在する。これは石狩川とその支流など道央部から道東部にかけての産炭地域を流れる河川の開削により、この時期に琥珀原石の採取が可能になったと考えられることや、道東北部が渡島半島以南とは異なる材質的特徴を好む文化範囲であったことを示している。

また、貝製玉類の分布は遺存する環境に左右されるため、渡島半島や噴火湾

沿岸、釧路湾沿岸といった貝塚集中地帯から多く出土する。しかし、遺存し得なかった玉類を考慮すると本来の分布は道内一円に広がると思われる。ただし、南海産の貝製品は嗜好の共通性と流入ルートから判断すると翡翠とほぼ同じ分布範囲となると推定される。

2. 玉類の伝播と地域的特徴

北海道の玉類は旧石器時代から存在するため、大陸との関係で伝播経路を論じるという研究上の特徴がある。旧石器時代の玉類の例では、今金町美利河1遺跡の琥珀製、斑糲岩製、橄欖岩製の小玉が、また同遺跡のE地点からも粘板岩製の小玉8点が出土している。また、長万部町オバルベツ2遺跡では滑石製の垂飾2点、知内町湯の里4遺跡では琥珀製垂飾1点、橄欖岩製垂飾1点と小玉3点、道央部ではあるが千歳市柏台1遺跡では琥珀製平玉1点が出土している。これについては細石刃文化の初期に当たることから、北方からの文化の流入に関連するものと捉えられている（寺崎2004）。

縄文時代に入ると、早期中葉～後葉にかけての石刃鏃文化に伴う玉類が浦幌町共栄B遺跡、羅臼町オタフク岩遺跡、湧別町湧別市川Ⅱ遺跡といった道東部で多く出土しており、これも大陸からの影響による成立との考えが示されている（加藤1963）。

これに対して高倉純は、玦状耳飾りや環飾は縄文早期に新たに出現したことから細石刃文化の系統と位置付けられるものの、旧石器時代から存在する垂飾と小玉については在地の系統である可能性も考慮すべきとしている（高倉2004）。これには女満別町豊里遺跡から玉類の未製品が出土し、すべての玉類が大陸から搬入された訳ではないことが明らかになった点からの指摘である。

このように北海道の玉類について語る際には地理的、文化的な境界域であることから文化伝播、とくに北方からの影響について論じられることが多い。この時、日本とロシアの両国にまたがる地域であるために遺跡の調査件数や方法、報告書の記載言語などの違いにより日本の研究者が得る情報量が少ないこともあり、未知なる分布に期待を込めた北方からの文化伝播論に陥りがちであるが、それは慎重に判断しなければならない。もちろん、各時代にサハリン以北からの影響があったことは間違いないが、反対に北海道島からサハリン以北

への影響の有無を確認する必要があるとともに、北方からの文化伝播後の北海
道島内での変容についても考慮する必要がある。

　例えば、縄文晩期から続縄文前半期に多く出土する琥珀製玉類は、道南西部
の森町尾白内貝塚の垂飾1点を除くと、道央部以東からサハリン南部に分布し、
産地は両地域に存在するとともに北海道内でも玉類の未製品が出土している
（青野1999・2005）。縄文晩期の琥珀製玉類の分布は石狩川とその支流周辺に限
られていたが、大量生産品である「側面形が端正な角を持つ方形」（木下1999）
の平玉が出現する続縄文期の初め（道央部：大狩部式、道東部：興津式、道北部：
元町2式）以降には1つの墓坑から3,000点もの琥珀製平玉が出土するなど、新
たな原産地の発見を想起させるような出土量と分布圏の拡大が見られる。つま
り、琥珀製平玉は縄文晩期から北海道島を中心とした生産と使用がなされ、最
盛期である続縄文前半期には南サハリンまで分布範囲を広げたといえる。

　このように文化伝播の方向は玉類の時期の把握と原産地や製作地（未製品）
の検討によりなされなければならない。また、形態が同じ玉類であっても使用
方法、組み合わせが地域と時代により異なることはあり得るため、出土状況の
精緻な観察により確認しておく必要がある。

3. 装身具の副葬と着装

　装身具とは身体や衣類に着ける装飾のことである。一般的に「衣類」は装身
具に含めないが、玉類を衣服全体に縫い付けた儀式用の衣装や玉を縫い合わせ
て衣服状にした場合などはそれ自体を装身具と言ってよいであろう。縄文時代
においては玉類を衣服に縫い付けた確実な例は存在しないが、ロシアの旧石器
時代のスンギール遺跡2号墓（木村2013）では人骨の周囲から貝製平玉が面的
かつ規則的に出土しており、有機質の衣服か布に縫い付けられた可能性が指摘
できる。また、北海道余市町大川遺跡GP-473（図2）や恵庭市カリンバ遺跡
135号墓（図3）の縄文時代の墓からは複数のサメの歯が人の頭部付近から立
体的に並んで出土しており、アイヌ民族のサパ（ウ）ンペのような有機質の被
り物に付属していた可能性が高い。つまり、縄文文化の装身具の使用方法には
首飾りや腕輪、櫛のように直接身体に着装した場合だけではなく、衣類などに
縫い付けられた可能性も念頭に置く必要がある。

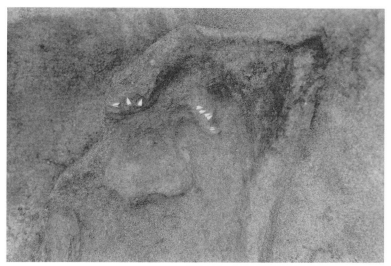

図2　腐朽した遺体頭部付近でのサメの歯の出土状況
（余市町大川遺跡 GP-473・縄文晩期）（余市町教育委員会提供）

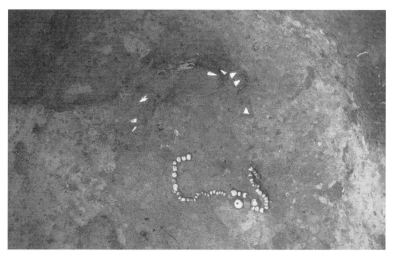

図3　頭部付近で立体的な配置を見せるサメの歯の配列
（恵庭市カリンバ遺跡135号墓・縄文後期）（恵庭市郷土資料館所蔵）

次に、装身具はわずかながら存在する製作趾や遺構外からの出土もあるものの、大半が墓坑から出土する。墓坑からの出土の場合、装身具は遺体へ着装されたのか、遺体上や周辺に置かれた（狭義の副葬）のか、さらには墓坑内に散布されたのかといった違いがある。

　これらは大きく言えばすべて「副葬」と捉えられるが、装身具の用途・機能の推定には出土状況を区別して捉える必要があるため、ここでは着装・副葬・散布を分けて表記する。

　なお、北海道の縄文時代の墓では、とくに後期以降に多数の装身具を伴う墓が出現し、多副葬墓（瀬川1983）と呼ばれている。縄文時代に限らず、続縄文期以降も多副葬墓が存在するのが北海道の特徴であり、着装・副葬・散布の別を捉えやすい点は利点といえる。

　遺体に装身具を着装して埋葬したと判断されるのは、人骨の遺存状態が良い一次埋葬の墓で、着装位置や装身具のセット関係を把握できるのが望ましい。一例としては、礼文町船泊遺跡の貝製平玉が1～4重に連なり人骨の首・腰・手首・足首から出土した例が挙げられる。縄文後期の船泊遺跡はビノスガイ製貝玉を製作する作業場が検出されており、平玉の直径により小形（5～9mm）、中形（9～16mm）、大形（16mm～）の3つに分けられる（小林2000）。小林園子は出土位置とサイズの関係を検討し、腰が大形、首が中形、手首・足首が小形と人体の装着部位の太さと平玉の直径に相関関係があることを示した。

　また、13号墓の人骨の左右の足首からは、アホウドリの橈骨とみられる鳥骨製管玉総計142個が4連に巻かれて出土しており、アンクレットの存在が初めて認識された。鳥骨製管玉はそれ以前にも岩手県陸前高田市中沢浜貝塚で人骨の腰付近から出土しており、腰飾りと考えられていたが（斎野編1998）、船泊例は多様な管玉の使用方法を提示することになった。

　もう一つの着装例として貝製の腕輪および首飾りを挙げる。伊達市有珠モシリ遺跡16号墓は縄文晩期の2体合葬墓で、被葬者は2体とも女性である（図4）。A人骨の左腕には指先側からオオツタノハガイ製貝輪（刳抜式）1点、ベンケイガイ製貝輪（刳抜式）3点、ベンケイガイ製貝輪（連結式）1点、ベンケイガイ製貝輪（刳抜式）1点の合計6点が装着されていた。B人骨は左腕の指先からオオツタノハガイ製貝輪（刳抜式）1点、ベンケイガイ製貝輪（刳抜

図4 貝輪を装着した縄文晩期の人骨（伊達市有珠モシリ遺跡16号墓）
（伊達市教育委員会保管）

式）1点の合計2点である（大島2003）。

　両者は左腕に着装し、かつオオツタノハガイ製貝輪を指先側にするという共通点が見られ、装身原理が同じ者の同時合葬といえる。また、連結式貝輪も人骨に伴っていることから、二個一対で使用された証である。2点とも腹縁部の弧状の両端に穿孔されており殻頂部分がないことは、一つの破損した刳抜式貝輪の補修ではなく、製作段階から意図された形状と使用法といえる。ただし、有珠モシリ遺跡15号墓のベンケイガイ製貝輪（連結式）の中に殻頂部付近の小破片（3.15㎝×1.4㎝）の両端に穿孔した例が1点あり、製作地から離れた場所での破損に際し、殻頂部付近を再加工することも稀に行われたようである。

　一方、連結式貝輪が腕輪以外の使用方法であった可能性を指摘する着装例も存在する。伊達市北黄金貝塚4号人骨は縄文前期の一次葬墓から出土し、ベンケイガイ製貝輪（連結式）2点を伴っている（図5）。調査者の峰山巌は「首にベンケイ貝のアクセサリーをつけたまま葬られていた」（峰山・山口1972）と記録している。筆者は1971（昭和46）年の札幌医科大学による調査図面などを再整理したところ、2点の連結式の貝輪は右側臥屈葬の人骨の下顎骨に接して出土し、左手首からは約20㎝離れていることがわかった。ただし、写真では右手首が肋骨あるいは頸部の下にあり確認できないため、右手首に着装していた貝輪を調査時に頸部付近と見誤った可能性も否定できず、判断を保留している。

図5　縄文前期人骨に伴った貝輪の出土状況（伊達市北黄金貝塚4号人骨）
（伊達市教育委員会保管）

　同様に、続縄文期初頭の釧路市幣舞遺跡89号墓で小児の頸骨に接して猪牙製品が出土している。猪牙製品は弧状の両端が穿孔され、三点一対の二組が着装状態であった。ベンケイガイではないものの、同様の形状・色調を持つ本州由来の素材が首飾りとして使用されている例である。

　なお、縄文前期のベンケイガイ製貝輪は青森県つがる市田小屋野貝塚が製作地遺跡として知られており、刳抜式とともに多数の連結式貝輪が北黄金貝塚のほか、洞爺湖町入江貝塚などで出土している。今後は首飾りとしての使用の有無について出土状況をもって明らかにする必要がある。

　次に墓坑内で玉類を副葬・散布した例についてだが、続縄文前半期の例は多くあるものの縄文時代の例は少ない。これは狭義の「副葬」との判断が、連珠状の玉類が隙間なく置かれることにあるのだが、そもそも玉類の点数が少ない場合は認定しづらいことによるものである。また、着装できないほど多量の玉類を用いた多副葬の習俗が出現した縄文晩期以降になって初めて狭義の「副葬」が行われたとも考えられる。

　例としては、余市町大川遺跡GP-82（図6）は墓坑底部に2,000点以上の琥珀製平玉が隙間なく幾重にも巻かれた状態で出土している。平玉は遺体に着装されたような隙間はなく、遺体が腐朽した土壌の痕跡も玉類に接した状態ではなかった。このことから、琥珀製平玉の連珠は束ねた状態で墓坑底面に置かれた「副葬品」と判断できる。これは玉類が本来の用途を超えて「儀器」、「祭祀道具」として扱われたことを示す例ともいえる。

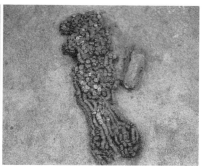

図6　琥珀製平玉の出土状況（左・右）（余市町大川遺跡 GP-82・続縄文前半期）
（余市町教育委員会提供）

　一方、琥珀製平玉を散布した例は北見市中之島遺跡 E-38-2 号墳墓のように続縄文前半期にはみられるが、縄文時代には顕著ではない。中之島例では直径約1mの円形の墓坑底部一面に完形品173点（破片を含めると200点以上）が散乱しており、規則性は見られない。つまり、衣服や布に縫い付けられたものではなく散布された状態と考えられる。ちなみに、この例は土層断面に後の掘り込みは確認されず、改葬や撹乱による散乱ではないことは確かである。
　以上のように北海道南西部の縄文時代の装身具は、遺体に着装状態とされて墓坑から出土する例が多く、遺体周辺への副葬や墓坑内への散布は少ない傾向にある。

4. 装身具の形・材質・色

　縄文時代の石製玉類には丸玉や臼玉と称される穿孔面の直径と玉の長径が等しい形状のもので角に丸みを帯びるものが主体を占める。また、鰹節型や「縄文勾玉」（鈴木2004）のように定型的な玉類も存在し、とくに翡翠製に多いことは、糸魚川産の翡翠製玉類は製品の状態で道南西部に搬入されたことを示している。一方で、原石に穿孔しただけの垂飾のような非定型の玉も用いられる。
　なお、縄文勾玉は体部横断面が平坦であることを特徴としたもので、縄文中期の鵡川町宮戸4遺跡で蛇紋岩製が、縄文後期の千歳市美々4遺跡で翡翠製が出土している。縄文勾玉の使用例としては丸玉・臼玉・平玉などと連をなして首飾りや腕飾りとして使用されるほか、恵庭市カリンバ遺跡113号墓のように

墓坑中央部から2点が一対で出土しており、腰飾りとしても使用されたと考えられる。同様の出土状態は岩手県軽米町大日向Ⅱ遺跡の人骨を伴う墓でも確認できる。

　玉類の材質・色に関しては、翡翠や蛇紋岩のような緑色、滑石の灰色、琥珀と赤彩土玉の赤色、骨角牙貝製品の白色が存在し、単独での使用だけではなく組み合わせによる場合もある。縄文後期のカリンバ遺跡116号では滑石製の丸玉・平玉と琥珀製平玉、ツノガイ製管玉が、57号墓では土製蜜柑玉と滑石製垂飾、ツノガイ製垂飾が墓坑底面から出土し、異なる材質と色が一連として使用されている。

　このように縄文後期までは様々な素材の組み合わせが見られ、縄文晩期から続縄文期にかけては単一素材で一連とするのと対照的である。中にはツノガイのように有機質の素材が含まれていることは、埋没中に失われた玉類があることにも注意を払う必要がある。実際に有機質の玉類は、キツネ・オットセイ・トド・サメの歯の垂飾が縄文後期の入江貝塚やコタン温泉遺跡、戸井貝塚の貝層中から出土している。

　さて、道南西部には玉類以外の装身具も多数存在している。例えば、鹿角製ヘアーピン（かんざし）は縄文前期の北黄金貝塚、白老町虎杖浜2遺跡、苫小牧市静川22遺跡で出土している。ヘアーピンの頭部には円形の穿孔・刺突や側面への刻みによる装飾が施される。北黄金貝塚例では頭部中央部に擦り切りによる透かし模様が入っており、同時期の鹿角製匙型製品と共通した模様となっている。

　また、竪櫛はコタン温泉遺跡から縄文後期の鯨骨製竪櫛が出土しているが、そのほかは植物性の漆塗櫛で八雲町野田生1遺跡や余市町安芸遺跡、小樽市忍路土場遺跡などで出土している。とくに石狩低地帯周辺で多く、恵庭市カリンバ遺跡のように1遺跡で40点近く出土した例もある。カリンバ遺跡では漆塗りの腕輪や環状の髪飾り、腰飾り帯もあり、色も赤・黒・橙と多種多様な漆塗りの装身具の存在が示された（上屋・木村2016、木村・上屋2018）。

　漆製品で最も古い例は函館市垣ノ島B遺跡の縄文早期の墓坑から出土した漆塗り繊維製品で、次に古いのは道東部標津町の伊茶仁チシネ第一竪穴群遺跡出土の縄文前期の例である。これらは漆を染み込ませた繊維を編んだか、繊維

に漆を塗ったものと考えられている。垣ノ島Ｂ遺跡では墓坑底面から遺体の頭部、右肩部、左肩部〜上腕部、腰〜脚部と推定される範囲に繊維製品が存在することから、遺体に着装された状態であったと思われる。上記２例は、日本列島内はもとより中国大陸と比べても最古の例であるとともに、装身具として用いられている点に特徴がある。

　中国大陸では、約7,600年前の浙江省跨湖橋遺跡で黒色の漆塗り棒状製品が出土し、河姆渡遺跡でも椀などの木器や建築部材に漆が用いられるのみで繊維製品は存在していない（岡村2007）。漆製品と製作技術の起源についてはなお検討を要するが、道南西部では縄文早期から赤色、かつ繊維による装身具が存在したことは間違いない。

　植物性の装身具といえば、小樽市忍路土場遺跡のトチノキの種子を玉にしたものがある。これは縄文後期の層から穿孔された小型の種子24個が出土したもので、孔の中には撚糸状の繊維が残っているものもあった。おそらく、トチノキの種子は食料として保存する（アク抜きをする）場合、土中に埋める例はあるものの、連ねて吊るすことは考えにくいとの判断から、調査者はネックレスとして報告している。ちなみに植物の種子を玉類として用いる例は東南アジアをはじめ世界各地に存在する（池谷2017）。

　耳飾りには石製の玦状耳飾りがあり、函館市八木Ａ遺跡例のような縄文早期から前期に多い円環形と、福島町館崎遺跡例のような縄文前期末から中期に使用される三角形の双方が存在する。また、土製耳飾りは北斗市茂辺地遺跡、千歳市美々４遺跡、苫小牧市柏原５遺跡、新ひだか町御殿山遺跡で直径1cmほどの円柱状のものから、円環状や皿状の大型のものまで出土している。時期は縄文後期から晩期にかけてのもので、本州東北部では中期から出現するのに対してやや遅れて盛行する（吉田2003）。

5.　貝製品と製作技術

　ここで貝製平玉の製作技術の伝播について考えたい。骨角牙貝製品のうち貝製平玉は、ビノスガイ、ウバガイ、エゾタマキガイを素材としており、古いものは縄文中期の室蘭市鶯別貝塚、泊村茶津洞窟、函館市戸井貝塚があり、後期には八雲町コタン温泉遺跡、余市町フゴッペ洞窟、洞爺湖町入江貝塚で出土し

ている。これらの貝製平玉は、錐による穿孔と回転研磨の技法的特徴を持っており、製作技術は紀元前 3000 年紀にアムール河下流域経由で北海道島に伝播したと考えられている（木下 1999）。

一方で、平玉以外の玉類を見てみるとタカラガイ製品やイモガイ製垂飾、ベンケイガイ製・オオツタノハ製の腕輪あるいは首飾り、さらにタカラガイを模した花弁形貝製品も存在しており、南海産と称される貝や少なくとも本州以南で採取される貝を用いた搬入品が存在する。

北海道内のタカラガイ製品の古い例は縄文前期の伊達市北黄金貝塚（メダカラガイ）、苫小牧市静川 22 遺跡（メダカラガイ、チャイロキヌタガイ）があり、佐藤一夫は「移入品ではなく温暖期に北上した自然分布した現地産のものである可能性も否定できない」としている（佐藤 2005）。佐藤はこれまでタカラガイ製品の集成を通してタカラガイ製品が本州以南との交流を示す物証として強調してきたが、タカラガイは種類によって北海道南部から本州東北部でも採取可能であることが明らかになり、縄文海進期の上記 2 例に関しては慎重な姿勢をとっている。

また、忍澤成視は現生貝類の採取と種同定を基にして、縄文後期の函館市戸井貝塚（ハナマルユキ、ホシキヌタ）をはじめ北海道から千葉県までの 16 遺跡出土のタカラガイは「低温に強い種」と「広海域種」に限られることなどから、房総半島もしくは三浦半島周辺の海域からもたらされたとしている。

なお、1988 年以降に現生のタカラガイやマクラガイが青森県六ヶ所村や五所川原市（メダカラガイ、チャイロキヌタ）、北海道松前町（メダカラガイ）で採取された事例が報告されている（福田 2018）が、これらをもって縄文時代のタカラガイの生育分布域と捉えられるかは判断が難しい。南海産貝類が生育するには、津軽海峡沿岸域まで流れ着いた幼生が一定の水温以上のところで沈着し、成貝まで生育しなければならない。現代の採取事例は火力および原子力発電所が稼働し始めた 1980 年代以降のものであり、局所的な海水温の上昇が関連する可能性がある。縄文海進期や暖流の勢いの強い時期に通年で南海産貝類が生育できる環境にあったかどうかの検討も含めて、自然分布域については慎重に考えたい。

なお、縄文前期の北黄金貝塚と静川 22 遺跡のタカラガイ（メダカラガイ、

チャイロキヌタガイ）は現地産である可能性はあるとしても、貝の背面を加工した利用形態は本州以南からの影響と捉えられる。さらに北黄金貝塚から東に約20kmの距離の鷲別貝塚で縄文中期の貝製平玉が出現していることは、貝製平玉の製作技術の系譜を北方のみに辿ることに疑問が生じる。

縄文後期になるが、道北部の船泊遺跡からはタカラガイとともに伊豆諸島以南に生息するイモガイ類のカバミナシ（忍澤2011）の殻頂部に穿孔した垂飾や、マクラガイ製、アマオブネガイ製の玉類も出土しており、道南西部から道北部にかけて南海産貝製品の流通が存在している。今後、貝製平玉の製作技術の伝播については、南海産貝製品と貝製平玉の共伴事例を基にした検討が必要である。

6. 北海道南西部の装身具の特徴

これまで見てきたように、北海道南西部は旧石器時代から装身具が存在し、縄文時代を通して材質・形状ともにバラエティに富んだ製品が多数出土している。その理由として、①貝塚密集地帯であること、②多副葬の風習があること、③文化の境界地帯に位置することの3点が挙げられる。

まず、渡島半島は日本海側に洞窟遺跡が多数あり、津軽海峡に面する海岸段丘や噴火湾沿岸には貝塚が多くある。とくに海蝕洞窟や貝塚を墓地として利用したために人骨に伴う骨角貝牙製品が必然的に多く出土することになる。この点は装身具の装着方法の検証や、使用目的を考える際に有用である。同時にほかの地域においてはすでに失われた有機質の装身具の存在を念頭に置いた調査研究が必要になることを示している。

次に、多副葬の習俗は縄文後期から続縄文前半期に顕著であるが、多量ではなくても副葬品を伴う墓の割合が多い点もまた北海道の墓制の特徴である。この点は階層差や副葬原理についての研究に適しているとともに、装身具・呪術具・祭具といった玉類の機能・用途の検討材料ともなっている。

最後に、縄文時代を通して石狩低地帯の東と西では土器型式や住居形態、生業などが異なっており、道南西部は距離的にも生態系・自然環境の面でも本州島と近いことから文化的な共通性のある地域といえる。円筒土器文化圏に代表されるように津軽海峡を挟んで共通文化圏を形成した時期が長く、北海道縄文

人は本州縄文人が抱いた翡翠製品や南海産貝製品が持つ意味合いを理解してこ
れらを求めたと思われる。

　装身具研究の今後の課題は、これら玉類の材質の特性（色・形・硬さ・生え
方・匂い・薬効など）に由来した象徴性への理解と、象徴性から稀少性への価
値の転換についての整理であろう。そのためには植物種子など有機質資料や、
デザインと色彩への着目（安斎2008）が必要となる。

引用・参考文献

青野友哉　1999「碧玉製管玉と琥珀製玉類からみた続縄文文化の特質」北海道考
　　古学第35輯、pp.69-82

青野友哉　2004「続縄文文化の貝製装飾品」『考古学ジャーナル』No.521、pp.6-9

青野友哉　2005「縄文晩期〜続縄文時代の琥珀製玉類の流通」『日本文化財科学会
　　第22回大会研究発表要旨集』本文化財科学会、pp.24-25

青野友哉　2007「貝製玉類製作のムラ―船泊遺跡―」縄文時代の考古学6、同成
　　社、pp.141-146

安斎正人　2008「色の考古学」『季刊東北学』第14号、東北芸術工科大学、pp.116-
　　127

池谷和信編　2017『ビーズ　つなぐ　かざる　みせる』国立民族学博物館、pp.1-135

上屋眞一　2004「連珠飾玉の出土状態を考える」『季刊考古学』第89号、pp.81-82

上屋眞一・木村英明　2016「国指定史跡カリンバ遺跡と柏木B遺跡　縄文時代の
　　後期石棒集団から赤い漆塗り帯集団へ」同成社、pp.1-401

岡村道雄　2007「縄文のウルシとウルシ文化のルーツを求めて」是川遺跡ジャパ
　　ンロード調査実行委員会編『是川遺跡ジャパンロード［漆の道］報告書』、
　　pp.35-39

忍澤成視　2011『貝の考古学』同成社、pp.1-430

木下尚子　1999「東亜貝珠考」『白木原和美先生古稀記念献呈論文集　先史学・考古
　　学論究』Ⅲ　龍田考古学、pp.315-354

木村英明　2013「第Ⅱ部　酷寒に挑む旧石器時代の人びとと技」G. A. フロバーチェ
　　フ・E, Ju. ギリア・木村英明『氷河期の極北に挑むホモ・サピエンス―マン
　　モスハンターたちの暮らしと技―』雄山閣、pp.151-164

木村英明・上屋眞一　2018『縄文の女性シャーマン　カリンバ遺跡』新泉社、pp.1-93

小林園子　2000「第4節　貝製品」西本豊弘編『礼文島船泊遺跡発掘調査報告書』
　　礼文町教育委員会、pp.273-303

斎野裕彦編　1998『アクセサリーの考古学』仙台市富沢遺跡保存館、pp.1-68

佐藤一夫　2005「北海道における南海産貝類について」明治大学文学部考古学研究室編『地域と文化の考古学』Ⅰ、pp.547-569

鈴木克彦　2004「硬玉研究序論―玉研究の現状と諸問題―」『玉文化』創刊号、日本玉文化研究会、pp.1-38

瀬川拓郎　1983「縄文後期～続縄文期墓制論ノート」『北海道考古学』第19輯、pp.37-49

高倉　純　2004「石刃鏃石器群に伴う飾玉」『季刊考古学』第89号、pp.63-64

寺崎康史　2004「旧石器時代の垂飾と玉」『季刊考古学』第89号、p.47

野村　崇　2004「北日本（北海道・東北北部）の玉文化」『季刊考古学』第89号、pp.52-54

野村　崇　2005「北海道出土の翡翠製装飾品―研究史と出土玉の概観―」『日本玉文化研究会第3回北海道大会研究発表会 要旨・資料集』pp.1-5

野村　崇　2005「北海道出土のヒスイ製装飾品」明治大学文学部考古学研究室編『地域と文化の考古学』Ⅰ、pp.531-546

福田友之　2018『東北北部先史文化の考古学』同成社、pp.1-286

峰山　巌・山口　敏　1972「土器人の社会」『豊浦町史』豊浦町、pp.85-108

吉田泰幸　2003「縄文時代における土製栓状耳飾の研究」『名古屋大学博物館報告』19、pp.29-54

コラム①

東北北部地域の墓と副葬品
―青森・岩手・秋田―

八木 勝枝

はじめに

　東北北部地域の後晩期の遺跡には、個人の墓から多数の玉を連ねた連珠が出土する例が見られる。そのような事例に対し、集団内での階層性を示しているとの解釈（中村1993ほか）や、「特殊な立場にある呪術者」だったのではないかという考えが示されてきた（福田2014）。連珠が墓から出土する例は北東北三県では青森県に顕著で、次いで秋田県に多い。岩手県では数個の玉が墓から出土する例が知られるのみである。

1. 青森県

　後期後葉以降、墓に連珠を副葬する遺跡が現れる。同時期を主体とする八戸市風張（1）遺跡では、環状を呈する竪穴住居跡帯・土坑帯の内側から130基の墓が見つかっており、そのうち20基から玉が出土している。第20号土坑墓からは丸玉14点・楕円形玉4点・勾玉状玉3点の計21点が出土しており、すべてヒスイ製である。また、第72号土坑墓からは丸玉133点が環状に連なって出土しており、そのうち約7割がヒスイ製品によって占められている。なお、風張（1）遺跡の土坑墓は、西側A群61基と東側B群69基の二つのまとまりがあるが、第20号土坑墓は西側、第72号土坑墓は東側に位置し、玉が出土する墓に遺跡空間内における空間的な偏在性は認められず、土坑の形態もほかの墓と異なる点が見当たらない。

　晩期の大洞C_1～C_2式期を中心とする六ケ所村上尾駮（かみおぶち）（1）遺跡では墓21基が調査されており、そのうち13基から計759個の玉が確認されている。大別すると、小型の玉は緑色凝灰岩製が多く、まれに小型のものも含まれるが中・大型の玉は貴重なヒスイ製であることが多い。例えば、連珠とともに朱塗り櫛

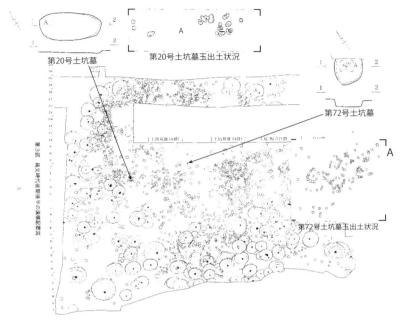

図 1　風張 (1) 遺跡 (八戸市教育委員会 2008)

が出土し、被葬者が女性と推定される第 25 号土坑からは計 236 点の玉が見つかっているが、そのほとんどが緑色凝灰岩製の小玉であり、ヒスイ製の玉はやや小振りながらわずかに 7 点しかない。また、第 35 号土坑からは丸玉に加え、管玉・勾玉といった各種の玉が見つかっており、計 51 点すべてがヒスイ製である。性別は不明だが、遺跡内における被葬者の優位性をうかがえる事例として注目される。

　上尾駮 (1) 遺跡からはアイヌの「イトゥパ」に類似する、赤く塗り固められた帯状の繊維も出土している。近接した 4 基の土坑から見つかったが、連珠や櫛を伴わないことから、被葬者は男性ではないかと推定されている。

2. 岩手県

　軽米町大日向Ⅱ遺跡では、第 2～5 次調査で後期末から晩期初頭の墓 21 基が見つかっている。しかし、玉を伴う墓は破砕された石皿および、裏面全体に赤

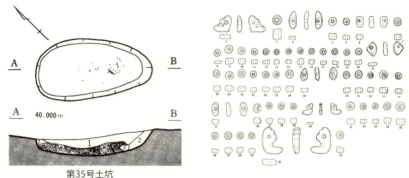

第35号土坑
図2　上尾駮(1)遺跡C地区（青森県教育委員会1988）

色顔料が付いた扁平礫を覆土に含んだSD099土坑のみである。土坑の底面に密着した状態で人骨が検出されており、鑑定の結果、被葬者は推定身長148cm、30代後半から40代前半の女性であると報告されている。玉は計4点で、すべてヒスイ製で片面穿孔されている。人骨の頸部から勾玉1点と楕円形玉1点、左腰骨端から三角形玉1点、右腰骨端から台形玉1点が見つかり、現位置を保っていると考えられる。なお、同じ土坑内からはスタンプ形土製品も共伴している。

　また、墓域内のJⅧ3aグリッドからもヒスイ製の丸玉4点がまとまって出土しており、墓であった可能性が高い。見つかった玉の孔内には赤色顔料が付着しており、青森県上尾駮(1)遺跡で見つかったような赤色の帯状繊維の存在をうかがわせる。青森県風張(1)遺跡と同様に、大日向Ⅱ遺跡の墓は東群10基と西群9基の二つのまとまりに分けられる。その中でSD099土坑は西群に位置するが、ヒスイ玉を伴うこと以外にほかの土坑墓との差は認められない。

3．秋田県

　秋田市地方遺跡は晩期の大洞C_1式期を主体とし、墓559基が調査されている。墓域は99基で構成されるⅠ・Ⅱ群西側と、440基で構成されるⅢ・Ⅳ群東側に分かれており、玉を伴う墓は総数の約10％に当たる58基である。しかし、一つの墓に1点しか玉を伴わない墓が大半であり、最多の計35点の玉を伴う237号土坑墓も連珠は小玉や丸玉のみで、ほぼ同時期の青森県上尾駮(1)

68　第Ⅰ章　列島各地の副葬品

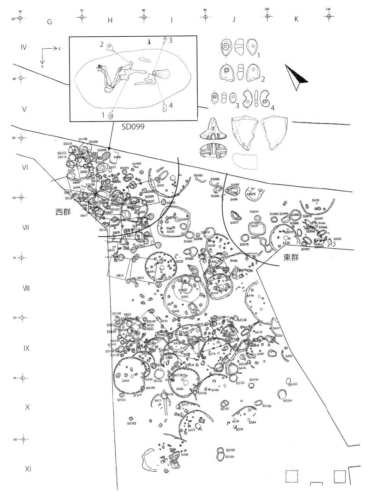

図3　大日向Ⅱ遺跡（(公財)岩手埋蔵文化財センター 1995）

遺跡の事例ほどの優越性は認めがたい。

　なお、珍しい副葬品として貝製品を模倣した土製品が目を引く。58号土坑墓から見つかった土製品は、本来凹むべき内面が平らで中央の穿孔も認められないが、頭頂部を切り落としたイモガイを模した内面渦巻状土製品（稲野1982）の可能性がある。

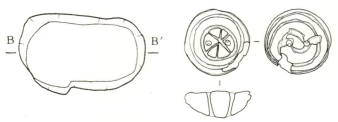

図4　地方遺跡58号土坑墓（秋田市教育委員会1987）

4. まとめ

　青森県上尾駮（1）遺跡と岩手県大日向Ⅱ遺跡の例から、少なくとも北東北地域では貴重なヒスイ製の玉を伴う墓の被葬者は女性である割合が高そうである。しかし、その一方で連珠やヒスイ製の玉を伴う墓だからといって、副葬品以外の点、例えば墓域内での立地や形状といった点でほかの土坑墓との差異は認めがたい。上尾駮（1）遺跡の赤色の帯状繊維を伴う4基の墓の被葬者は、男性のリーダーたちであった可能性があるが、やはりほかの土坑墓と比して立地や形状に差異はない。以上のことから、副葬品は被葬者の性差や社会的役割を反映しているものであることは充分推察できるが、それが明確な階層社会を示すものなのかは現時点では判断しかねる。今後の総合的な研究の進展が待たれる。

引用・参考文献

　青森県教育委員会　1988『上尾駮（1）遺跡C地区』
　秋田市教育委員会　1987『秋田新都市開発整備事業関係埋蔵文化財発掘調査報告書 地方遺跡 台B遺跡』
　稲野裕介　1982「亀ヶ岡文化における内面渦巻状土（石）製品とその分布」『史学』第52巻第2号
　（公財）岩手県文化振興事業団埋蔵文化財センター　1995『大日向Ⅱ遺跡発掘調査報告書―第2次～第5次調査―』
　中村　大　1993「秋田県柏子所貝塚からみた亀ヶ岡文化」『月刊考古学ジャーナル』№368
　八戸市教育委員会　2008『風張（1）遺跡Ⅵ―平成2～4年度―』
　福田友之　2014『津軽海峡域の先史文化研究』

第*4*節 ⋯⋯

東海地方の貝塚に残された副葬品

川 添 和 暁

はじめに

　東海地方の、遠江・三河・尾張・美濃地域にかけての西部域では、縄文時代後期から晩期にかけての埋葬人骨の出土が多く知られている。とくに、渥美貝塚群の吉胡貝塚・伊川津貝塚・保美貝塚・川地貝塚では、日本列島内でみても屈指の埋葬人骨数を誇り、形質など人骨自体の検討にはじまり、埋葬形態など、研究の歴史は極めて古い。これら埋葬人骨には装身具類の着装がしばしば報告されており、とくに貝輪を含めた骨角製装身具類の報告は、質量ともに充実しているといえる。これまで知られている骨角製装身具類には、さまざまな動物性素材が使用されており、その種類・形状も多種多様である。

　本稿では、その中でも、人骨着装および共伴事例が多く知られる鹿角製装身具類を中心に紹介し、貝輪や牙製垂飾と比較しながら、その意義について簡単に述べていきたい。対象とする時期は、縄文時代晩期を主とするものの、時期特定の難しい資料に関しては、縄文時代後期の事例も含めて述べることにする。

　本稿での「副葬品」は、おもに人骨着装状態で出土した装身具類とほぼ同義で述べることにする。厳密な意味での副葬品とは異なるものの、これら装身具類の分析によって、当時の社会集団関係に迫る糸口となることが期待される。

1. 鹿角製装身具類の種類

　図1・図2には、縄文時代晩期を中心にした鹿角製装身具類についていわば定型的な代表例のみをまとめた。図1は東海地域出土資料、図2は関西・

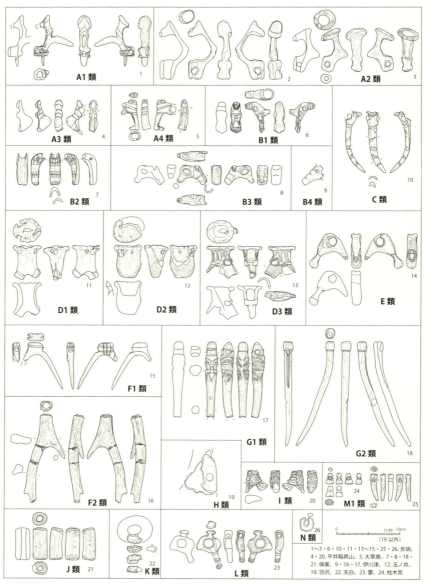

図1　東海地域における縄文時代晩期鹿角製装身具類

72　第Ⅰ章　列島各地の副葬品

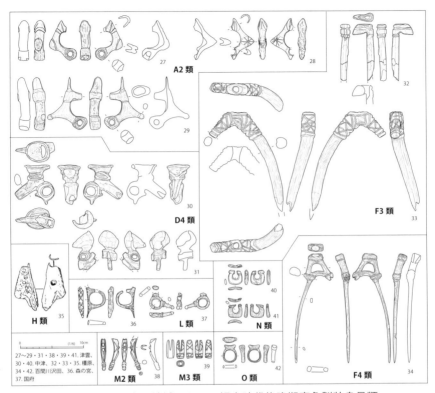

図2　関西・中国地域における縄文時代後晩期鹿角製装身具類

中国・四国地域出土資料である（以下、数字は図内番号を示す）。これらを製作および形状に基づく型式学的な検討を行うと、以下のように分類できる。

A類（1〜5・27〜29）　鹿角二又部を用い、平面形態が、くの字状あるいはイの字状を呈するもので、一端（上側）が環状、もう一端（下側）が筒状の形状を呈する。下側の筒状は横方向に穿孔が施されており、場合によっては縦方向にも穿孔がある。さらに、下側の筒状の下に突起のあるもの（A1類）と、ないもの（A2類）に二分でき、前者は線刻・作り出しによる装飾が多用される傾向がある。また、上側の環状につながる形で中央部付近が抉られているものが多い。A3類およびA4類はA1・A2とは部位構造の異なるものである。

表1 東海〜中国地域における縄文時代後晩期鹿角製装身具類（太字は人骨着装・共伴資料）

遺跡名	所在地	時期	A1類	A2類	A3類	A4類	B1類	B2類	B3類	B4類	D1類	D2類	D3類	D4類	G1類	G2類	H類	K類	L類	M1類	M2類	N類	O類	文献など
羽沢貝塚	岐阜県海津市	縄文晩期後葉																1	1					渡辺編2000
玉ノ井貝塚	名古屋市南区	縄文晩期前半						1																纐纈編2003
曽良塚	名古屋市緑区	縄文晩期																	1					清野1969
大草南(東畑)貝塚	愛知県知多市	縄文晩期前葉				1																		南山大学人類学博物館所蔵品
本刈谷貝塚	愛知県刈谷市	縄文晩期前葉						1																磯部2008
枯木宮貝塚	愛知県西尾市	縄文後期末〜晩期前半															1	1	1					松井2007
平井稲荷山貝塚	愛知県豊川市	縄文晩期中葉〜			1										2 3						1			大野1901 清野1969
吉胡貝塚	愛知県田原市	縄文後期〜晩期	1	10		1			1	3		1	5	1			4							斎藤ほか1952
		縄文晩期前		1																				増山・坂野編2007
		縄文晩期?	1	1				1																久永ほか1972
伊川津貝塚	愛知県田原市	縄文晩期主体(後半含む)							1	1														小野田・春成・西本1988
		縄文晩期後半																						増山氏ご教示
保美貝塚	愛知県田原市	縄文晩期				1	1								1									小林ほか1966、大塚編2011
		縄文晩期						1																増山ほか2017
		縄文晩期後半						1									1							個人蔵
		縄文晩期																						高木・坂口編2010
		縄文晩期前半				1																		山田氏ご教示および増山編2017
天白遺跡	三重県松阪市	後期後葉													1									森川1999
水走・鬼虎川遺跡	大阪府東大阪市	縄文晩期末〜																						原田・若松・曽我1998
国府遺跡	大阪府藤井寺市	縄文晩期															1							清野・鹿馬1969
橿原遺跡	奈良県橿原市	縄文晩期前半								3			2											濱田1961・松田編2011
百間川沢田遺跡	岡山市中区	縄文晩期末																				2		永水1961・松田編2011 鎌木・澤山1997
中津貝塚	岡山県倉敷市	縄文晩期							2											1	1			鎌木1955・春成1985
津雲貝塚	岡山県笠岡市	縄文後晩期		3 1																				浜田・鹿馬1920、長谷部1924 鎌木1986

43. 吉胡、44・45. 伊川津

図3　鹿角製装身具類の加工途上品

　B類（6〜9）　鹿角二又部の内側を主体的に用い、横方向の穿孔が上部側にあり、環状部が中央もしくは下端にあるもの。上部端や表面には線刻・作り出しおよび彫去による装飾があるのも大きな特徴である。

　C類（10）　幼獣・若獣の鹿角を半截して使用しているもので、角座から角幹にかけて使用しているものである。表面には線刻・作り出しおよび彫去による装飾が施されている。

　D類（11〜13・30・31）　角座部を使用して、平面形態が台形状および人の字状を呈し、中空のものである。D1類は突起状の先端にさらに作り出しがあるもので、D2類は突起状の端部がなく袋状を呈するもの、D3類は角幹・第一枝分岐部で半截状態となり、線刻・作り出しおよび彫去による装飾が施されているものである。D4類はさらに複雑な形状を呈するものではあるが、とくに30は平面観よりA1類およびA2類との関連性が考えられるものである。

74　第Ⅰ章　列島各地の副葬品

E類（14）　二又部を中実の状態で用いて平面形態がへの字状を呈するもので、中央部に横方向への穿孔が施され下部の一端に環状部のあるもの。下部のもう一端には作り出しが見られるものが多い。側面観はやや扁平なものが多い。

F類（15・16・32〜34）　平面形態がへの字状あるいは7の字状を呈するもので、一端が長く棒状を呈するものである。上部の二又部を中心におもに沈線による装飾が施されている。二又部際で切断されているF1類と、二又部を含む角幹部分も残して切断されているF2類がある。F3類は、一端が長く棒状を呈するもので、二又部を上下に貫く穿孔や、枝側に平坦面を形成するなどの特徴を有する。一方、F4類は二又部中央に大きな穿孔を有するものである。

G類（17・18）　棒状を呈するもの。穿孔の方法により、横方向に穿孔が施されているG1類と、上部端から横へと、いわば斜方向に穿孔が施されているG2類に分けられる。

H類（19・35）　二又部付近に穿孔が施されているもの。全体の形状は不明である。

I類（20）　各種装飾が施されているものである。装飾は、線刻・彫去による。

J類（21）　管玉状の形状をなすもの。髄のある中央部に対して、上下方向に穿孔が加えられている。

K類（22）　角座部を水平に輪切りし、環状にしたもの。角座部の鹿角表面の凹凸はある程度残したまま、穿孔は上下両側からなされている。

L類（23・36・37）　半截材を用いて、突起状を有するもの。側面観が薄く扁平になっている。

M類（24・25・38・39）　鹿角枝端部のみを使用したものである。M1類は、横方向に穿孔が加えられた垂飾類である。M2類は、やや弓なり状の形態を有するものである。38は端部に作り出しを有するもので、全面に沈線による三又などの装飾が施されている。中央の穿孔周辺には紐ズレ痕とみられる磨滅痕が確認できる。M3類は二又状の切れ込みを有するものである。39の周囲には×状あるいは鋸歯状の線刻が認められる。

N類（26・40・41）　半截材を用いたやや小型のもの。平面形状四角形を呈するもので、切れ込みのある環状のようにもみえるもの。

O類（42）　角枝などを輪切り状にして加工されたもの。一端に大きなリング
が作り出されているものである。

2.　鹿角製装身具類の製作状況

　鹿角を用いた製品について、筆者は大きく鹿角素材を半分に裁断した状態を
もとにしている一群（半截系）と、素材を半截していないものをもとにしてい
るもの（非半截系）に二分している。縄文時代後晩期の東海地域の資料におい
ては、前者は根ばさみを含めた鏃・釣針などの利器への製作につながるものが
多く、後者は装身具類に多い傾向にある。上記分類の中でも、半截系にあたる
ものは、L類とN類と極めて限定的であり、非半截系の優位を再確認できる。
また、A類～F類・H・L類は二叉部を使用しており、この部分の重要度が
高かったと考えられる。その中でも、A類・D類・F類の一部など、角座部や
第一枝分岐点付近の使用が多く見られる。A類の中で標準的な法量を有すると
考えられる3では、角座部の径が3.1×3.4cmである。同様にD類は4.5×4.0cm
程度の角座部が使用されている。一方、二叉部を使用しないG類でも角座部を
利用しているものがあり、角座部は2.5×2.0cm以下の測定値を得る。このよう
に、各分類に対応する材には法量的な要件があったようである。G類17・18
は枝の分岐が見られない、一才獣であると考えられる。A類の8も枝の分岐が
見られるものの、D類使用材に比べて著しく小さい。このことから、8の使用
材もより若獣の可能性が想定される。

　なお、これら鹿角製装身具類に対応する加工途上品も、吉胡貝塚・伊川津貝
塚から出土している（43～45）。両遺跡はこれら鹿角製装身具類の製作＋使用
遺跡として位置づけることができる。

3.　鹿角製装身具類の人骨着装・共伴状況

　人骨着装事例が認められるものは、A類～G類・L類・M類・N類である。
A～F1類およびL類は、腰飾りと称される資料群で、A類～E類の吉胡貝塚
での集中傾向は、とくに注目される。この中で、最も点数としてまとまってい
るのはA2類で、吉胡貝塚では11点、伊川津貝塚からも1点、そして最近の
調査で保美貝塚からも1点出土している。A2類は吉胡貝塚清野92号と人骨

で女性とされているほかは、性別が明らかになっているものに関しては男性人骨に伴う場合がほとんどで、A1類に関しても男性人骨に伴う。

A1類はA2類より装飾的効果が高いものであり、出土もより限定される。注目されるのは、伊川津貝塚でもA1類が出土していることであり、1959年の調査で、210号人骨の骨盤上から出土しているという（久永ほか1972）。また、A3類は平井稲荷山貝塚での1点のみ（4）で、A4は大草南貝塚1点のみ（5）と、やや部位構造の異なるものであり、吉胡貝塚・伊川津貝塚・保美貝塚では出土していない。なお、平井稲荷山貝塚出土事例は、下顎を伴う人骨頭部のみの埋葬人骨に伴って出土したことからも、ほかのA類の出土状況とは大きく異なるのかもしれない。

D類では、D1類の6点が最も多く、これがD類の主体であろう。伊川津貝塚の事例は、晩期初頭の集骨葬内にあった男性人骨に伴うもので、本刈谷貝塚は単葬・単独葬の男性人骨に伴うものである。4点出土している吉胡貝塚では、清野203号（女性）に伴うもの以外は、すべて男性人骨に共伴するものである。D2類である12は玉ノ井遺跡で出土している1点のみである。

N類の26は、吉胡貝塚清野240号人骨（女性）から出土した耳飾りである。一見すると玦状を呈しているようにも見えるが、同類の岡山県中津貝塚（40）・津雲貝塚（41）出土鹿角製耳飾りが示しているように、外アグの釣針形が由来となったものと考えられる（川添2013a）。

このように、吉胡貝塚では鹿角製装身具類の集中出土が認められるものの、一方で吉胡貝塚からは出土しない人骨着装の鹿角製装身具類も2類型確認できるのである。ひとつはG類で、もうひとつはL類である。G類は、伊川津貝塚・保美貝塚で集中して認められ、晩期後葉に属するものである。他方、L類は、人骨着装事例としては、雷貝塚・国府遺跡があり、人骨との関係が不明なものとしても、枯木宮貝塚・森の宮貝塚と、吉胡貝塚を主体として複数遺跡に分布するA類・D類とは明らかに分布傾向が異なるものである。人骨着装の雷貝塚と国府遺跡の事例は、両者とも男性人骨に伴っており、この点では、A類・D類と同じ傾向といえる。

人骨に伴って出土した鹿角製装身具類は、一人骨に1点のみ伴う場合がほとんどである。腰飾りの場合、一人骨においてほかの部位の装身具とともに出土

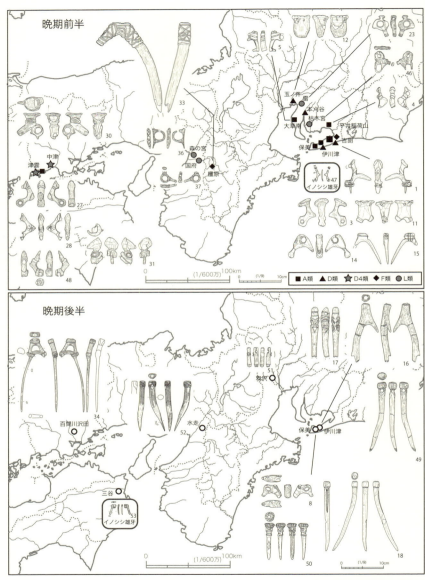

図 4 東海・近畿・中国四国地域 縄文時代後晩期における鹿角製装身具類の展開

78 第Ⅰ章 列島各地の副葬品

する事例は少ない。例外を提示すれば、吉胡貝塚では清野 123 号人骨（男性）の魚脊椎骨製耳飾りと鹿角製 A2 類との共伴、清野 130 号人骨（男性）のイノシシ犬歯製頭飾りとサル橈骨製耳飾りおよび鹿角製 E 類との共伴、国府遺跡での 1908 年度 3 号人骨（男性）の土製耳飾りと鹿角製 L 類との共伴、がある。この三者に共通することは、腰飾りに加えて耳飾りが確認されている点である。

　人骨に伴った出土が現在までのところ確認されていないものの、複数遺跡での出土が確認され、かつ吉胡貝塚での出土が集中する類型に、J 類がある。吉胡貝塚以外では、稲荷山貝塚での出土事例が多く、枯木宮貝塚と保美貝塚では各 1 点のみ出土している。注目される点としては、伊川津貝塚での出土が極めて低調な点である。単純な形状ではあるが、どこの遺跡でも出土するものではないようである。

4. 鹿角製装身具類の保有でみる遺跡間関係

　大きく晩期前半と後半に分けて概観する。ここでいう晩期前半は半截竹管文系条痕土器の時期（桜井式に併行する稲荷山式も含む）、晩期後半は突帯文期をおおむね示す。

　晩期前半　吉胡貝塚における鹿角製装身具類の集中は著しい。吉胡貝塚では、A1 類・A2 類・B1 類・C 類・D1 類・D3 類・E 類・F1 類・J 類が認められ、各分類が集中するのみならず、出土点数も多い。A 類に関していえば、A1・A2 類の分布は吉胡貝塚以外では伊川津貝塚と保美貝塚で認められる一方、平井稲荷山貝塚では A3 類、大草南貝塚では A4 類と、部位構造がやや異なるものが分布する。吉胡貝塚では A1 類・A2 類に形状の類似したイノシシ雄牙製品の出土もある（47）。また、D 類に関しては、D1 類は吉胡貝塚・伊川津貝塚・本刈谷貝塚に認められるほか、若干の部位構造が異なる D2 類が玉ノ井遺跡で見つかっている。これらを一瞥した場合、吉胡貝塚を中心に、伊川津貝塚・保美貝塚では極めて近似した装身具を保持しながら、渥美半島域外の尾張・三河地域においては、これら装身具類は若干の構造変化をしたものを含めてモザイク状に分布している様子を見ることができる。一方、岡山県津雲貝塚では、この A2 類に極めて類似した鹿角製装身具類が集中しており（27〜29・48）、吉胡貝塚例と同じく腰部から出土していることから、同様の意味を有す

る装身具類であったといえる。ただし、津雲貝塚では、D類で装飾の発達した形状のもの（D4類 31）や、形状の異なる鹿角製装身具類（腰飾り）も存在していること（M3類 39）から、吉胡貝塚との関連を持ちつつ独自性も有していたようである。

　一方、吉胡貝塚を中心とした出土傾向にあてはまらないものを、2類型指摘できる。本稿の対象地域では橿原遺跡にしか類例が知られていないF3類と、半截材を用いたL類の存在である。L類は、人骨着装事例としては、雷貝塚（23）と国府遺跡（30）の例があるが、単独で出土した事例として、枯木宮貝塚と森の宮貝塚（31）があり、西三河から尾張地域と河内から摂津地域にかけて分布が認められる。両者の中間地域の様相は現状では不明であるが、滋賀里貝塚では素材が異なるとされる類似した形状を呈する骨製の資料が出土していることから、実際には関西地域により多く分布していた可能性はある。

　以上のことを遺跡における保有傾向という点からまとめると、尾張・三河地域では、吉胡貝塚をはじめとする渥美貝塚群の遺跡に集中する鹿角製装身具類に類似したものが、渥美半島外の各遺跡に類型別にモザイク状の分布をしている一方、津雲貝塚では独自の鹿角製装身具類を保持しつつも、吉胡貝塚で多いA2類を多く保有している。一方で、西三河から大阪湾岸にかけては、半截材を用いた異なるL類が存在しており、分布上の好対照をなしている。

　晩期後半　確実視できる資料には、B3類・F2類・F4類・G1類・G2類がある。棒状を呈するものが主体となるが、鹿角二又部を用いたB3類（8）も認め

図5　東海地域縄文時代晩期の貝輪相関図

表2　東海・関西・中国・四国地域　縄文時代後晩期の人骨着装・共伴出土貝輪一覧

遺跡名	時期	人骨遺構番号	性別など	貝種	左	右	他	備考	文献など
蜆塚	晩期	25号	男　老年	フネガイ科	2				向坂ほか 1962
				イタボガキ右		1			
平井	晩期	清野　3号	小児	ベンケイガイ		1			清野 1969
稲荷山	晩期	清野　18号	女　成人	フネガイ科			1	腕部に近接。	清野 1969
吉胡	晩期	清野　41号	女　壮年	フネガイ科			1	腰部に密着して出土。	清野 1969
	晩期	清野　179号	男　壮年	フネガイ科	2	2			清野 1969
	晩期	清野　182号					3	腕部に接して出土。	清野 1969
	晩期	文化財　13号	女　熟年	イタボガキ	1				清野 1969
	晩期	文化財　14号	幼児	イタボガキ左			1	甕被葬。上股直上より重なって出土。	清野 1969
				ベンケイガイ			1		
	晩期	文化財　19号	女　熟年	フネガイ科	7	4			清野 1969
	晩期	H17　SZ03	女	イタボガキ左		1			増山ほか 2007
伊川津	晩期初頭	1957年 4号	女　成年	二枚貝		1			久永ほか 1972
	晩期初頭〜前葉	1984年　6·2号	女　熟年	オオツタノハ			2	頭蓋の南側四肢骨群の上腕骨付近から重なって出土。	小野田・春成・西本 1988
	晩期初頭〜前葉	1984年　17号	女　熟年	ベンケイガイ	1	2			小野田・春成・西本 1988
	晩期初頭〜前葉	1984年　21号		イタボガキ右			5	4点は重なった状態1点は離れた状態。	小野田・春成・西本 1988
	晩期初頭〜前葉	1984年　24号墓					1		小野田・春成・西本 1988
保美	晩期	小金井　第6号	女　成年	ベンケイガイ	3	1			小金井 1923
中津	後・晩期	7号	女　熟年	フネガイ科	3	2			鎌木 1968
津雲	後・晩期	清野　4号	女　熟年	フネガイ科	1	1			清野 1969
	後・晩期	清野　6号	女　熟年	フネガイ科		1			清野 1969
	後・晩期	清野　7号	女　熟年	フネガイ科	1	1			清野 1969
	後・晩期	清野　23号	女　老年	フネガイ科	1	1			清野 1969
	後・晩期	清野　34号	女　老年	フネガイ科	8	7			清野 1969
	後・晩期	清野　37号	男　熟年	フネガイ科	1	1			清野 1969
	後・晩期	清野　38号	女　老年	フネガイ科	1	2			清野 1969
	後・晩期	清野　41号	女　老年	フネガイ科	2				清野 1969
	後・晩期	清野　62号	女	フネガイ科	1	1			清野 1969
	後・晩期	長谷部　3号		フネガイ科	1	1			

られ、B2類（7）も晩期後半に属する可能性がある。東海地域では、伊川津貝塚・保美貝塚での保有が集中している。B3類（8）に関連して、注目すべき資料に、F4類の岡山県百間川沢田遺跡の事例がある（34）。8と34を比較した場合、角枝側先端部の加工と透かし孔の位置などが類似しており、34に対して8がその部分であることがうかがえるのである。また、34に類似した形状のイノシシ雄牙製品が、徳島県三谷遺跡で出土している（53）。

5. 貝輪の種類と出土状況

　東海地域の貝輪については、筆者は以前まとめたことがあり、最も出土点数の多いベンケイガイ製貝輪についても、論じたことがある（川添 2011）。とくに、ベンケイガイ製貝輪については、縄文時代晩期前半と後半では製作状況に変化があることに加えて、縄文時代晩期後半以降では志摩地域から篠島・渥美半島、そして豊川下流域にかけて製作＋使用遺跡が多数出現する状況を、特化現象の一事例として提示した。

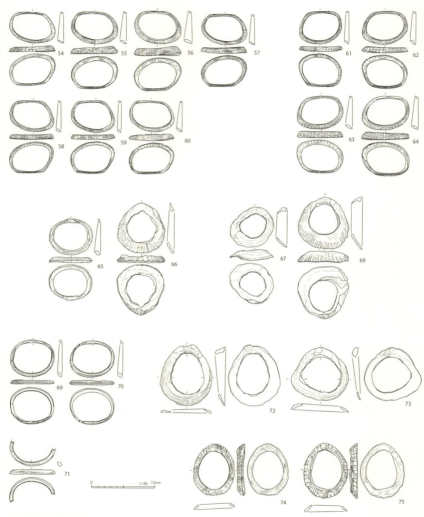

54〜68.吉胡文化財保護委員会調査分（54〜62：19号着装、65・66：13号着装、67・68：14号着装）、
69〜75.伊川津1984年調査分（69・70：17号着装、72・73：21号伴出、74・75：6-2号伴出）
【54〜60：フネガイ科左、61〜64：フネガイ科右、65・69〜71：ベンケイガイ右、66・68：イタボガキ左、67・72・73：イタボガキ右、74・75：オオツタノハ】

図6　東海地域における縄文時代晩期貝輪

82　第Ⅰ章　列島各地の副葬品

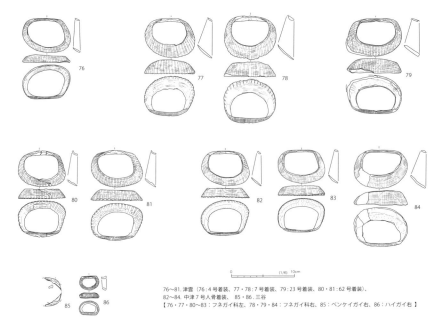

図7 中国・四国地域における縄文時代後晩期貝輪

　筆者は、貝輪資料に関して、群として構造的に理解することができると考えており、東海地域晩期の資料群に関して、図5に模式図を示した。ベンケイガイ・フネガイ科は多数存在するものの、加工の程度などによって扱われ方が異なっていた可能性が想定される。群構造の中で最上位に位置するものはオオツタノハであり、これのみ補修孔が認められる。オオツタノハの形状を模したものとしてイタボガキ左殻が存在する。表2に、対象地域・時期における埋葬人骨装着・共伴貝輪事例を示しておく。

　その上で、主要な貝輪資料を図6・図7に示しておく。特筆すべきは、東海地域の資料と、中国地域の中津貝塚・津雲貝塚出土資料との著しい相違である。中津貝塚・津雲貝塚では、貝種はフネガイ科が圧倒的多数を占め、腹縁幅の広い資料がまとまっている。一方、ベンケイガイの（85）は徳島県三谷遺跡の晩期末の事例である。中・四国地域でのこの存在は特異であり、東海地域との関連性が考慮されるべき資料だと思われる。

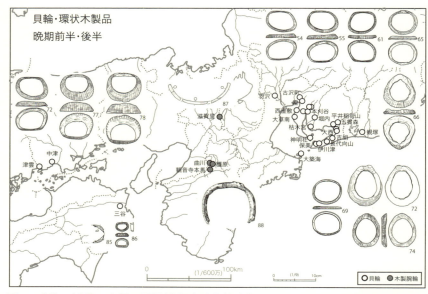

図8　東海・近畿・中国四国地域 縄文時代後晩期における貝輪・環状木製品の展開

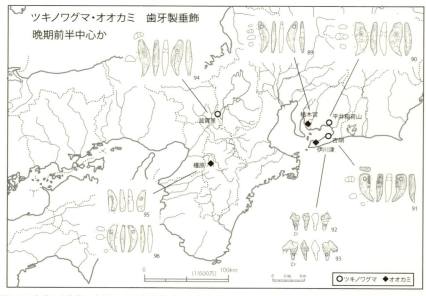

図9　東海・近畿・中国四国地域 縄文時代晩期ツキノワグマ・オオカミ歯牙製垂飾の展開

図8には、貝輪の出土状況を示した。ここで注目すべきは、関西地域では、現在までのところ縄文時代晩期の貝輪資料の出土を見ない点である。早期後半の石山貝塚では多量のベンケイガイ製貝輪が出土しているのに対して（川添2018）、近隣の滋賀里遺跡では1点の出土も確認されていない。また、橿原遺跡で貝輪といわれていた資料は、近年、山崎健によって訂正されている（松田編2011）。いずれにしても、この時期、関西地域において貝輪の使用は低調であったといえる。その一方で、関西地域では漆塗りの環状木製品が出土しており、貝輪ではない腕輪が広く使用されていたことが想定される。

　以上、貝輪で見ると、ある特定地域で広く共通したものが使用されていた様相を見ることができよう。

6. まとめ

　晩期前半の鹿角製装身具類のみでみると、西三河から・尾張・関西地域を越えて、吉胡貝塚と津雲貝塚の類似性を多く指摘することができた。東海地域内ではモザイク状に類似関係がある上で、遠方とも点的に類似するものが展開する。一方、貝輪では、東海西部全体、関西地域、中国地域で様相の差が明瞭であり、いわば地域の特徴がより面的に広がる傾向を指摘することができる。

　鹿角製装身具類は、腰飾りをはじめ男性に着装事例の多いものである。一方、貝輪は女性に着装事例が多いものである。本稿で認められた分布上の相違は、当時の社会集団間において男性と女性との相違点かもしれない。つまりは、地域を越えて点的につながる男性と、地域に密着して面的に関連し合う女性という関係性である。このことが、当時の社会構造に迫る糸口になるかもしれない。なお、ツキノワグマ・オオカミ歯牙製垂飾出土状況も、鹿角製装身具類と同様にモザイク状の関係性が認められ、興味深い（図9）。縄文時代晩期の東海・関西地域において、両者が同一遺跡内で共存する出土例は今のところなく（川添2016）、富山県小竹貝塚・滋賀県石山貝塚・佐賀県東名遺跡などのように、縄文時代早期・前期で両者が同一遺跡内で共存する事例が認められることとは対照的である。

　一方、関東地域との関係についても興味深い事例がある。千葉県成田市荒海貝塚第3次調査で出土した事例が、F2類とした16との類例と考えられること

である。晩期前半と晩期後半とでは形状の変化が認められるものの、鹿角製装身具類による点的な有機的関連現象は、今後の新資料の発見などにより鮮明になるかもしれない。

謝辞

　本稿を草するに際して、以下の方々から、さまざまなご便宜・ご教示などを賜った。ここに感謝の意を表する次第である。(五十音順・敬称略)

　阿部芳郎・安東康宏・田嶋正憲・中村　豊・春成秀爾・間壁忠彦・丸山真史・増山禎之・山田康弘・山崎　健

所蔵機関など

1〜4・6・10・11・13〜15・28・31・38・39・41・76・79〜81：埼玉県立歴史と民俗の博物館、5・7・18・21・46〜49：南山大学人類学博物館、8・16・17・44・45・54〜75・91〜93：田原市教育委員会、9：久永ほか1972より、12：名古屋市教育委員会、19：渡辺編2000より、20・25・90：天理大学附属天理参考館、22：三重県教育委員会、23・37・77・78：大阪府立近つ飛鳥博物館、24・89：西尾市教育委員会、26：清野1969より、32・33・95・96：奈良県立橿原考古学研究所附属博物館、35・88：末永1961より、36：大阪府教育委員会、34・42：岡山県古代吉備文化財センター、30・40・82〜84：(公財)倉敷考古館、27・29：東京大学総合研究博物館、43：奈良文化財研究所、85・86：徳島市教育委員会、87：田辺ほか1973より、94：滋賀県教育委員会

引用・参考文献

　鎌木義昌　1955「縄文後期における埋葬施設の一例」『石器時代』1、石器時代文
　　　化研究会、pp.41-46

　川添和暁　2011『先史社会考古学―骨角器・石器と遺跡形成からみた縄文時代晩
　　　期―』東京、六一書房

　川添和暁　2013a「東海地域・関西地域出土の縄文時代後晩期釣針について」『東
　　　海縄文論集』東海縄文研究会、pp.55-68

　川添和暁　2013b「骨角製装身具類からみた晩期前半の社会」『東海地方における
　　　縄文時代晩期前半の社会』第1回 東海縄文研究会シンポジウム予稿集、東海
　　　縄文研究会、pp.51-64

　川添和暁　2016「東海地域における骨角製垂飾（玉類）の様相―縄文時代後晩期

を中心に―」『玉文化研究』2、日本玉文化学会、pp.127-143

川添和暁　2018「東海地域・関西地域における縄文時代早期骨角器の様相」『考古学フォーラム』24、考古学フォーラム編集部、pp.33-51

清野謙次　1925『日本原人の研究』東京　岡書院（増補版1943、東京、荻原星文館）

清野謙次　1946『日本民族生成論』日本評論社版

清野謙次ほか　1949『古代人骨の研究に基づく日本人種論』東京、岩波書店

清野謙次　1969『日本貝塚の研究』東京、岩波書店

小金井良精　1923「日本石器時代人の埋葬状態」『人類学雑誌』38―1、人類学会、pp.25-47

春成秀爾　1980「縄文晩期の埋葬原理」『小田原考古学研究会報』9、小田原考古学研究会、pp.44-60

春成秀爾　1985「鉤と霊―有鉤短剣の研究―」『国立歴史民俗博物館研究報告』7、国立歴史民俗博物館、pp.1-62

春成秀爾　2002『縄文社会研究』東京、塙書房

春成秀爾　2013「腰飾り・抜歯と氏族・双分組織」『国立歴史民俗博物館研究報告』175、国立歴史民俗博物館、pp.77-128

宮坂光次　1925「三河国保美貝塚に於ける人骨埋葬の状態」『人類学雑誌』40―10、人類学会、pp.364-372

山田康弘　1999「出土人骨に見られる骨病変と考古学属性の対応関係」『第53回日本人類学会大会抄録集』日本人類学会、pp.98

山田康弘　2001「縄文人骨の装身具・副葬品の保有状況と土壙長」『物質文化』70、物質文化研究会、pp.17-38

山田康弘　2004「縄文時代の装身原理―出土人骨にみられる骨病変等と装身具の対応関係を中心に―」『古代』115、早稲田大学考古学会、pp.85-124

報告書など

大塚達朗編　2011『保美貝塚の研究』南山大学人類学博物館

小野田勝一・春成秀爾・西本豊弘　1988『伊川津遺跡』渥美町教育委員会

小野田勝一・芳賀　陽・安井俊則　1995『伊川津遺跡』渥美町教育委員会

鎌木義昌　1986「津雲貝塚」『岡山県史　第18巻　考古資料』岡山県

清野謙次　1920「備中国浅井郡大島村津雲貝塚人骨報告」『京都帝国大学文学部考古学研究報告』5、京都帝国大学、pp.29-63

纐纈　茂編　2003『埋蔵文化財調査報告書　玉ノ井遺跡（第3・4次）』名古屋市教育委員会

小林知生ほか　1966『保美貝塚』渥美町教育委員会

斎藤　忠ほか　1952『吉胡貝塚』文化財保護委員会

高木祐志・坂口　隆編　2010『保美貝塚発掘調査報告―渥美セレモニーホール建設に伴う発掘調査―』有限会社 丸金横江仏具

田辺昭一ほか　1973『湖西線関係遺跡調査報告書』湖西線関係遺跡発掘調査団

浜田耕作・辰馬悦蔵　1920「河内国府石器時代遺跡第二回発掘報告」『京都帝国大学文学部考古学研究報告』4、京都帝国大学、pp.1-33

末永雅雄　1961『橿原』奈良県教育委員会

原田　修・若松博恵・曽我恭子　1998『水走・鬼虎川遺跡発掘調査報告』東大阪市教育委員会

増山禎之・坂野俊哉編　2007『国指定史跡吉胡貝塚(I)』田原市教育委員会

増山禎之編　2017『保美貝塚　渥美半島における縄文時代晩期の大貝塚』田原市埋蔵文化財調査報告書第11集

松井直樹　2007『枯木宮貝塚Ⅲ』西尾市教育委員会

久永春男ほか　1972『伊川津貝塚』渥美町教育委員会

松田真一編　2011『重要文化財　橿原遺跡出土品の研究』奈良県立橿原考古学研究所

間壁忠彦　1996『新修　倉敷市史　第1巻　考古』倉敷市

向坂鋼二ほか　1962『蜆塚遺跡　総括篇』浜松市教育委員会

森川幸雄　1999「天白遺跡出土の動物遺体」『研究紀要』8、三重県埋蔵文化財センター、pp.31-34

柳瀬昭彦・澤山孝之　1997『百間川兼基遺跡3・百間川今谷遺跡3・百間川沢田遺跡4』岡山県教育委員会

渡辺　誠編　2000『羽沢貝塚発掘調査報告書』南濃町教育委員会

市川欣也・勝浦康守・中村　豊ほか　2018『三谷遺跡―徳島市佐古配水場施設建設工事に伴う発掘調査―本編分冊・自然遺物編』徳島市教育委員会

コラム②

縄文時代最古の装飾品
―長野県栃原岩陰遺跡―

藤森 英二

はじめに

　縄文時代には、各地で多様な装飾品（またはそう想定されているもの）が知られているが、その中には海棲の貝を素材として製作されたものも多い。堀越正行はおもに縄文早期について貝製装身具の類例を集成し、現在のところ最古期の例として、標高930mの山中の遺跡である長野県栃原岩陰遺跡「下部」出土のものをあげた（堀越2016）。ここでは最古の貝製装身具とされた栃原岩陰遺跡の出土品を紹介しながら、その特徴や海棲の貝を用いた意味について考えてみたい。

1．栃原岩陰遺跡について

　栃原岩陰遺跡の所在する長野県南佐久郡北相木村は、群馬県上野村に接する長野県の東端に位置している。この山村を流れる千曲川の支流相木川両岸には、八ヶ岳起源の火山砕屑岩流（泥流）が、河川によって侵食された浅い洞窟状地形（岩陰）が群在する。栃原岩陰遺跡はこの岩陰群に含まれている。標高は約930m。尚、海岸までの直線距離は、日本海側の上越市直江津港付近で約126km、太平洋側の富士宮市富士川河口付近で約105kmとなる（図1）。

図1　栃原岩陰遺跡位置図

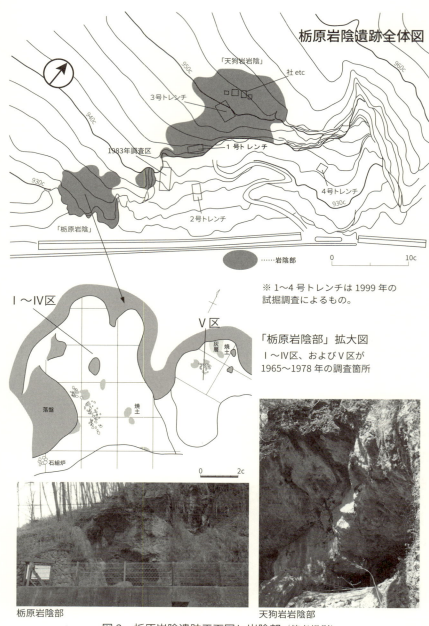

図2　栃原岩陰遺跡平面図と岩陰部（筆者撮影）

90　第Ⅰ章　列島各地の副葬品

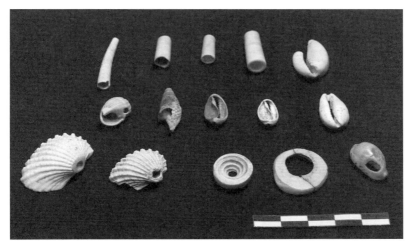

図3　栃原岩陰遺跡出土の海棲貝製品

栃原岩陰遺跡については、これまで数々の論文や概説書などでその概要が示されてきたが（西沢 1982、西沢・藤田 1993、藤森 2011 など）、2019（令和元）年10月に、1965〜1978（昭和 40〜53）年までの発掘調査を総括する報告書が北相木村教育委員会から刊行される（北相木村教育委員会 2019）。この遺跡の特徴としては、人骨をはじめとする豊富な有機質遺物の出土が挙げられるが、加えて、層位的な出土状況から、いくつかの時期について遺物のセット関係がつかめることにもある。なお、遺跡には複数の岩陰部が含まれるが、ここでは厚さ5.6mに及ぶ遺物包含層からなる「栃原岩陰部」のⅠ〜Ⅳ区に限定して話を進めたい（図2）。

2. 貝の出土状況と時間的位置付け

Ⅰ〜Ⅳ区貝類の出土は、26 種以上、総数は 2000 点に及ぶが、今回対象となる装飾品の可能性のある海棲貝の加工品は、タカラガイ類、イモガイ、ツノガイ類が主で、わずかにムシロガイ、ハイガイが含まれている。これらを出土レベルごとにまとめたものが表1である。

ここに示されるように、貝製品は −220〜−340cm と −380〜−540cm 付近に集中する。これは前者が押型文系土器、後者が表裏縄文系土器の出土レベル

で、従来「中部」と「下部」として区別していた部分に含まれるが、ここでも大きくはこの二つの時期に分けて記述する。

ただし本来的には、それぞれを細分する必要はあろう。実際に押型文には時期の異なる土器が含まれ、かつレベル別に区分可能である（北相木村教育委員会 2019）。また表裏縄文期でも土器の時間的細分は可能であろうが、これらに沿ったほかの遺物の把握は今後の課題である。よってここでは上記の 2 つの区分を基本に、必要に応じてやや細かな説明を試みてみたい。

尚、ここで見る表裏縄文系土器については、多数の土器付着炭化物の放射性炭素年代測定（北相木村教育委員会 2019）や、井草式に似た土器の存在、また関東地方の撚糸文系土器の出土などからも、早期前葉の土器として考えておきたい（宮崎 2008・小林 2012）。

3．時期ごとの様相

では、まずはより古い「下部」の状況を見てみよう（図 4）。ここからは、メダカラガイ、ツノガイ類、イモガイ類が確認されている。

タカラガイ類で確認されているものはメダカラガイ 11 点となる。この中には、内側に赤彩されたものが 4 点含まれる。殻背部を除去しリング状にしたものが多い。

ツノガイでは、−200cm 付近での 2 点と出土レベル不明の 5 点を除いた 23 点が「下部」での出土となる。また、2 点のみ確認されたヤカドツノガイも「下

表 1　Ⅰ～Ⅳ区出土海棲貝一覧

出土レベル（−cm）	不明	0～20	20～40	40～60	60～80	80～100	100～120	120～140	140～160	160～180	180～200	200～220	220～240
クロアワビ													
ウミニナ													1
キクスズメ										1			
カモンダカラ	1												2
オミナエシダカラ	3												
シボリダカラ													1
メダカラガイ	6												5
タカラガイ類	6									1		2	
ヤツシロガイ	1												
ムシロガイ	1												
イモガイ類	2												
ツノガイ	5											1	1
ヤカドツノガイ													
ハイガイ													
ハマグリ	3												
ヤマトシジミ	3												1

部」出土である。管状のものが多い。またツノガイではビーズ状のものが5点が確認さているが、レベルの記録の残るものは「中部」と「下部」で1点ずつのみであり、時期区分は難しい。

イモガイ類は、「下部」では6点をカウントした。-450cm以下からの出土

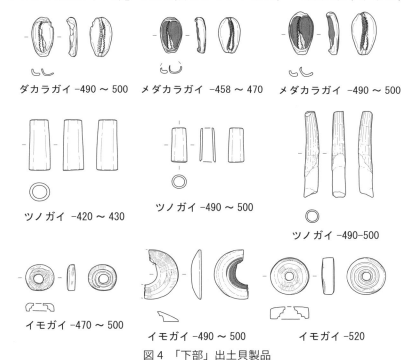

図4 「下部」出土貝製品

240〜260	260〜280	280〜300	300〜320	320〜340	340〜360	360〜380	380〜400	400〜420	420〜440	440〜460	460〜480	480〜500	500〜520	520〜540	540〜560	560〜	合計
1																	1
1																	2
																	1
1																	4
																	3
																	1
	2	3	7	3	1		3	1	1		2	3	1				38
2	3	2	3														19
																	1
				1													2
			1	1		3	4		1		2	1	2				17
							2	4	5	4	1	4	1	1		1	30
							2										2
1																	1
1											1						5
	2													1			7

コラム② 縄文時代最古の装飾品 93

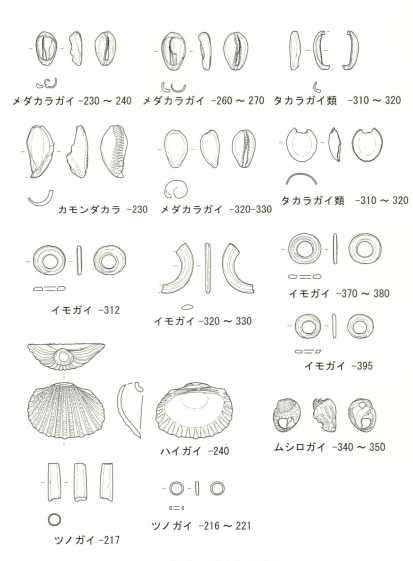

図5 「中部」他出土貝製品

第Ⅰ章 列島各地の副葬品

で、断面で見てるとやや厚みがあり中央の穴も比較的小さいものが多い。また赤彩の痕跡が残るもの2点が含まれる。

　尚、内側にベンガラの付着した淡水棲のカワシンジュガイが-500cm付近で出土しており、これらとの関連が伺える。また下部では、それぞれの種において、切断面を丁寧に加工し、光沢さえ見られるものが多い傾向にある。

　次に「中部」では（図5）、タカラガイ類は-200～-320cm前後に集中し、種も4種以上となる。「中部」の中でも山形押型文の多いレベルに偏りを見せると言えるだろう。形態的には、リング状に加え、破損もしくは切断した左右片側のものが増える。またリング状のものでも、切断面の加工にやや丁寧さを欠くものが多い。さらにタカラガイ類については、製品としては不要となった部位、すなわち切断された貝の殻背部が10点以上、まったく加工の無いものが1点出土している。当地での加工の存在を示すものかもしれない。

　加工痕のあるハイガイ1点は-240cm、またいずれも用途不明であるが、ウミニナ、クロアワビ、ハマグリなども-220～-260cmに偏る。このほかには、研磨や穿孔のある2点のムシロガイのうち1点が-340～-350cmで出土している。

　イモガイ類も出土数が少なく判断が難しいが、-300cm以下に多く、形態としては、厚みが極薄く、中央の穴が大きい物が多い。よって-370～-380cm出土の3点に、-380～-395cm出土の4点もここに加え、「中部」の中でも格子目押型文出土のレベルとほぼ重なるとしておきたい。

　このように、栃原岩陰遺跡では、時期により海棲貝製品の組成に変化を認めることが出来そうである。

4．それは、装飾品か？

　堀越は、早期における洞窟岩陰遺跡の海産品と、関東地方早期の「南海産貝類」の出土した遺跡をまとめている（堀越2016）。これによれば、少なくとも岩手、栃木、茨城、千葉、神奈川、埼玉、新潟、長野、岐阜、愛知、和歌山、広島、愛媛、高知各県と広い範囲での出土が確認されている。出土状況としては時期を明確にできないものも多いが、可能性としては早期中葉以降の例が多いようである。とくに近年では、千葉県船橋市の取掛西貝塚で、撚糸文土器群

図6　貝製品の復元模型
（北相木村考古博物館展示、筆者撮影）

末期とされる 2,000 点を超えるツノガイの製品・未製品の出土が注目されている（石坂 2017）。

いずれにせよ、ツノガイにメダカラガイとイモガイを加えた貝製品のセットとしては、栃原岩陰遺跡「下部」出土のものが、現在のところ最古級の例と言えるだろう。

では、これら貝製品は果たして本当に装飾品であったのだろうか。その多くは、穿孔や殻背部の除去があり、つまりリング状、ビーズ状として紐を通すことにより、現代でいうペンダントやネックレス、腕輪などとして使用することが想像出来、実際にそのようにイメージされることが多い（図6）。あるいは衣服などに縫い付けることも可能であろうか。

ただし栃原岩陰遺跡の例で言えば、押型文期後半と考えられる埋葬人骨 5 体からは、これらを装着したような出土状況は確認出来ない。

また堀越も指摘するように、海辺で採集する貝殻では欠損により出土遺物と同様の形状になっているものが存在することは、必ずしも彼らの意識が「紐を通せる形状への加工」に向かっていたのではないという可能性もある。

さらにタカラガイについては、もともとが女性器を思わせる形状で、殻背部の除去はそれを一層際立てた出産に関係する呪物とする見方（春成 2008・2009）や、時期は下るが、「たんなる装身具ではなく、「護符」(おまもり) 的な意味があったのかもしれない」という西広貝塚での忍澤の指摘などもある（忍澤 2011）。

5. 貝の価値観

その用途はともかく、堀越は「海産の宝飾品に対する憧れ願望が押型文土器使用者たちの間に広がり、その入手行動が流行のように広域的に起こった」とした（堀越 2016）。

では、栃原岩陰遺跡の貝製品はどういった集団によりもたらされたのであろ

うか。筆者は、栃原岩陰遺跡の人々が信州エリアの黒曜石原産地を含む移動生活をおくったと想定しながらも、人骨ほかの同位体比分析や（米田 2012・内藤ほか 2012）、蛍光 X 線分析による黒曜石産地推定分析から、海棲貝類については間接的な入手を、つまり、貝類を拾い集めたのは栃原岩陰を利用した集団とは別の行動領域を持った集団と予想した（藤森 2010・2011）。

　しかしこれに対しては、堀越からの反論もある。確かに表裏縄文期から押型文期における広域的な移動生活については、藤山龍造や阿部芳郎による指摘がある（藤山 2009・阿部 2010）。また時期はやや下るが、本遺跡出土の人骨の研究では足腰が丈夫とされ、これは彼らがよく歩く生活をしていたことを示すという（馬場・茂原 2012）。こうした最近の研究成果を積極的に解釈すれば、栃原岩陰遺跡に足跡を残した集団が、広域的な移動生活をおくる中で、訪れた海岸にて自ら貝を入手した可能も捨てきれない。

　しかしいずれにせよ、遠方の愛媛県上黒岩洞窟遺跡も含め、早期中葉以降には、同様の貝製品が各地で出土している点は注視すべきであろう。このことは、異なる集団同士が貝製品について共通の価値観や意識を持っていた傍証になりはしないだろうか。

　彼らがこれら海棲の貝に対し、どのような思いを乗せたのか、またそれを、身に飾るという行為で表現していたのかどうか、早急に答えは出せないが、最古級の例である栃原岩陰遺跡の遺物は、この問題を考える重要なキーアイテムとなるに違いない。

引用・参考文献

阿部芳郎　2010「縄文早期における遊動的狩猟集団の拡散と回帰」『移動と流通の縄文社会史』雄山閣

石坂雅樹　2017「取掛西貝塚の調査」『国史跡が拓く縄文の世界 II　海と山の 1 万年〜縄文早期の生業と社会〜』明治大学黒耀石研究センター

忍澤成視　2011『房総の縄文大貝塚　西広貝塚』シリーズ遺跡を学ぶ 80 新泉社

北相木村教育委員会　2019『栃原岩陰遺跡発掘調査報告書　第 1 次〜第 15 次調査（1965〜1978）』

小林謙一　2012「栃原岩陰遺跡「下部」出土 土器の炭素 14 年代について」『佐久考古通信』No.111

馬場悠男・茂原信生　2012「栃原人骨の形態研究について」『佐久考古通信』No.111

米田　穣　2012「栃原岩陰遺跡から出土した縄文時代早期人骨および動物骨の同位体分析」『佐久考古通信』No.111

内藤裕一・力石嘉人・大河内直彦・米田　穣　2012「古人骨および動物遺存体のアミノ酸窒素同位体比分析について」『佐久考古通信』No.111

西沢寿晃　1982「栃原岩陰遺跡」『長野県史考古資料編全1巻（2）主要遺跡（北・東信）』

西沢寿晃・藤田　敬　1993『栃原岩陰遺跡』北相木村教育委員会

春成秀爾　2008「上黒岩ヴィーナスと世界のヴィーナス」『歴博フォーラム　縄文時代のはじまり―愛知県上黒岩遺跡の研究成果―』六一書房

春成秀爾　2009「上黒岩遺跡の石偶・線刻礫と子安貝」春成秀爾・小林謙一編『愛知県上黒岩遺跡の研究　国立歴史民俗博物館研究報告　第154集』

藤森英二　2010「内陸地域における貝製品の流通　栃原岩陰遺跡の場合」『移動と流通の縄文社会史』雄山閣

藤森英二　2011『信州の縄文早期の世界　栃原岩陰遺跡』シリーズ遺跡を学ぶ78、新泉社

藤山龍造　2009「縄文時代初頭の石材消費と移動形態」『考古学研究』第56巻第2号

堀越正行　2016「縄文早期遺跡出土の南海産貝類から考える」『唐澤考古』第35号、唐沢考古学会

宮崎朝雄　2008「尖底回転縄文系土器（室谷上層系・表裏縄文系土器）」小林達雄編『総覧縄文土器』アム・プロモーション

第 II 章

装身具素材の採集・加工

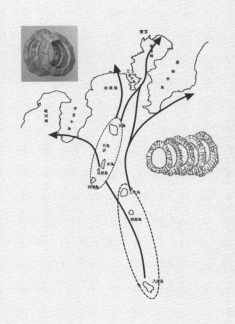

第 *1* 節

玦状耳飾と前期の装身具

川崎　保

はじめに

　装身具の素材は、石、土（焼き物）や骨角製などの多岐にわたる。中でも玦状^{けつ}耳飾などの玉質の石製品は、汎日本列島的に分布し、器種組成や形態は斉一性が高いが、年代ごとに変化しながら展開するだけでなく、縄文時代の暦年代的には、ほぼ中間の早期末〜前期初頭に出現し、縄文時代を大別する画期のメルクマールとなっている。本稿では、装身具の中でも、玦状耳飾などの玉製品に焦点を当てて論を進める。

　玉質の石材には磨くと光沢をもつという特性があるが、全体に磨かれた時に、より大きな効果を発する。縄文時代草創期、あるいはそれ以前から部分的に研磨された石器は存在しているが、全体に磨かれ成形された石器はない。これらは、実用性のためであって、装飾性のために選択されたことを裏付ける証拠はない。本稿で取り上げるような、全体に磨かれた石製装身具に用いられたのは、縄文時代早期末以降であり、玦状耳飾（C字状の石製装身具）をはじめとする玉製品を嚆矢とする。

　考古学でいう装身具は、形態や遺跡や遺構からの出土状況から類推しているものが多い。装身具を含む用途や機能研究は重要であるが、それを自明の理として出発点にすることは望ましくない。やはり、外形的な観察や成分分析などによって、一義的に判別できる属性を出発点とすべきだろう。こうした属性や特徴に関わる概念や用語について、簡単にまとめておく。

　そもそも、玉製品の玉^{ぎょく}とは「磨くと光る石ないしは石に類するもの」を指す古代漢語である。一方よく混同される言葉として「たま」があるが、こちらは

大和言葉で「球面をもつもの、あるいは丸いもの」をいう。同じ「玉」という漢字でも「ギョク」は材質に、「たま」は形状に、それぞれ意味としての重きが置かれ、同義ではない。

玉の原義は、近代的な学術用語として曖昧な部分があるので研究を進める上で、実際の出土遺物の中でなにを玉とすればよいかを、確認しておく。古代漢語では、貝由来の「真珠」やサンゴ虫由来の「珊瑚」といった広義の玉は、磨くと光る素材のもの全般を示すが、狭義には、緻密で硬いヒスイ（翡翠）あるいはそれに準じる石材ものを指す。石材産地、さらには製作技術的な観点による分析を行う上で問題を絞り込む必要があるので、本稿でも、狭義の玉の意味で用いる。

さらにこうした狭義の玉のうち、現在おもに日本では、ヒスイ輝石を硬玉、ネフライト（透閃石・透緑閃石）を軟玉とする。さらに、ネフライト以外のもの、蛇紋岩や滑石といったさらに軟質の石材でも装身具に用いる。なお、ヒスイ輝石、ネフライトさらには蛇紋岩や滑石などの磨くと光沢を有する縄文時代の石製装身具は、出土状況や形態に共通性があり、こうした石材で作られたものを「縄文玉製品」と呼称する。

ただし、鉱物学的な定義と考古学で扱う製品の素材として示す内容には、なお多少齟齬がある。なぜなら、「緻密で美しい」といった人間の感覚や価値判断は、宝飾界や考古学においては重要であるが、地質学や鉱物学においては、それほど重要ではない。考古学の報告書においては、個々の鉱物が緻密でないものは、「玉製品」ではなく「石製品」として扱われることもある。「玉」とは、本来は人文科学的な概念規定であることには留意すべきだろう。

こうした玉質で全体に磨かれて光沢をもつ石器・石製品は、縄文時代前期（細かく言えば早期末）以前には、存在しない。縄文玉製品が出現した縄文時代早期末〜前期初頭という時期は、縄文時代を二分できるような画期の始まりの時期にあたる。まさに縄文玉製品の出現と縄文文化の画期（文化的な大変化）は偶然の一致ではなく、密接な関係にあると筆者は考えるが、このことについて、玉製品の出現から、その変遷や製作技術を概観したのちに、縄文時代の社会の中での意味（社会の様相の変化との関係）を見てみたい。

1．縄文玉製品の出現

　旧石器時代の斧状石器や縄文時代草創期や早期の磨製石斧にはネフライトや蛇紋岩といった縄文玉製品にも用いられるような石材が使用される。しかし、形態的には刃部をもち、装身具とは考えにくい。また、緻密で美しいものを選択しているような傾向もみられない。つまり、「利器」であったと考えられ、筆者もこれらを「縄文玉製品」には含めない。

　ただし、装身具を多く含む「縄文玉製品」出現以前に、日本列島にすでに玉質の石材利用や研磨技術、穿孔技術があり、その起源が縄文時代草創期さらには旧石器時代まで遡ることは注目に値する。しかし、技術自体が存在しても、旧石器時代や縄文草創期や早期には、全体を美しく研磨するような玉質の装身具は、普遍的には存在していなかったことは明らかである。それは当時の社会がそうしたものを必要としなかったことを示している。

　一方で、全体的に磨かれ成形される石器は、早期末の条痕文土器期に登場する。玦状耳飾を中心とした管玉などの玉を組成とする「縄文玉製品」である。出現期（縄文時代早期末～前期初頭）はともかく、前期中葉以降、確実に北は北海道から南は九州までの分布が確認されており、列島の縄文文化全体に広く見られる。とくに、条痕文土器期の神奈川県上浜田遺跡や埼玉県打越遺跡などの墓坑（日本列島では、骨は極めて遺存しにくく、厳密にいえば、多くは墓穴と考えられる土坑）から玦状耳飾が出土する。福井県桑野遺跡例も、玦状耳飾の型式学的な特徴から早期末に位置づけられ、日本列島最古の例と筆者は考える。

　北陸を中心に少なくとも九州から東北地方にかけて早期末まで遡る可能性がある玦状耳飾とそれに伴うと考えられる玉製品が出土している。北海道にも、円環状の玉製品や最古の「玦状耳飾」が存在する。ただし、後者の内、共栄B遺跡例は、円環状の玉製品の可能性が指摘されている（麻柄1998、水ノ江2017）。筆者も当初は、共栄B遺跡例を玦状耳飾片と考えたが、その後、東北地方北部に、早期末あるいは前期初頭に遡る例がまったく見られないことを勘案すると玦状耳飾、管玉を中心とした縄文玉製品は、東北北部や北海道まで及んではいないと考える。

　すでに述べたように福井県桑野遺跡例が最古であり、早期末まで遡る製作遺

跡も石川県や富山県といった北陸に限定されるが、長野県や関東地方にも蛇紋岩や滑石といった飛騨山地起源と思われる石材の玦状耳飾をはじめとする玉製品が分布している。早期末～前期初頭の段階で、北陸で製作され、広域に流通していたと推測される。

2. 玦状耳飾と装身具セットの変遷とその製作技術

（1）玦状耳飾と装身具セットとその変遷

　縄文玉製品は、玦状耳飾だけでなく、管玉や篦状垂飾などが装身具の組成をなす。ただし、玦状耳飾は古くから注目されたこともあり、研究も進展しているので、まず、その変遷を概観する。

　玦状耳飾は、厳密な学術的な議論を経たわけではないが、研究史の中で、古代中国の玉器「玦」が祖型と想定され、呼称された。当然、中国玉器の玦形（円盤形、中央孔が狭く、切れ目や孔側が長く、相対的に厚さが薄い）が古く、これから金環形（中央孔が広く、切れ目や孔側が短く、相対的に厚い）、指貫形（金環形よりさらに幅が厚いもの）や三角形、日本鋏形（楕円形）、石庖丁形などに発展したと考えられた（樋口1933a・b、図1）。

　戦後、縄文土器型式編年と層位的な裏付けを持った出土資料の類例が増え、金環形が玦形より先行することが分かった（江坂1964）。さらに、孔側を基準とした相対的な切れの長さの長短に着目し、切れ目が短い指貫形・金環形→玦形→日本鋏形などに変化するとされた（藤田1983a）。藤田の編年案の大枠は大過ないと思われたが、筆者も、共伴する土器などから遺構の年代が特定できるような資料を中心に再検討したところ、早期末に中央孔が大きい浮輪形（ドーナツ形）、前期初頭に金環形や指貫形、前期中葉に円盤形（玦形）や孔側の断面形が台形を呈する有明山社形、前期後葉に楕円形や三角形が出

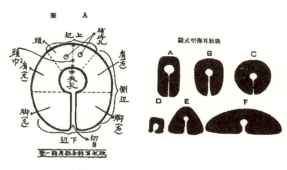

図1　玦状耳飾の部位と分類（樋口1933a）

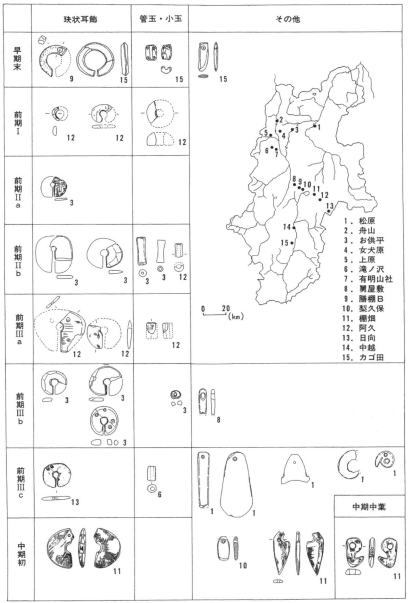

図2 縄文玉製品変遷図（川崎1996）

第1節 玦状耳飾と前期の装身具

現することがわかった（川崎1996、図2）。

　実際の出土例では、さらに浮輪形と円盤形が共伴するような事例はないが、同じ金環形とは言え、断面が分厚いものと薄く扁平化するものが同じ土坑から出土するような事例（上浜田遺跡）も見られるので、筆者は単一系統で単純に変化するのではなく、徐々に移行していくモデルを考えた（川崎2017、図3）。そうした現象がいかなる原因によって引き起こされるかは説明できなかった。

　また、後述するように玦状耳飾は、墓坑では、ほかの器種と共伴することは極めてまれであるが、一方で遺跡レベルでは、玦状耳飾、管玉を基本にそのほかの垂飾が伴うことが知られている。こうした玉製品の組成「装身具セット」の変化は、大まかに以下の3段階にまとめられる。

　桑野型装身具セット（早期末～前期初頭）　桑野遺跡を標式とする。同遺跡では、浮輪形（ドーナツ形）を中心に金環形も含む中央孔が大きい玦状耳飾と管玉、さらには横断面が湾曲した箆状垂飾が出土している。セットを構成する器種が墓坑で共伴することはないが、遺跡全体の玉製品の組成で見た場合に揃っている。新潟県清水ノ上遺跡や長野県カゴ田遺跡例は、箆状垂飾は出土していないが、共伴した土器から玦状耳飾の形態、管玉を伴うという組成から当該期の一括資料と考えられる。玦状耳飾の形態だけでなく、いずれの同一遺構ではないが、周辺から早期末の土器が出土している。また、当該期の製作遺跡と考えられる遺跡は、富山県極楽寺遺跡や石川県三引遺跡など北陸地方にほぼ限定されている。当該地方で製作されたものが流通したものと想定できる。

　根古谷台型装身具セット（前期中葉～後葉）　栃木県根古谷台遺跡を標式とする。同遺跡では、平底の羽状縄文土器の時期（前期中葉）の100基以上の墓坑群のうち4基から玉製品が出土している。その内、玦状耳飾出土土坑が2基、管玉・丸玉出土土坑が2基認められる。桑野遺跡と同様に玦状耳飾と管玉といった垂飾などの玉製品は、同一遺構では共伴しない。山形県吹浦遺跡や富山県小竹貝塚（いずれも前期後葉）でも、やはり玦状耳飾とほかの玉製品は、同一遺構（人骨）で共伴しない事例が見られる。また、北海道小林遺跡（前期中葉）、群馬県中野谷松原遺跡、大阪府国府遺跡（前期後葉）例でも同様な中央孔が孔側と等しいあるいは小さいが、切れ目が孔側より長い玦状耳飾だけが対で土坑もしくは人骨に伴って出土している。以上の点から縄文時代前期中葉～後

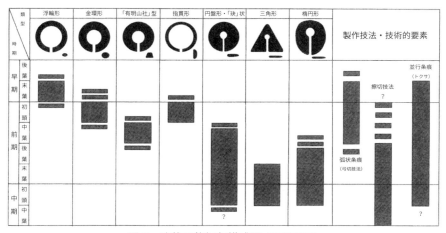

図3 玦状耳飾編年模式図 (川崎2017)

期にかけても、玦状耳飾、管玉、丸玉などの器種によって組成が構成されているが、それぞれ保有者が違うためか、とくに玦状耳飾とほかの玉製品が同一墓坑で共伴することはない。また、墓坑群のうち、とくに限られた墓坑からしか出土しないことが判明している（表1各遺跡の保有率）。当該期になると製作遺跡は、長野県有明山社など北陸以外にも広がりを見せるようになる。

倉輪・松原型装身具セット（前期後葉～中期初頭） 東京都八丈島の倉輪遺跡および長野県松原遺跡を標式とする。両者とも墓坑群から出土したわけではないが、ともに前期後葉～中期初頭に限定される遺構や土層から出土している。三角形玦状耳飾、横断面が平坦な箆状垂飾、棒状垂飾、「の」字状垂飾などから構成される。当該期の墓坑群から多くの玉製品が伴うような事例がまだ十分でないが、長野県松ノ木田遺跡などでは、玦状耳飾だけ、倉輪遺跡の人骨では、棒状垂飾のみが共伴しており、玦状耳飾とそれ以外の玉類の分有といった状況が続いていたと思われる。なお、当該期には、岩手県新田Ⅱ遺跡など北陸や長野県北部以外の地域にも製作遺跡が見つかっており、汎列島的に製作遺跡が広がる様相も確実に見られるが、青森県三内丸山遺跡や倉輪遺跡と松原遺跡の事例を見てもわかるように、蛇紋岩や滑石といった広域変成帯で産出する石材で製作された玉製品の器種が、形態的な斉一性が高いだけでなく、器種の組成まで一致することは、北陸で製作された玉製品が広域に流通する状況は続い

ていたと思われる。

(2) 製作技法

前項で述べた玦状耳飾を中心とした玉製装身具（装身具セット）の組み合わせの変遷は、玦状耳飾の形態変化の画期だけでなく、製作技法的な変化ともおおまかに一致する。

中国大陸の事例では、鄧聰（鄧2000）によれば、ロクロなどを利用して正円に切り出した玉の素材の中央に穿孔した後に、糸によって玉を切断し、切れ目を作出する（糸切技法）。その後、鄧らの研究で、桑野遺跡にも糸切技法を用いて切れ目を作出した玦状耳飾の存在が明らかになった（鄧ほか2007）。

さらに五十嵐睦（2009）や堀江武史

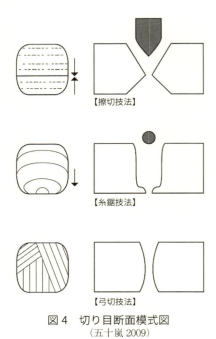

図4　切り目断面模式図
（五十嵐2009）

（2009）らの研究によって、桑野遺跡以外にも糸切技法やその発展形ともいうべき、糸を弓状の工具である程度固定して、テンションをかけて、切れ目を作出する「弓切技法」が存在することもわかってきた（図4）。筆者も長野県の事例で切れ目の作出について改めて観察を行ったところ、早期末だけでなく、前期初頭以降、一部は後葉まで糸切技法（その発展形の弓切技法を含む）が見られることが確認できた（川崎2017）。

長野県松ノ木田遺跡（前期後葉）例は、最終的にトクサによる条痕で調整され、いずれか判別できないものも多いが、切れ目部分がある玦状耳飾20点中、糸切技法が見られるものも2点存在していた。前期後葉以前にも、擦切技法による作出痕跡は認められるが、切れ目が長くなるにつれて、糸切技法が用いられなくなり、擦切技法に収斂していったと筆者は考える。

素材である「玉」の視覚的効果をより強調するためか、時期が下るにつれて玦状耳飾の切れ目が長くなる傾向が、切れ目の切断方法という製作技術によっても説明でき、玦状耳飾の編年をより本質的に理解できる（図3）。

3. 前期社会の中でみた縄文玉製品

（1）出土例の分析

　現在51遺跡134基の墓坑・人骨に伴って縄文玉製品が出土している。人骨が遺存していない装身具出土土坑は、それを廃棄したゴミ穴や祭祀目的の埋納坑などの可能性が排除できない。しかし、例えば墓坑ではない、青森県三内丸山遺跡ではヒスイ製品などの玉製品は、ほかの土器や石器といった装身具以外の遺物とともに出土している。また、祭祀目的というのであれば、それ相応のパターンを抽出してはじめて、認定されるべきであるが、筆者が集成した範囲では、遺構自体の検討が不十分なためもあるのかもしれないが、ほかの多量の共伴遺物や土坑の形態や廃棄にかかる特定のパターンは見いだせない。いずれにせよ、当該期の墓穴における玉製品の出土状況の傾向を把握するには十分と考える（川崎1996・2018）。

（2）性差

　多くの玦状耳飾のような切れ目をもつリング状の耳飾は、女性が着用する事例が民族誌に見られる（川崎2015）。大阪府国府遺跡や富山県小竹貝塚では、女性人骨に共伴する例が知られる。また、玦状耳飾と管玉・丸玉がそれぞれ2基の別な墓坑から出土している栃木県根古谷台遺跡例のように、玦状耳飾と篦状垂飾・管玉が同一墓坑では共伴しない。よって、前者の保有者が女性、後者は男性であったと考える。玉製品に限らないが長崎元廣（1984）や三上徹也（1988）が想定していたように、小竹貝塚では、玦状耳飾・凹石が女性、磨製石斧が男性人骨に限られており、装身具を含む石器に性別分有があり、職能などを反映しているのだろう。

　なお、後述するように、玉製品を保有している人が、集団内の有力者であったとすれば、前述の根古谷台遺跡では、玦状耳飾とそれ以外の垂飾出土墓坑が2基ずつと同数であったが、全国的な集成でみると玦状耳飾出土墓坑は全体の約7割を数えるので、想像をたくましくすれば、有力者に女性が多かったと言えるかもしれない。

（3）階層

　次に、玉製品が検出された例を見てみると、桑野遺跡を除く墓坑群の全体像

表1　各遺跡における墓坑群内での出土状況

名　称	時　期	保有／総数（基）	保有率
桑野遺跡（福井県）	早期末	24/—	—
根古谷台遺跡（栃木県）	前期中葉	4/179	2%
中野谷松原遺跡（群馬県）	前期後葉	4/194	2%
小竹貝塚（富山県）	前期後葉	1/71	1%
北陰陽営遺跡（浙江省）	青蓮崗文化	37/237	16%

が分かるような事例では、全体の1～2％程度である（表1）。これ以外の遺跡でも、国府遺跡6体、埼玉県鷺森遺跡7基、長野県梨久保遺跡7基程度で、多く見積もっても1割を超えることはないようである。これは玉製品が、明らかに極めて限定された人しか保有できなかったことを示していよう。ただ問題はこれを階層とるのか、職能や首長のような特殊な人間の存在の反映とみるべきなのだろうか。

　例えば弥生時代の事例を見てみると、長野県柳沢遺跡（弥生時代中期後葉）では、礫床木棺墓全20基の中で、管玉を副葬していたのがうち4基であった。柳沢弥生人全員が礫床木棺墓に埋葬されたのではなく、それ以外の墓（例えば土坑墓など）もあったと想定され、仮に全体で数百基程度とすれば、礫床木棺墓を構築できるような人々が何割、さらに副葬品を持つ人が数％というオーダーである。また、中国新石器時代では、例えば浙江省北陰陽営遺跡では、玉製品の保有率は1割を越えている。こうした事例は、集団内の格差、階層を想定してよいと考えられる。しかし、縄文時代前期においては、こうした状況を見出すことはできない。保有率が1～2％という状況は、階層というより、集団内の有力者（あるいは巫覡などの特殊な職能の人）といった人物の存在を想定したい。

（4）用途

　玦状耳飾は、大阪府国府遺跡で頭蓋骨付近から出土している。人骨が伴っていないが、神奈川県上浜田遺跡（早期末）例などのように国府遺跡のような出土状況を想定できる。棒状垂飾は、東京都八丈島の倉輪遺跡で、頭蓋骨付近から出土しているので、髪飾りのような装身具であった可能性がある。

　問題は、桑野遺跡の3点が土坑中央から出土するあるいは長野県藪沢Ⅱ遺跡のように直径7cmを越える耳朶に装着するには大きすぎるような事例の存在で

ある。藤田富士夫などは、耳飾ではなく、腰飾などの装身具であった可能性を強調し、「玦飾」と呼称する（藤田2018）。確かに、玦状耳飾に限らないが、装身具とされているものの具体的な用途については、個別具体的な出土状況から引き続き検討、検証すべき課題であることは間違いない。

4. まとめ

(1) 縄文時代の一大画期

　縄文時代の相対年代の指標である土器型式が、研究の進展とともに増え、便宜的に当初5期のちに草創期を加えて6期に大別された。あくまで土器型式をもとに区分されたのであって、その時期の土器（型式）以外の文化要素についても総合的に考慮された結果ではなかった。

　しかし、現在では定着した縄文時代6期区分に基づいて、土器型式を基本としながらもほかの文化要素も論じられ、土器型式の特徴が大きくかわる画期と一致していることもわかってきた。これは土器型式も縄文文化を構成する一要素であり、ほかの文化要素と密接にかかわっているためと理解できる（川崎2009）。

　そうした前提を認めた上で、土器型式に基づく縄文時代6期区分ほかの文化要素とも総合して考えた時に、約1万年間に及ぶ縄文時代が南九州や北海道を除いた地域では、大きく三つに分けられる。それは、土器が出現したが、定住的な住居跡はほとんど認められず、つまり、移動生活があいかわらず主体的であり、石の様相自体も、石槍を小型化したような尖頭器が残る草創期。竪穴住居跡や墓坑をともなうような集落跡が見つかっているが、炉跡や柱跡は貧弱で、何年も定住するような性格ではない早期。さらに地表面から掘りくぼめられる深さが増し、明確に検出されるような柱跡、石などで炉が構築されるようになった竪穴住居跡群やさらに墓坑がまとまった空間である墓域などから構成される定住的な集落跡が見つかるようになる前期～晩期までの時期に三大別できる。

　この三大区分のうち、草創期と早期、早期と前期の区分を見たときに、後者は、遺跡レベルでは定住的な大集落の出現、遺物レベルでは、より製作に手間がかかる全体的に研磨成形される磨製石器の増大、打製石斧などの土堀具といった石器の製作技法や組成の変化、とくに、煮沸を主目的とした深鉢形土器

が丸底や尖底から平底に変化していて、前者より後者の変化が極めて大きい。

　また、この変化は、縄文文化の在り方自体を大きく変えたと思われる自然現象ともかかわっている。土器型式に基づく相対年代では早期末、暦年代でいえば今から約7,500年前にアカホヤ火山灰の噴出と降下が発生した。アカホヤ火山灰は噴出源に近い南九州では、数十cmにも及んだ。

　それまで土器型式編年の研究が進んでいた中部・関東地方の常識では、縄文時代前期以降に見られる平底土器、打製石斧、土製耳飾などを伴う集落遺跡群が壊滅的に減少した。その後も前期や中期の遺跡が九州にも存在するので、火山噴火によって人類がいなくなったわけではないが、早期以前の定住的な集落が再び遺跡で確認できるようになるのは、後期を待たねばならない。

　そうしてみると、早期〜前期への変化は、アカホヤ火山灰の影響が大きかった九州など西日本では、おそらく人口の減少をもたらし、相対的な結果なのかアカホヤ火山灰の影響が少なかった東日本では、増加をもたらしたものと推測される。

　これほどの変化は、早期〜前期の画期以外では見られないので、やはり諸先学が指摘するように、縄文時代最大の画期であることは間違いないだろう。

（2）起源

　「玦」状耳飾は、形態的な類似に始まり、用途や組成の共通性から中国大陸の玉玦との関係性が指摘されてきたが、すでに述べたように、最古段階の玦状耳飾と考えられる桑野遺跡の玦状耳飾や中国大陸最古の興隆窪遺跡をはじめとする興隆窪文化などの古式の玉玦と同様の糸切技法による切り目作出の痕跡が認められることは、彼我の類似が単なる「他人の空似」ではないことを示す。

　両者の時期、とくに土器型式などの相対年代を踏まえた対比は十分とは言えないが、理化学的な年代測定法によれば、中国大陸興隆窪文化は今から約8,000年前まで遡る。日本列島の早期末は、アカホヤ火山灰降下年代が7,500年前とすると、最古とされる玦状耳飾の多くは、アカホヤ火山灰降下直後と考えられているので、おおむね中国大陸の事例より遡るものはない。つまり中国側が古く、彼の地に起源があったと考えられる。

（3）東アジアの中で見た生業、社会の変化

　縄文時代の一大変革期に、大陸文化に起源をもつ縄文玉製品が列島に出現

112　第Ⅱ章　装身具素材の採集・加工

し、広域に流通し、独自に発展していったことは、偶然ではないだろう。

　まず、玦状耳飾の製作技法も伝わってきただけでなく、玦状耳飾、管玉さらには断面が湾曲した箆状垂飾といった玉製品の組成まで一致していることや集団の中での玉製品の保有率は、最古段階の桑野遺跡（早期末）例は、根古谷台遺跡（前期中葉）や小竹貝塚（前期後葉）に比べて極めて高いことが想定されている。通常、縄文時代は、狩猟採集社会であり、その生業などの革新は極めて限定的であり、余剰な食糧や物資が爆発的に増えるとは考えにくい。発展段階的に見れば、徐々に社会が発達するという図式となる。こうした点から桑野遺跡は最古であるのに、最も保有率が高いというのは、発展段階的な視点ではとらえられない。つまり、これは桑野遺跡の集団が、伝統的な縄文社会の中では、異質だったと考えざるを得ない。

　中国最古の玉玦をはじめとする玉製品が出土している内モンゴル興隆窪遺跡では定住的な大規模な集落跡が見つかっている。東アジアでも大規模な定住的集落の存在は、移動的な狩猟採集的生活から農耕に依存した生活に変化したことを示している。興隆窪文化では明確ではないが、やはり早期の新石器時代の定住的大集落が発見されている黄河中流域の仰韶文化や長江下流域の河姆渡文化ではそれぞれ農耕（前者がアワ、後者はコメ）が存在することが知られている。中国では早期の新石器時代からすでに玉製品が認められるが、その保有率は、日本列島よりはるかに高率を示している。これは、中国大陸では余剰生産物を多く蓄積する農耕が発達したことと相関しているためだろう。

　黄河や長江流域に比べて、中国東北地区は気候が寒冷で農耕には適さないとは考えられるが、興隆窪遺跡では、栽培作物自体は確認されていないが、土掘（石鍬）、製粉（磨盤、磨棒）、収穫（石刀）といった農耕にかかわると考えられる石器が出土している。興隆窪文化より年代がやや下る新楽下層文化（約7,000年前）では、炭化した穀物（アワか）、石鍬、磨盤、磨棒といった石器も出土しており、農耕が存在したことがほぼ確実視される。

　日本列島と中国東北部との中間的な地点でも新石器時代に早期のロシア沿海州（チョールタヴィ・ヴァロータ洞穴）や朝鮮半島（文岩里遺跡）でも玦状耳飾などの玉製品が出土している。とくに、玉製品の組成（玦状耳飾、管玉、箆状垂飾）や製作技法（糸切技法による玦状耳飾の切り目作出）といった点でも共通している。

第1節　玦状耳飾と前期の装身具　113

文岩里遺跡の玦状耳飾は、墓坑（02-3号埋葬遺構）でロシア沿海州のアムール網目文との関連も考えられる押捺・押印文土器と共伴出土している。同遺跡は、大きく3段階、上層（Ⅰ～Ⅴ層：新石器時代早期）、中層（Ⅵ～Ⅷ層：前期）、下層（Ⅸ～Ⅹ層：中期）に分かれ、押捺・押印文土器が出土する中層からは、漁撈具と考えられる石錘や結合式釣針だけでなく、土堀具（石鍬）、製粉具（磨石、碾石）や収穫具にも使えそうな「石刀」が出土している。畑（畝）跡はもとより炭化穀物といった農耕にかかわる、より直接的な考古資料は確認されていないが、原始的な農耕が存在していた可能性が指摘できる。

　文岩里遺跡の玦状耳飾に関して言えば、中国大陸で見られるロクロ利用の正円素材を利用していないと思われる。つまり日本列島同様の非正円素材であり、切り目作出においても糸切技法だけでなく擦切技法も存在する点も日本列島最古段階の様相と一致している。

　以上のことは、日本列島の玦状耳飾など玉製品は、朝鮮半島経由で中国東北部に起源を求められること、さらには、朝鮮半島は単なる文化の回廊ではなく、朝鮮半島の新石器時代の文化に適した形に変容されたことを示唆していよう。

　玉製品以外の文化、例えば農耕文化などの大変革期であった日本列島に伝播した可能性がある。朝鮮半島や日本列島では、その地域の社会の状況に応じた形で変容したのである。

　日本列島においては、アカホヤ火山灰による影響で、「先進的であった」南九州の縄文文化が衰退した代わりに、これをアレンジして「新たな縄文文化」が発展していった。新たな縄文文化は、大陸の新石器時代の文化ほど階層は発達しなかったが、その萌芽は認められる。つまり、玦状耳飾をはじめとする玉製装身具の出現と展開は、縄文時代後半期の文化の一部の起源は大陸にあるが、日本列島に適した形で受容して発展させた様相を象徴している。

　付記　脱稿後、桑野遺跡の正式報告書が刊行された（あわら市教育委員会2019『桑野遺跡』）。石製品が出土した土壙（複合遺構）数は24基とのことである。当該期の遺物が出土していない土壙数は不明であり、総数はわからない。ただし、調査面積が約9,000㎡であり、おそらく墓域のほとんどは調査されたように見受けられた。仮に総数が100～200基程度であったすれば、12～24％というかなりの高所有率となる。

引用・参考文献（紙面の都合上、報告書などは省略した）

五十嵐　睦　2009「玦飾製作における切り目作出技術について―『弓切技法』の実験的考察―」『第7回日本玉文化研究会長野大会発表予稿集』日本玉文化研究会長野大会実行委員会

江坂輝彌　1964「装身具」『日本原始美術』2、講談社

川崎　保　1994「縄文時代前期の玉と墓」『考古学と信仰』同志社大学考古学シリーズⅣ、同志社大学考古学研究室

川崎　保　1996「「の」字状石製品と倉輪・松原型装身具セットについて」『長野県の考古学』長野県埋蔵文化財センター

川崎　保　2009『文化としての縄文土器型式』雄山閣

川崎　保　2015「民族誌における玦状耳飾」『森浩一先生に学ぶ』同志社大学考古学シリーズⅪ、同志社大学考古学研究室

川崎　保　2017「縄文玉製品に見られる製作痕跡」『長野県考古学会誌』155号、長野県考古学会

川崎　保　2018『「縄文玉製品」の起源の研究』雄山閣

鄧　聰　2000「東亜玦飾四題」『文物』2000―2、文物出版社

鄧　聰ほか　2007『玉器起源探索　興隆窪文化玉器研究及図録』中国社会科学院考古研究所・香港中文大学中国考古芸術研究中心

長崎元廣　1984「縄文の玉斧」『信濃』Ⅲ、36―4、信濃史学会

樋口清之　1933a「玦状耳飾考―石器時代身体装飾品之研究其一―」『考古学雑誌』23―1、日本考古学会

樋口清之　1933b「玦状耳飾考（二）―石器時代身体装飾品之研究其二―」『考古学雑誌』23―2、日本考古学会

藤田富士夫　1983a「玦状耳飾の編年に関する一試論」『北陸の考古学　石川県考古学研究会々誌』26、石川県考古学研究会

藤田富士夫　2018「玦飾型垂飾品について」『玉文化研究』3、日本玉文化学会

堀江武史　2009「糸切り技法による玦状耳飾の製作」『第7回日本玉文化研究会長野大会発表予稿集』日本玉文化研究会長野大会実行委員会

麻柄一志　1998「石刃鏃文化の石製装身具」『富山市日本海文化研究所報』20、富山市日本海文化研究所

三上徹也　1988「縄文時代における石器の性別分有に関する一試論―中部高地における分業と生産基盤の予察―」『信濃』Ⅲ、40―5、信濃史学会

水ノ江和同　2017「縄文時代早期の北海道と周辺地域との関係性について―石製装身具を中心に―」『縄文時代』28号、縄文時代文化研究会

コラム①

取掛西貝塚について

石坂 雅樹

はじめに

　取掛西貝塚は千葉県船橋市飯山満町、米ケ崎町に位置する縄文時代早期前葉を中心とした貝塚を伴う集落遺跡である（図1）。1999（平成11）年2月の第1次発掘調査から2019（令和元）年6月から9月に行われた第8次発掘調査まで計8回の発掘調査が行われている（図2）。とくに平成29年度の第6次発掘調査から令和元年度の第8次調査は取掛西貝塚における縄文時代早期前葉の集落の広がり、集落の変遷を調べ、遺跡の詳細な内容を把握するための保存目的による遺構範囲確認調査である。

1. 第5次発掘調査の成果

　これまでの発掘調査でとくに注目を集めたのは2008年6月に行われた第5次発掘調査である。第5次発掘調査では縄文時代早期前葉平坂式土器・東山式土器C類が主体に出土した竪穴住居跡10軒などが検出された（一部の竪穴住居跡は大浦山式土器を伴う）。なかでもSI-002（竪穴住居跡）は検出部分で南北約6mの隅丸方形を呈すると考えられ、覆土中には厚さ最大で約75cmのヤマトシジミを主体とした貝層を伴っていた。またこの貝層直下からはイノシシ7体分の頭蓋骨とシカ3体分の上顎骨を中心とした動物骨

図1　取掛西貝塚位置図

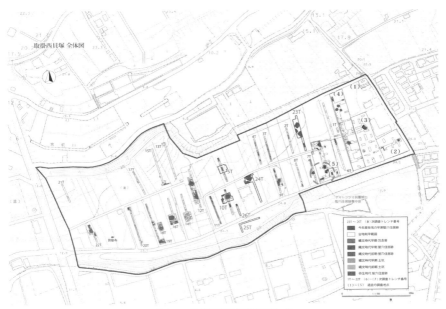

図2　取掛西貝塚調査地点

図3　動物儀礼跡

が集中して検出された。これらの動物骨の一部分は大きく被熱しており、集中箇所と重なるように焼土の面が検出された。さらにイノシシの頭蓋骨4体分は並べられた状態で検出された。そしてこの動物骨集中箇所は頭蓋骨と比較して四肢骨が極端に少なかった。これら火の使用による骨の被熱、配置された骨、

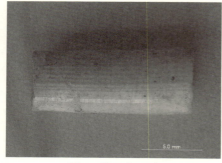
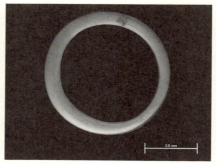

図4　管玉タイプ　　　　　　　　　　図5　小玉タイプ

頭蓋骨を選んでいることなどからこの動物骨の集中箇所はイノシシ・シカの頭蓋骨を使用した動物儀礼跡と考えている（図3）。
（1）ツノガイ類貝製品について
　第5次発掘調査のもう一つの注目される成果としてヤマトシジミの貝層と共伴した様々な遺物についてである。ヤマトシジミを主体とした貝層はSI-002（竪穴住居跡）、SI-003（竪穴住居跡）、SI-004（竪穴住居跡）、SI-006（竪穴住居跡）、SK-005（土坑）から検出されており、SI-002（竪穴住居跡）の貝層の規模が一番大きかった。SI-002の貝層は土嚢袋で約500袋あり、全量を5㎜・3㎜の乾燥ふるいを行った。その結果、貝層中から土器・石器・骨角器のほか数多くの獣骨・鳥骨・魚骨、炭化種実などと共に破損品を含めて2000点以上のツノガイ類製貝製品が見つかった。発掘作業時にもツノガイの存在は認識しており、当初は埋葬人骨に伴うアンクレットなどの着装品の可能性を考えていた。しかし、発掘作業時にも整理作業時にも縄文時代早期前葉の人骨は見つかっておらず、また2000点以上に及ぶツノガイ類製貝製品の数から廃絶後の竪穴住居跡のくぼみを利用した貝製品の製作跡であろうと考えるようになった。このツノガイ類製貝製品はやや長めに切断された管玉状（図4）のものと短く切断された小玉状（図5）の2種類のタイプが存在した。肉眼やルーペを使用した観察においても断面を中心に研磨されていることは察しがついたがそれ以上の観察ができないため実体顕微鏡を使用して観察を行った。その結果やはり断面、内外面が研磨されているものが確認できた。この観察作業を行っていくうちに管玉タイプ、小玉タイプのツノガイ類製貝製品がどのような製作工程で作

118　第Ⅱ章　装身具素材の採集・加工

図6 切断実験

られたのか疑問となってきた。

(2) ツノガイ類貝製品の製作工程

小玉タイプのツノガイ類製貝製品は径2mm以下、厚さ1mm以下しかないものものもあり、これらの製品がどのような作業工程でどのような道具を使用して作られたのであろうか。今回出土したツノガイ類製貝製品の中には被熱により灰色に変色しているものが存在することから当初はツノガイ自体に熱を加えた後に切断したのではないかと考えた。打ち上げられたツノガイを使用して切断の実験を行った。ツノガイを直接炎で炙り、その後カッターを使用して切断を試みた。切断はできたものの半数ほどは破損してしまった。熱の加え方にもよると考えられるが熱を加えることによりツノガイ自体が脆くなってしまったようである。次に考えたのがなるべくツノガイ類製貝製品が作られた当時に使われたであろうと考える道具を使用してシンプルに切断をすることであった。すなわち石器を使用してツノガイが切断できないか試みた。平な黒曜石の上にツノガイを置き、チャートの剝片をツノガイにあて剝片の上部を敲石で軽くたたく方法である（図6）。この方法だとチャートの剝片に「∩」型の刃こぼれは見られたが簡単に切断することができた（図7・8）。「∩」型の刃こぼれの部分に合わせて切

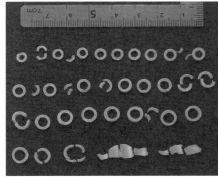

図7 切断実験後ツノガイ

図8 使用した道具（実験後）

コラム① 取掛西貝塚について　119

断するとさらに安定して切断できた。そして炎で炙ったものに比べても成功率は高かった。現在のところ剝片を使用して切断する製作方法に妥当性があると考える。しかし現時点でも不明なのが切断後の研磨工程である。小玉タイプのような小さな貝製品はどのような道具・材料を使いどのような方法で研磨されたのか引き続き今後も考えていきたい。

2. おわりに

このように約1万年前の人々が身近な道具を使い効率的に多量のツノガイ類製貝製品を作成していたことが現段階では考えられる。しかし、今後解決しなければならない課題は山積みである。一つ目は上記の通り製作時の研磨方法の解明である。二つ目は消費地との関係である。ツノガイ類製貝製品は内陸部の岩陰遺跡などからも出土例がありこれらの消費地の遺跡との関連を考えていくことが重要である。最後に素材であるツノガイをどのようにして採取または入手したのかである。取掛西貝塚第5次掘調査地点 SI-002（竪穴住居跡）のヤマトシジミの貝層は年代測定の結果、今から約1万年前に形成されたことがわかっている。今から1万年前の地形を含めた自然環境は現在と大きく違っていると考えられるが、まだ十分に解明されていない。このような自然環境下で当時の人達はどのようにしてツノガイを入手し製品を流通させたのか、今後、さらに解明していかなければならない。

（協力：沼野健一）

引用・参考文献

西本豊弘編　2008『人と動物の日本史1（1）　動物の考古学』吉川弘文館

石坂雅樹・西本豊弘・小林謙一・坂本　稔・松崎浩之・遠部　槙　2013『取掛西貝塚（5）Ⅰ』

挿図出典

図2～8：船橋市教育委員会提供

図2：令和元年8月10日　船橋市取掛西貝塚（8）遺跡見学会資料を修正

図3・5～8：平成23年2月26日　考古学講座資料

図4：平成29年1月29日　考古学講座資料

120　第Ⅱ章　装身具素材の採集・加工

第2節

ヒスイ原産地での玉類製作

木島　勉

はじめに

　ヒスイはまったく別の鉱物である硬玉と軟玉を指し、硬玉はヒスイ輝石（Jadeite、$NaAlSi_2O_6$）、軟玉は緻密な透閃石から成る（Nephrite、$Ca(Mg \cdot Fe)_5Si_8O_{22}(OH)_2$）。いずれも半透明で緑色を呈し、硬玉のモース硬度は$6.5 \sim 7.0$、比重は3.3前後、軟玉の硬度は$6.0 \sim 6.5$、比重は3.0前後と宝石としての硬度と比重は低い。しかし、結晶は緻密で繊維状に絡み合うことから割れ難さを示す靭性は非常にたかい。このように「硬玉」、「軟玉」の表記では誤解を招くことから、ここでは前者を「ヒスイ」、後者を「ネフライト」とする。

　ヒスイは、プレート境界付近で起こる広域変成作用で形成される蛇紋岩中に含まれ、国内では北海道、新潟県、兵庫県、岡山県、鳥取県、長崎県などの変成岩帯で産出する。なかでも新潟県糸魚川市の姫川・青海川流域は質、量とも列島随一の産地として知られ、縄文時代のヒスイ加工遺跡も両河川周辺の海岸部（新潟県糸魚川市と富山県朝日町の間の海岸部を「姫川下流域」とする）を中心に数多く確認されている。

　この姫川は列島の東西を分断するフォッサマグナ西端の糸魚川・静岡構造線に沿って流れる急流河川で、その左岸は古生代・中生代から成る地層で飛騨変成岩帯が広がり、これを浸食する青海川や姫川支流の浦川、大所川、小滝川などでヒスイ原石を観察できる。なかでも、国の天然記念物として保護されている小滝川の明星山東岩壁直下と青海川橋立の峡谷は、その河床に数十ｔのヒスイ原石が累々と分布した状況を観察できる。もちろん、これらの河川から流出したヒスイはその下流域ばかりでなく、海へと流れ込んだヒスイ原石は

その後に海岸へと打ち上げられ、新潟県糸魚川市大和川海岸から富山県朝日町宮崎海岸の約30kmは「ヒスイ海岸」などとも呼ばれている。

ところで、姫川流域の西側は3,000m級の高山が連なる飛騨山脈、東側は2,000m級の西頸城山地が聳え、それらの北端は日本海に到達している。飛騨山脈の北端は比高100mもの断崖が12kmにも及ぶ親不知海岸として知られ、西頸城山地の北端もこれに劣らぬ断崖が続く。起伏に富んだこの流域は「西浜七谷」とも呼ばれ、山並から流れ出る急流河川は深い谷地形を形成し、姫川が唯一山並を越えて長野県に達するルートを開削している。こうした地形は人々の往来にも大きく影響を与え、古くから海路あるいは海岸部と姫川流域の陸路が人々の主要な移動・流通ルートとして利用されていた。その為に姫川流域では北陸西部からの文化的影響を強く受け、縄文時代中期では「新保・新崎様式」や「天神山・古府様式」といった北陸西部の土器が主体を占め、越後や中部高地からの搬入品やその影響を受けた土器群がこれに加わる。つまり、姫川下流域一帯は北陸西部の土器圏の東端に位置し、北陸東部や中部高地からの影響を受けた地域であったとも言える。

1. ヒスイ発見の歴史

姫川下流域におけるヒスイの利用は、縄文時代前期前葉まで遡り、古墳時代中期まで続いた。しかし、ヒスイはその後忘れ去られ、糸魚川市小滝在住の伊藤栄蔵によって1938（昭和13）年に姫川支流の小滝川土倉沢で発見され、それを東北大学理学部の河野義礼が調査・分析して1939（昭和14）年に『岩石礦物礦床學』（河野1939）に発表したとされる。しかし、河野は調査の案内は大町龍二であったと記憶しているなど、定かではないことも多い。これらの経緯については『国石　翡翠』（宮島2018）に詳しく、今後の検証に期待したい。

小滝川におけるヒスイの産出は1939年の河野論文で確認されたことになる。しかし、これが考古学研究者に認識されたのは戦後である。この間、八幡一郎が姫川下流域の長者ケ原遺跡でヒスイらしき礫を採集したとも伝わるが定かではない。藤田亮策らによる1954・56・58年と続いた長者ケ原遺跡の調査で縄文時代中期の集落跡におけるヒスイ加工が報告された（藤田・清水1964）。しかし、多くの考古学研究者に認知されたのは、表1に示した寺村光晴らによる

表1　姫川下流域における玉製作遺跡の調査一覧（1967～1977 年）

調査年	遺跡名	市町村	時代・時期ほか
1967 年	浜山遺跡	朝日町	1 次調査　古墳中期
	寺地遺跡	青海町	緊急調査　縄文中・晩期
1968 年	浜山遺跡	朝日町	2 次調査　古墳中期
	寺地遺跡	青海町	1 次調査　縄文中・晩期
1970 年	大角地遺跡	青海町	予備調査　縄文前期・古墳中期
	寺地遺跡	青海町	2 次調査　縄文中・晩期
	田伏遺跡	糸魚川市	古墳中・後期
1971 年	寺地遺跡	青海町	3 次調査　縄文中・晩期
1972 年	細池遺跡	糸魚川市	縄文晩期
1973 年	寺地遺跡	青海町	4 次調査　縄文中・晩期
	大角地遺跡	青海町	本調査　縄文前期・古墳中期
1974 年	川倉遺跡	糸魚川市	縄文早～中期
1977 年	笛吹田遺跡	糸魚川市	古墳前・中期

精力的な調査による。

　新潟県との県境に近い富山県朝日町浜山遺跡での調査を皮切りに寺村光晴らは縄文時代から古墳時代の玉類製作遺跡を次々と調査している（表1）。これらの調査によって滑石などを主体とした玉類製作が縄文時代早・前期から古墳時代後期まで盛んに行われ、縄文時代中期から古墳時代中期まではヒスイ製玉類の製作を伴うと報告し（寺村・安藤・千家1973）、ヒスイの諸問題を提起した（寺村1968・1995、安藤1982・1983）。その後、森浩一監修によって日本海文化やヒスイ文化を学際的に検証しようとするシンポジウムが富山市と糸魚川市で開催され、1986・88・90年に糸魚川市と青海町が共催した「翡翠と日本文化を考えるシンポジウム」では地質・鉱物学、考古学、神話学、古代史などからヒスイやその文化の解明が試みられた（森1988・1990・1991）。さらに、これらのシンポジウムに関わった藤田富士夫もその成果をまとめている（藤田1989・1992）。

　北陸自動車道などの建設に伴って玉類製作遺跡も相次いで調査され、富山県朝日町の境A遺跡や馬場山G遺跡をはじめとする遺跡群では中期と晩期、史跡整備等に伴う新潟県糸魚川市の長者ケ原遺跡の調査では中期の加工工程や加工具も確認され、膨大な関係資料が蓄積された。また最近では、新潟県の柏崎市大宮遺跡（平吹2004）、上越市古町B遺跡、富山県の富山市小竹貝塚などの調査によって前期後葉まで遡るヒスイ加工が確実となり、山梨県北杜市天神遺跡

における諸磯C式期の土坑墓出土のヒスイ製大珠とも矛盾しない。さらに糸魚川市大角地遺跡では、前期前葉の磨製石斧製作にヒスイ製敲石が伴っている。

2. 原産地における玉製作遺跡

(1) 縄文時代早・前期

各期の主要な玉類製作遺跡は図1のとおり、姫川下流域に林立する。

早・前期では糸魚川市の長者ケ原遺跡(6)、川倉遺跡(7)、大角地遺跡(4)、岩野A遺跡(9)などで早期末葉から前期前葉に滑石などを用いた玦状耳飾や垂玉類を製作している。これらの遺跡は透閃石や蛇紋岩を用いた磨製石斧の製作遺跡でもある。

当該期における明瞭な遺構は少なく、大角地遺跡の竪穴住居跡が唯一であ

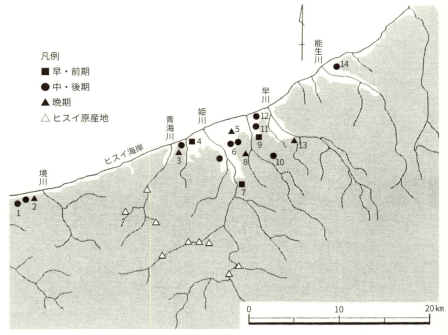

図1 姫川下流域の玉類製作遺跡(縄文時代)とヒスイ産地
1:馬場山G(中) 2:境A(中・晩) 3:寺地(中・晩) 4:大角地(早・前) 5:大林(晩)
6:長者ケ原(早〜後) 7:川倉(前・中) 8:森下(晩) 9:岩野A(早・前) 10:入山(中)
11:岩野B(中・後) 12:六反田南(中) 13:細池(晩) 14:井の上(早〜中)

る。さらに、前期後葉の遺跡も少なく、諸磯B・C式期の土器片が長者ケ原遺跡南地点で若干出土している程度である。

（2） 縄文時代中期

中期初頭・前葉になると小規模な集落が段丘上などに営まれ、その大半は中期中・後葉の拠点集落である長者ケ原遺跡（6）や境A遺跡（2）の周辺に点在するように立地している。その遺跡分布はいくつかの小集団の集結によって大規模集落が形成したようにも予見でき、こうした小集落でも透閃石の磨製石斧と滑石製垂玉類の製作を確認できる。なお、馬場山G遺跡（1）の5号竪穴住居跡ではヒスイ製大珠未成品を伴っている。

中期前葉末から中葉になると集落規模を大きくし、中・後葉を盛期とする集落跡が海岸部に出現する。境A遺跡（2）、寺地遺跡（3）、長者ケ原遺跡（6）、岩野B遺跡（11）、六反田南遺跡（12）、井の上遺跡（14）などでは膨大な磨製石斧製作資料に伴ってヒスイやネフライト製大珠、滑石などの垂玉製作資料も出土している。

南北180m、東西100mの大規模な環状集落跡である長者ケ原遺跡（6）は中葉後半から後葉を盛期として玉類製作資料の出土も多いが、串田新式期を過ぎると集落規模を縮小する（木島ほか2007）。一方で海岸に近い標高3m前後の沖積地に営まれた六反田南遺跡は河川氾濫によって中葉前半に埋没した集落跡で、こちらでは磨製石斧を盛んに製作しているが、玉類の製作資料に乏しい。

（3） 縄文時代後期

岩野B遺跡（11）、長者ケ原遺跡（6）、寺地遺跡（3）、境A遺跡（2）で遺物を伴う。岩野B遺跡は前・中葉の遺構と遺物に恵まれ、長者ケ原遺跡でも小型の竪穴建物跡1棟（21号竪穴建物跡）を検出している。しかし、そのほかの遺跡では若干の土器片が出土しているに過ぎない。

（4） 縄文時代晩期

細池遺跡（13）、森下遺跡（8）、大林遺跡（5）、寺地遺跡（3）、境A遺跡（2）と少ないが、盛んな磨製石斧とヒスイや滑石などを用いた小型垂玉類の製作資料を確認できる。

細池遺跡では楕円形状、寺地遺跡では円形状の竪穴住居跡が検出され、寺地遺跡では祭祀空間と推定される1間四方の木柱を伴う配石遺構が沖積地に築か

れていた。境A遺跡でも掘立柱建物の存在を予見できる土坑やピットが検出されている。

 以上のようにヒスイの原産地である姫川下流域の玉類製作遺跡を概観すると、遺跡数、原材料、玉類の形態を変化させながらも早期末葉から晩期に及ぶ玉類製作の痕跡を継続的に確認できる。各期とも滑石などの軟質石材を多用するが中期前葉からはヒスイ、中期中葉から晩期にはネフライトや緑色を呈する石英なども素材として用いられている。さらに、これらの玉類製作遺跡は、例外なく透閃石などを用いた磨製石斧の製作遺跡でもあり、その関係資料の出土量は玉類製作資料を遥かに凌いでいる点は看過できない。

3. 攻玉関連資料

（1）関連遺構

 玉類未成品や加工具などを伴う遺構を想定でき、古墳時代前・中期の糸魚川市の南押上遺跡、大角地遺跡、朝日町浜山遺跡では方形状の土坑を壁際に伴う竪穴建物跡を工房跡としている。

 寺地遺跡では1号住居址検出のピットからヒスイ角礫などが出土し、付近では大型砥石も確認できたことから工作用ピットと報告されている。しかし、その大半は覆土からであり、その判断は再検討を要する。長者ケ原遺跡でも関係資料の大半は遺構覆土や包含層からの出土で、床・底面からの関連資料の出土は稀である。一方、同遺跡の11号建物跡南壁際の土坑は、底面や側面に石を削った際の砥糞の付着と周辺における磨製石斧未成品と平砥石の出土から

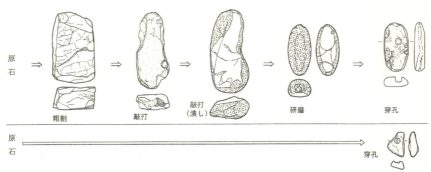

図2　ヒスイ製大珠の製作工程（長者ケ原遺跡）（糸魚川市教育委員会2016より）

磨製石斧の製作に伴う施設であると判断された。

　以上のように玉類製作の関連遺構としては寺地遺跡の工作用ピットが唯一であるが、玉類製作に直接関わった施設とは言い難い。また、長者ケ原遺跡の11号竪穴建物跡の土坑についても、磨製石斧製作を主体としながらもヒスイ製大珠を製作した可能性もわずかに残している。いずれにしても、関係資料の出土状況をより詳細に検証する必要があろう。

（2）玉類未成品

　玉類製作に伴う原石、分割で生じた剥片や角礫、玉類の未成品を玉類未成品として一括し、資料に恵まれた長者ケ原遺跡、寺地遺跡、境A遺跡の出土遺物を主体として各時期の玉類を概観したい（図3）。なお、様々な石材を用いていることから、硬質のヒスイ、ネフライト（軟玉）、石英、透閃石を「ヒスイほか」、軟質の滑石、蛇紋岩を「滑石ほか」として提示しておきたい。

　滑石ほか　岩野A遺跡では早期末葉、大角地遺跡では前期前半、時期の特定には至っていないが川倉遺跡や長者ケ原遺跡などで玦状耳飾、勾玉、管玉などの未成品を確認できる。

　研磨した扁平円板（図3-1・2）などから研磨を主体とする製作技法・工程を予見できるが、原石の出土が皆無である。軟質石材の滑石などの転石・漂石は考え難く、露頭やその周辺で原石を採取したと思われ、姫川流域では河口から10km上流に蛇紋岩の露頭を観察できる（糸魚川市教育委員会2016）。

　研磨用の砥石については、磨製石斧製作の砂岩製砥石との兼用を想定できるが、その使用痕の検出は期待できない。さらに、早期末葉から前期後葉までの集落跡と推定される長者ケ原遺跡南地点では砂岩剥片の端部に回転痕を残す石錐が出土していることから玦状耳飾の穿孔に用いた可能性がうかがえる。

　こうした滑石などの軟質石材による玦状耳飾の製作は中期まで継続されず、中期では大珠、棒状、指輪状、晩期では丸玉、管玉、勾玉などを製作している。いずれも研磨を多用して形を削り出している。なお、長者ケ原遺跡出土の指輪状石製品は出土した包含層の時期から中期後葉ないし中期末葉の所産と判断されている。

　ヒスイほか　遺跡出土の原石の大きさや形状は両河川から流れ出た原石を海岸で採取したと想定できる。

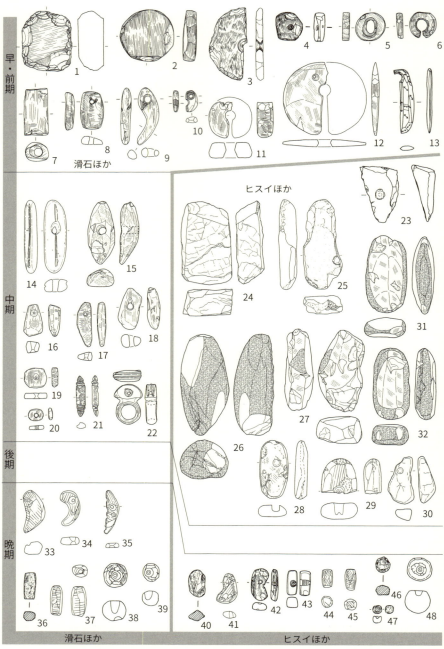

図3 姫川下流域における玉類製作の変遷（縄文時代）（S≒1/3）

1・2・5～10：大角地　3・4：川倉　11・12・14～22・24～28・30：長者ケ原　13・23：馬場山G
29・33～35・37～39・41・44・45・48：境A　36・40・46：細池　42・43・47：寺地

大珠など垂玉類未成品は中期中葉から増加して中期後葉にピークを示すが、馬場山Ｇ遺跡では中期前葉の竪穴住居跡から大珠未成品の欠損品が出土していることから、この流域におけるヒスイ加工は中期前葉まで遡れる。しかし、この流域から50km以上離れた古町Ｂ遺跡や大宮遺跡では前期後葉に姫川流域の透閃石で磨製石斧、滑石などで玦状耳飾を製作し、ヒスイ角礫、ヒスイ製大珠未成品なども伴っていることから、姫川下流域のヒスイ加工の開始も前期後葉まで遡る可能性を残す。

大珠は原石から粗割、敲打成形、研磨成形、穿孔を経て仕上げる工程を基本とし、原石の大きさと形状によっては敲打・研磨成形を省略して穿孔する工程も確認されている（図2）。この製作工程は穿孔の有無を除くと透閃石製磨製石斧の工程と共通し、磨製石斧の製作は早期まで遡れることから、大珠の製作は磨製石斧製作の延長にあると言える（木島2004）。

後期における玉類未成品の出土例は僅少で、その詳細は不明である。しかし、新潟県小千谷市城之腰遺跡などの玉類を概観すると大珠などの大型品は無く、長さ3cm前後の垂玉類の製作を予見できる。

晩期の玉類未成品は細池遺跡、寺地遺跡、境Ａ遺跡などに多く、寺地遺跡では垂玉類の製作工程が復元されている（寺村1987）。当該期の玉類は丸玉、勾玉など中・後期に比べると小型で形態も異なるが敲打と研磨を多用する成形技法は大珠などと共通している。しかし、小型になることからその研磨成形においては筋状の研磨痕、勾玉腹部の研磨成形に用いる研磨具を予見できる。

晩期になるとヒスイ、ネフライト、透閃石に加えて石英なども多用するようになり、中期に比べると緑色を呈する部分を選択して玉類を製作している印象を受ける（木島2017）。

（3）加工具（図4）

早期末葉から晩期に至る滑石製玉類の加工具については研磨具と穿孔具を予見でき、磨製石斧製作に伴う砂岩製砥石を兼用したと想定している。また、錐については長者ケ原遺跡南地点出土の端部に回転痕を残す砂岩剝片を候補としておきたい。

中期以降のヒスイなどの硬質石材の加工具については、粗割の台石、粗割や敲打成形の敲石、研磨成形の砥石、穿孔具の錐を想定でき、穿孔具以外は製作

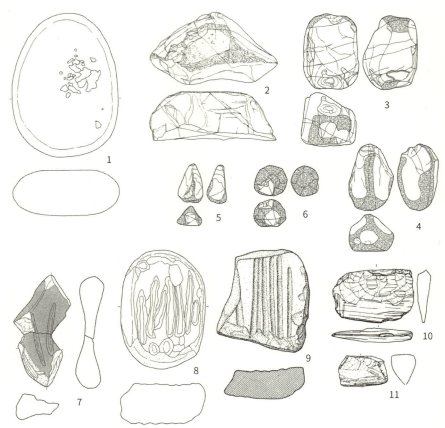

図4 姫川下流域における玉類製作の加工具（縄文時代）
(S≒1/8：1・8・9) (S≒1/6：2～7・10・11)
1・8：境A　　2・10・11：寺地　　3～7：長者ケ原　9：細池遺跡

遺跡からの出土品で確認できる（図4）。

　台石　境A遺跡や寺地遺跡ではアバタ状の窪みを観察できる砂岩、蛇紋岩、透閃石などの大型扁平礫（1）や端部に敲打痕を観察できる台形状の大型ヒスイ礫（2）などを台石としている。もちろん磨製石斧製作においても台石を用いた両極打法による剝離を想定できることから、これらの台石については玉類と磨製石斧の製作に兼用されたのであろう。

　敲石　磨製石斧製作に伴う粗割や敲打成形に使用したとされるヒスイ、透閃

石、石英などの敲石が数多く出土し、その一部はヒスイなどの加工にも使用されたと想定できるが、その区別は難しい。ただし、長者ケ原遺跡出土のヒスイ製敲石では重量700gを超えるもの（3・4）と700g未満のもの（5・6）に二分でき、前者は粗割、後者は側縁部などの敲打・潰し成形に用いたと推定している（糸魚川市教育委員会2016）。さらに、後者には礫の端部だけを使用したもの（5）と全面を使用して多面体を呈するもの（6）があり、その敲打痕の一部には研磨状の痕跡を観察できる資料もあることからより詳細な使用方法やいわゆる緒締タイプの大珠未成品の製作を検討する余地を残す。

　砥石　砂岩製砥石の出土量は膨大で、おおむね平砥石、筋砥石、内磨砥石に区分できる。いずれも姫川、青海川、境川の石英砂を多く含有する手取層の砂岩を多用している。

　平砥石については早期から晩期までみられ、中期以降の出土数は膨大で、大珠や磨製石斧の研磨成形に多用されたと想定でき、その一部に浅い使用痕を観察できる場合もある（7）。

　筋砥石（8・9）は晩期の細池遺跡、寺地遺跡、境A遺跡などに顕著で、玉類の小型化に伴ってその研磨痕が筋状に残ったものと考えられている。

　内磨砥石（10・11）も晩期に顕著で、砂岩剝片の側縁部を砥面としたもので、勾玉腹部の研磨に用いたと想定されている。なお、中期前半までの磨製石斧製作に伴う擦切具も類似の形状を示し、その区別は今後の課題である。

　錐　穿孔具である錐の出土は皆無である。しかし、未成品や欠損品の穿孔痕断面には回転痕を観察でき、孔の底部にはへそ状の高まりを散見できることから回転による穿孔であったことは確かである。なお、孔の底面にへそ状の高まりを残すもの（図3-29）と、断面がU字状を呈するもの（図3-28）があり、前者は管状錐、後者は棒状錐の痕跡とされていたが、穿孔実験では棒状の錐でもへそ状の高まりを観察できることから、必ずしも管状錐とは限らないようである。いずれにしても、ヒスイやそれ以上のモース硬度を有する石英などを粉砕して錐先に付着させながら回転させると穿孔は可能である。

4. まとめと課題

　姫川下流域はその地質環境から多種多様な石材に恵まれ、縄文時代から古墳

時代に及ぶ長期の玉類製作を特徴とする。とくに、縄文時代中期前葉からのヒスイやネフライトを用いた玉類製作はほかに類を見ない。そうした玉類製作の変遷を概観すると、早期末葉からの滑石などを用いた玦状耳飾に始まり、中期のヒスイ製大珠、晩期のヒスイ製丸・勾玉の製作へと移行している。

　こうした盛んな玉類製作は豊富な原材料を付近の海岸で比較的容易に採取できた環境とそれを可能にした加工技術の存在にあったと言え、早期まで遡る敲打と研磨を多用する磨製石斧と玉類の製作技術はヒスイやネフライトといった硬質石材の加工を可能にした。

　艶々とした質感の透閃石は繊維状に絡む結晶構造で靱性が高く、刃先の鋭角な砥ぎ出しも可能なことから石斧の原材料には最適で、姫川下流域の特産品として流通した形跡がある。そして、中期になるとヒスイの玉類が列島全域に広がったようであり、こうしたヒスイ製玉類の広範な流通は磨製石斧の流通と無関係ではなかろう。さらに、北陸西部、北陸東部、中部などの土器文化圏の接点に位置する姫川下流域の地理環境も大いに影響したものと考える。

　姫川下流域における玉類製作の特徴と研究課題は以上のようにまとめることができる。

　玦状耳飾をはじめとした垂玉類の製作が早期末葉に姫川下流域をはじめとした富山湾沿岸で突然始まる。それ以前からの磨製石斧の製作技術がそれを可能にしたであろうが、明確にされていない玦状耳飾の形態や用途の系譜を探る必要があろう。

　早期末葉から始まる玉類製作が晩期まで継続されるが、前期後半と後期中・後葉については明確にできていない。これはこの流域に当該期の遺跡が少ないことに起因するもので、そのような遺跡数の変動の原因は不明である。一方、前期後半では姫川産の石材が50〜70kmほど離れた地域まで運ばれて磨製石斧と玦状耳飾が製作され、ヒスイも加工されている。さらに、後期後葉になるとさらに遠方でもヒスイ、ネフライト、透閃石、石英を用いた玉類を製作するようになる。弥生・古墳時代においてもこうした現象を確認できることから、姫川下流域における玉類製作集団のあり様を視野に入れた検証が必要である。

　姫川下流域は列島全域に及ぶヒスイ製玉類流通の中心地であることから、これまではヒスイの加工や流通に検証の主眼が置かれた。しかし、その実態は

磨製石斧製作を主体とした専業的集団においてヒスイ製玉類が製作されたと解される。このため、今後はこれを担った集団のあり様、そこでの磨製石斧と玉類の製作の実態、それらの流通の様相を複眼的に検証する必要があろう。

引用・参考文献

安藤文一　1982「翡翠」『縄文文化の研究』8、雄山閣

安藤文一　1983「翡翠大珠」『縄文文化の研究』9、雄山閣

糸魚川市教育委員会事務局　1974『細池遺跡』糸魚川市教育委員会

糸魚川市教育委員会事務局　1981『長者ケ原遺跡範囲確認調査概要（第4次、第5次）』糸魚川市教育委員会

糸魚川市教育委員会　1986『翡翠と日本を考えるシンポジウム』

糸魚川市教育委員会　1992『平成3年度遺跡発掘調査概報―五月沢遺跡・岩野B遺跡―』

糸魚川市教育委員会　1993『国指定史跡　長者ケ原遺跡―7次調査概報―』

糸魚川市教育委員会　1996『平成7年度　国指定史跡　長者ケ原遺跡―10次調査概報―』

糸魚川市教育委員会　2016『史跡　長者ケ原遺跡発掘調査報告書―第6次～第13次埋蔵文化財発掘調査報告書―石器・石製品編』

糸魚川市役所　1976『糸魚川市史1』糸魚川市役所

糸魚川市市史編さん委員会　1986『糸魚川市史資料集1―考古編』糸魚川市役所

大角地遺跡発掘調査団　1979『大角地遺跡―飾玉とヒスイの工房址』青海町教育委員会

河野義礼　1939「本邦における翡翠の新産出およびその化学性質」『岩石鉱物鉱床学』第22巻第5号

木島　勉　2004「硬玉の加工開始の諸問題」『環日本海の玉文化の始源と展開』敬和学園大学人文社会科学研究所

木島　勉　2012「新潟県における縄文時代前半期の翡翠製品について」『玉文化』第9号、日本玉文化研究会

木島　勉　2017「糸魚川地方の玉生産と石材」『ぬなかわの玉と石材』日本玉文化学会・糸魚川市教育委員会

木島　勉・寺崎裕助・山岸洋一　2007『長者ケ原遺跡』同成社

寺村光晴　1968『翡翠―日本のヒスイとその謎を探る』養神書院

寺村光晴　1987「硬玉工房址と攻玉技術―寺地遺跡の硬玉生産をめぐって」『史跡寺地遺跡』新潟県青海町

寺村光晴　1995『日本の翡翠―その謎を探る―』吉川弘文館

寺村光晴・青木重孝・関　雅之　1987『史跡　寺地遺跡』新潟県青海町

寺村光晴・安藤文一・千家和比古　1978「硬玉の出現と終末」『日本考古学協会昭和53年度総会研究発表要旨』日本考古学協会

富山県埋蔵文化財センター　1987『北陸自動車道遺跡調査報告―朝日町編3―馬場山D遺跡　馬場山G遺跡　馬場山H遺跡』富山県教育委員会

富山県埋蔵文化財センター『北陸自動車道遺跡調査報告―朝日町編4―境A遺跡遺構編』富山県教育委員会

富山県埋蔵文化財センター　1990『北陸自動車道遺跡調査報告―朝日町編5―境A遺跡石器編』富山県教育委員会

新潟県教育委員会　1986『北陸自動車道　糸魚川地区発掘調査報告書Ⅰ―中原遺跡・岩野A遺跡・岩野E遺跡―』

新潟県教育委員会　1991『関越自動車道関係発掘調査報告書　城之腰遺跡』

新潟県埋蔵文化財調査事業団　2006『北陸新幹線関係発掘調査報告書Ⅴ　大角地遺跡』

新潟県埋蔵文化財調査事業団 2018『一般国道8号糸魚川東バイパス関係発掘調査報告書Ⅻ　六反田南遺跡Ⅵ』

平吹　靖　2004「柏崎市大宮遺跡出土の日本最古の縄文時代前期ヒスイ加工品」『玉文化』創刊号、日本玉文化研究会

藤田富士夫　1989『玉』ニューサイエンス社

藤田富士夫　1992『玉とヒスイ―環日本海の交流をめぐって―』同朋社出版

藤田亮策・清水潤三　1964『長者ケ原』新潟県糸魚川市教育委員会

宮島　宏　2018「翡翠再発見史」『国石　翡翠』フォッサマグナミュージアム

森　浩一編　1988『シンポジウム　古代翡翠文化の謎』新人物往来社

森　浩一編　1990『シンポジウム　古代翡翠道の謎』新人物往来社

森　浩一編　1991『古代王権と玉の謎』新人物往来社

山梨県埋蔵文化財センター　1994『天神遺跡―県営圃場整備事業に伴う発掘調査報告書』山梨県教育委員会

吉川町教育委員会　1992『古町B遺跡発掘調査報告書』

第 *3* 節 ··

余山貝塚と貝輪の生産・流通

栗 島 義 明

はじめに

　縄文時代の装身具類には多様な形態が知られているが、注視すべきはそれぞれの装身具形態は特定素材との強い結びつきを成立させている点であり、例えば胸飾りはヒスイやコハクなどの貴石、櫛などの髪飾りは木製品、また耳飾りは土製品にほぼ限られていることは周知のところでもある。先ずもって各種の装身具形態がそれに見合った素材との対応関係を成立させている点は興味深いし、また縄文人が装身具に対する意味付けの中に素材属性も含ませていたことは間違いあるまい。装身具の研究には形態的な要素に加え、今後はその素材特性と選択基準の社会的意味についても特別な注意を払うべきと考えている。

　さて、装身具類の多様な形態が負ったその社会的機能についての研究は緒に就いたばかりであるが、看過できない点として研究の基礎的データの著しい偏在性がある。上記した貴石製の胸飾りや首飾り、土製の耳飾りなどは縄文時代遺跡の分布に重複するような出土状態を見出すことができるが、木製資料である櫛や腕輪、耳飾りなどは当然のことながら低湿地遺跡でなければ発見できない。また、骨角製の垂飾りや簪、腰飾り、そして貝製の腕輪や管玉、小玉などは海浜部の貝塚やわずかに山間部の岩陰・洞穴遺跡で検出されるだけで、大多数の遺跡が存在する内陸部の台地・丘陵部での分布は皆無となってしまう。全体的な数量は無論のこと、広域分布や地域的な交換・交易に加えて遺跡内での埋葬状況が把握し難いことから、副葬品として各々がどのような機能を有していたのか、佩用状態や集団墓内での在り方などを追研するに足るデータ抽出を困難としている。後晩期遺跡における装身具出現率の大凡を内陸部遺跡と海浜

部(貝塚)遺跡とで比較すると、前者遺跡においては装身具類全体の約7~8割が失われているという試算が可能であり、骨角製は無論のこと貝製の装身具が縄文社会において如何に重要で普遍的なものであったかを再認識するのである。

以下、本論では縄文時代を通じ普遍的に存在する貝輪について、その生産遺跡である千葉県余山貝塚の在り方を基軸に据えて検討してゆくことにする。そのうえで貝輪を題材として、装身具類の素材採集に始まる加工・生産とその流通に関する問題についても言及できたならばと考えている。

1. 余山貝塚と貝輪製作

千葉県銚子市に所在する余山(よやま)貝塚は縄文時代後期から晩期に至る複合貝塚で、とくに大量の骨角器と貝輪を出土したことで有名である。遺跡の約5km東には犬吠埼(いぬぼうさき)が位置する利根川右岸の河口付近に所在し、標高5m程の低位段丘上の砂帯上に形成されている。現在では遺跡の前面に利根川を望むことができるが、縄文時代においては対岸の波崎砂州は存在していなかったことから直接、遺跡はその前面に太平洋を望むような景観にあったものと推察される。遺跡の西側には約500mを隔てて標高50mを測る下総台地が迫っており、その台地を縫うようにして東流する高田川が砂帯を浸食する右岸箇所に本余山貝塚が在る。遺跡は度重なる発掘によって全体像が掴みにくい状況ではあるが、東西130m×南北180mの大規模な列点貝

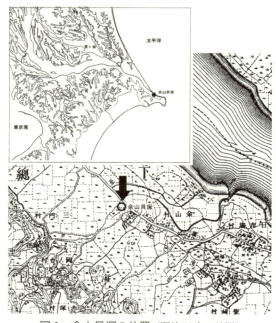

図1　余山貝塚の位置(明治15年の地図)

塚であった蓋然性のたかいことが指摘されている。

　さて、余山貝塚は 1897（明治 30）年にその所在が報じられ、1905 年に実施された坪井正五郎による調査以後は、大野雲外や江見水蔭、高島多米治などが数次にわたる発掘調査を実施している。遺跡が総武本線に近かったことに加えて、遺跡から多量の遺物が出土したことが大きな要因であったことは間違いなく、1909 年に刊行された江見水蔭の『地中の秘密』には余山から「珍品などおびただしく掘り出して凱旋」したこと、1 回の調査でリンゴ箱十数箱分の遺物が掘り出され、貨物列車で東京に輸送したことが書かれており、明治年間の乱掘状況とこの貝塚の豊富な遺物包蔵を彷彿とさせている[1]。この為に 1924（大正 13）年に八幡一郎・甲野勇などが本格的調査を実施しようと試みたものの、余りに乱掘状況が著しくて断念したという有名な逸話もある。その後は 1940（昭和 15）年に東京帝国大学人類学教室（酒詰仲男）、戦後は浅川利一や野口義麿などが断続的に調査を実施し、1988 年の千葉県埋蔵文化財センターによる高田川河川改修に伴う調査をもって余山貝塚はほぼ消滅するに至ったと考えられている。

　余山貝塚は出土土器から判断すると遺跡形成が後期前葉の堀之内段階に始まり、加曽利 B1〜3 式、曽谷式、安行 1・2・3a〜3c 式、姥山式、前浦式、千網式など長期にわたっているが、主体は後期の加曽利 B 式期から安行 1 式期にかけてである。特筆すべきは石無し県と言われた千葉県にあって大量の石器が発見されていることで、とくに千葉県による 1988 年の調査ではわずかに 20㎡の範囲であったにも係わらず 6,500 点にも及ぶ石器が発見された。その中には打製・磨製石斧、石鏃のほかに楔形石器や砥石、礫器、敲石などが数多く認められ、当該遺跡の骨角器製作や貝輪製作と極めて整合的な石器組成の存在を認めることができたのであった。

　正式な調査がほとんどなされぬまま壊滅した余山貝塚から、一体どれ程の骨角器や貝輪が出土したかは不明であるが、大阪歴史博物館所蔵の下郷コレクションだけでも貝輪数量は 1,000 点近くに及び、その半数はベンケイガイ・サトウガイ製の貝輪によって占められている。また東京大学の調査を担当した酒詰に拠れば、その際に出土したベンケイガイ製の貝輪だけでも 500 点あまり、それ以前の調査で 831 点の貝輪が出土したとの文章が 1909 年の東京人類

学会誌に見られる。恐らく余山貝塚からは少なく見積もっても 2,000 点以上の貝輪が出土していることは間違いなく、遺跡全体に包蔵された数量に至っては我々の想像を大きく上回っているであろう。

　さて、余山貝塚出土の貝輪についてとくに注目される指摘が大野による報告であり、地元の大野市平が採集した資料を見学した際に集められていた多量の貝輪に注目し、1906 年に「貝輪について」と題して穿孔から内径拡張、研磨までの製作工程に触れている。さらに大野はそれまでの縄文貝塚からは貝輪出土が数点に留まっていたのに対して、余山貝塚から多数の貝輪が出土していることから他地域との交換を目的に「この場所に於いて貝輪を製作した」可能性を指摘したのであった。1 世紀以上前に報告された短文ではあるが、余山貝塚と出土した貝輪の性格についての正鵠を得た指摘であった、と現在でも評価されるべき内容であると言えよう。余山貝塚から出土した貝輪についての本格的分析はないが、忍澤成視が 1940 年に東京大学の調査によって出土したベンケイ貝製の貝輪 500 点程について、その工程的な分類を提示している（忍澤 2011）。それによれば未加工の素材が 26 点、殻頂部に穿孔が見られるもの 153 点、穿孔が復縁部に及んでいるもの 65 点、大凡の貝輪形態まで復縁部加工の進んだもの 65 点、その破損品 207 点となっている。銚子市に所蔵されている資料のみならず、大阪歴史博物館の下郷コレクション中にも素材となった二枚貝（ベンケイガイ、サトウガイ）の穿孔品や未製品、完成品と共に未加工の素材貝も一定量存在することが確認されている。製作工程品と考えられる殻頂部分のみの穿孔や内径を拡張した製作途上品、そして研磨が施されて輪幅が数 mm に仕上げられた完成品は言うに及ばず、欠損品や未加工の素材貝も一定量見出されることは、本遺跡での貝輪製作の動かぬ証拠と見做すことができる。加えて重要な点は端部に敲打痕跡を残す棒状ハンマーや多面体有溝砥石（＝「アメーバ状砥石」）と呼称すべき不定形礫の多面に溝状の研磨痕を有する砥石など、貝輪製作に関連した道具類（阿部 2007）が共伴していることであろう。

　縄文時代の貝輪製作に係わる多くが生貝ではなく海岸から死殻の状態で浜に打ち上げられたものを採取し、その後に遺跡へと持ち込んで加工したとの忍澤の指摘は正鵠を得たものと言えよう。ベンケイガイやサトウガイは水深が浅くても 5m、深ければ 20〜30 m の砂泥底に生息する貝類であり、生貝を採取す

図2　余山貝塚の現状（背後の森が下総台地）（筆者撮影）

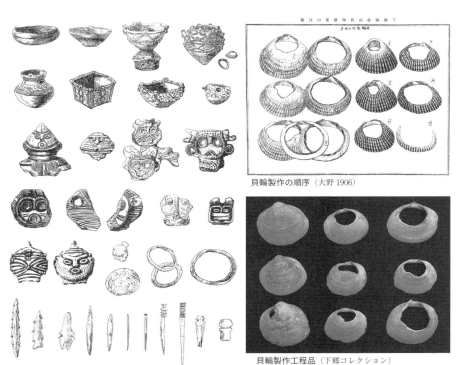

貝輪製作の順序（大野 1906）

貝輪製作工程品（下郷コレクション）

図3　余山貝塚の出土品（江見 1909）

第3節　余山貝塚と貝輪の生産・流通　139

ることは縄文人には不可能であることから、生息域に近接した海浜部へと打ち上げられた死殻を用いるのが一般的であった。忍澤はさらに貝輪生産遺跡とされる愛知県吉胡貝塚、同伊川津貝塚、石川県上山田貝塚、秋田県柏子所貝塚、青森県野口貝塚、函館市石倉貝塚、同戸井貝塚などが素材となるベンケイガイなどの打ち上げ浜に近接していることにも注目している。

　同様な視点から見ればまさに余山貝塚の膨大な貝輪生産を支えたのは、太平洋に半島状に突き出た下総台地の南北にそれぞれに九十九里浜と鹿島灘という暖流域を生息圏とするベンケイガイ・サトウガイの打ち上げ地が近接していたからなのであろう。いや、むしろそのような打ち上げ浜を領域内に持つ集落で、集中的な貝輪生産が推し進められたと考えるべきなのかも知れない。ベンケイガイが北海道渡島半島以南、サトウガイが千葉県、石川県以南の地域に生息していることから、余山貝塚は両者が共存する北限に近い貝輪生産遺跡と捉えることも可能となるであろう[2]。

2.　貝輪生産の社会的背景と流通

　最初に貝輪素材の変遷について概観しておこう。腕輪として機能した貝輪はほかの装身具と同じく前期段階から定形化するものの、その出土事例は極めて少なく後期段階に至ってからの出土数の増加現象が著しい。前期段階に貝輪素材として選択された貝としてはフネガイ科のサトウガイ、アカガイ、サルボウガイが約半数を占め、中期になるとそこにイタボガキが加わってゆく傾向を認めることができる。しかし後期段階になるとイタボガキの利用頻度は著しく減少し、その一方でベンケイガイが圧倒的な数量を誇るようになってゆく現象が極めて顕著に伺われ、また晩期に至ってのオオツタノハの増加も見過ごすことができない。遺跡や遺存状態などいくつかの不確定要素の介在は払拭できないものの、後期段階におけるベンケイガイの急増現象については地域を越えて共通する普遍的現象として指摘することが可能であろう。

　ところで後期段階に至るまでは、先に指摘したように複数種の貝を用いた貝輪製作が行われていたと推測されるが、看過できない点はいずれの貝もその生息域がベンケイガイやサトウガイと同じく水深が5～10m、或いは20mという深い場所にあることで、サルボウガイ、アカニシ、イタボガキ、アカガイな

140　第Ⅱ章　装身具素材の採集・加工

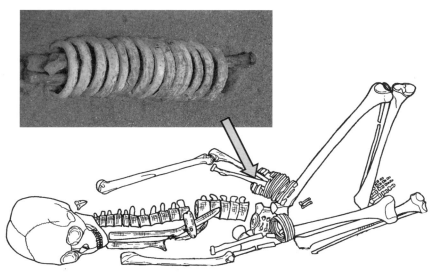

図4　貝輪の多数装着例（福岡県山鹿貝塚2号人骨）

どの貝類もその点で共通している。前期や中期段階でもやはり海岸に打ち上げられた死殻を貝輪素材としていたと考えて間違いなく、潮流や暴風後に浜へ打ち上げられたものを採集して加工するというのが基本的な貝輪製作に際しての貝種選択の行動系であったのだろう。

　後期段階から貝輪製作が本格化している点については上記したとおりであるが、それは列島各地の貝塚出土人骨（茨城県三反田貝塚、岡山県津雲貝塚、福岡県山鹿貝塚など）に貝輪装着事例が増加する現象として顕現化しているところで、広域的にこうした現象が認められることは決して偶然ではなく、列島規模での連動した装身具原理がその背景に在ったと見做すべきであろう。後期の中葉以後にはこのような貝輪装着事例および装着数の増加現象が広域的により一層加速したようであり、相前後して秋田県柏子所貝塚、千葉県余山貝塚、愛知県保美貝塚・吉胡貝塚・伊川津貝塚など列島各地で貝輪生産が本格化している点は看過できない[3]。これらの遺跡に見る打ち上げ死殻の採集適地に近接した集落での貝輪生産は、それ故に列島各地での地域的自給体制に近いものであったと見做すべきであろうか。それは資源分散という基本条件に加え、貝輪製作に関わる技術的難易度が極めて低いことも関係していたと推察される。後期段

階以後に貝輪素材として圧倒的な利用頻度を占めるベンケイガイは、列島のほ
ぼ全域に生息していることから獲得難易度は低かったと判断されることに加え
て、貝輪自体の製作工程は特別な技能を要しない比較的簡単なものであるし、
加工具についても鹿角や礫などの彼らにとって身近な道具で事足りる。恐らく
これら海浜部遺跡で生産された貝輪は、隣接した内陸部地域へと運ばれていく
のが通常の様態であった点は想像に難くなく、とくに貝輪のみが交換されてゆ
くのではなくてほかの物資と共に内陸部へと運ばれていくのが常であったのだ
ろう[4]。

　このような製作場所を離れて貝輪が動く状況を窺い知ることのできる具体的
な資料群も存在する。先に紹介した江見は余山貝塚発掘の際、小型精製注口土
器（安行2式）の内部に数点の貝輪が収められた資料について紹介しているし、
また余山貝塚から利根川を80km程遡った茨城県立木貝塚では、嘗て十数個の
貝輪が束ねられた状態で発見されていたことが柴田常恵によって報じられてい
る（柴田1911）。また著名な船橋市古作貝塚からは2点の蓋つきの壺形土器（堀
之内1式）の内部から、それぞれ19点（ベンケイガイ1点、サルボウ18点）と
32点（サルボウ3点、オオツタノハ9点、ベンケイガイ20点）の貝輪が土器内部
にて水平方向に揃えられた状態で発見されている（八幡1928）。

　一方に余山貝塚のような生産遺跡があって、その周辺地域で古作貝塚を典型
とした運搬に関わる貝輪貯蔵も確認された場合、貝輪製品の流通と捉えること
も可能であるが、阿部芳郎も指摘しているように単純に生産遺跡からの一方的
な動きを想定することは危険であるし、また誤った理解へと陥る可能性もたか
い。阿部は海浜部だけでなく内陸部へと素材貝が持ち込まれ、その地でも貝
輪製作が行われていた事実を印旛沼周辺の遺跡群（八木原貝塚・千代田遺跡・吉
見台遺跡ほか）からの出土資料を例示するなかで明らかにしている。すなわち
「後期中葉以後…余山貝塚の大量生産と流通を認めながら、他方において集落
単位での小規模な貝輪生産がおこなわれていた」（阿部2007）との指摘である。
今後我々は海浜部遺跡や隣接した内陸部地域にあっては、各集落が独自に素材
を入手して穿孔、加工、研磨して製品へと仕上げるという行動系も存在した事
実に目を向けなくてはならないし、出土遺物としての貝輪の存在だけでなく貝
輪内径研磨に不可欠となる多面体砥石によってもその確認・追跡が可能となっ

てこよう。いずれにしても素材貝や未製品状態での広域的な流通こそが貝輪交易の実態であった蓋然性がたかく、そのルートに関しても現状では複数の存在を想定しておくべきであろう。

　貝輪素材として最も普遍的なベンケイガイは、北海道南部から九州まで及ぶ広範な生息域を有していることから、素材獲得が地域的限定を伴ったハードルがたかいという前提条件が存在していたとは考えられない。地域的に分散した貝輪生産遺跡も打ち上げられた死殻の量的多寡を背景にそれぞれ

図5　古作貝塚出土の貝輪の入った1号壺形土器

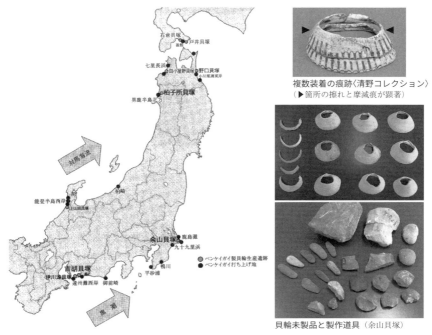

図6　ベンケイガイの打ち上げ浜と貝輪製作遺跡（忍澤2011ほか）

第3節　余山貝塚と貝輪の生産・流通　143

の地域で中核的な製作遺跡として機能していた結果なのであろう。注視しなく
てはならない点として東日本地域で5000点を上回る貝輪出土事例は、中期ま
では少量であるが後期段階で急増している現象にあり、こうした背景には阿部
も指摘するように着装数の増加（阿部2013）深く関わっていたと判断するのが
最も合理的であろう[5]。良く知られている福岡県山鹿貝塚の2号女性人骨では
右腕5点、左腕14点、3号女性人骨では右腕11点、左腕15点のベンケイガ
イ製貝輪が装着される具体的事例を紹介するだけでも十分であろう。関東地
方での後期段階における貝輪製作については、西広貝塚や祇園原貝塚に見られ
るような多様な貝素材および製品を中核的遺跡で集約し、加工・配分などが行
われていたのであろうか。いずれにしてもその後の展開は不明な部分があるも
のの、広範に生息・分布し海浜に打ち上げられた死殻を比較的容易に採集でき
るうえに、硬く十分な大きさを持つベンケイガイと貝輪製作が結びついたこと
で、貝輪が腕輪として装着される場合にはそこに社会的な意味が付与されてい
た点については間違いないであろう。

　余山貝塚はベンケイガイという貝種が貝輪生産と密接な相関関係を成立さ
せ、加えて周辺部の豊富な資源を基に貝輪生産に軸足を移すことによって形成
された遺跡であり、その大きな社会的要因が貝輪の装着の常態化や着装数の増
加現象、すなわち性別や年齢層や通過儀礼などといった集団内での位置や役
割を明示し自覚させるなど、社会的認知が成立したことにあったと考えて良い
だろう。そうした社会的認知の基に装身具としての貝輪装着が常態化すること
で、その大量生産を貝殻打ち上げ場所に近い海浜部の遺跡が担って製品を内陸
部へと供給する、そんな交易形態が想定されるのである。

3.　まとめ

　余山貝塚に見る貝輪生産はあくまで内陸地域への貝輪流通を目的とし、隣接
した集落・集団は基本的に自らが独自に素材貝を入手し加工するケースが多
かったのに違いない。東日本地域の太平洋側・日本海側のいずれかを問わずに
ベンケイガイの打ち上げ浜近くの集落が貝輪製作の中核的な役割を果たした理
由は、貝輪装着に関わる社会的な装身原理の確立とその後期社会での共通認知
が前提条件として成立したものであったと考えられる。後期段階に至ってよう

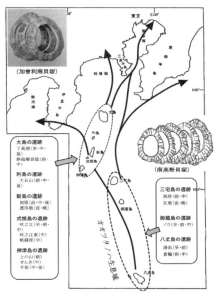
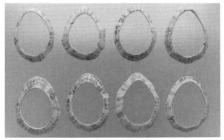

図7 伊豆諸島からのオオツタノハの流通と陸揚げ時の未製品状態

図8 オオツタノハ製貝輪の未製品と製品
（上：茨城県南高野貝塚、下：茨城県冬木A貝塚）
（筆者撮影）

やく明確な出自や年齢層、性別などの基準要旨に従って「貝輪装着制度」とも言うべき明確な社会的取り決めが成立したと捉えて良いのだろう。

　こうした諸点と共に今後に追研すべき重要な研究課題として南海産貝輪素材の問題、前期から後期段階まで5％前後の割合で貝輪素材として通時間的に利用され、晩期段階に至ると全体の20％近くにも及ぶたかい割合を占めるに至ったオオツタノハ獲得に関する問題を忘れてはならない。ベンケイガイやアカニシ、タマキガイなどは北海道南部から九州まで、サトウガイ、サルボウ、イタボガキなども房総半島以南の広域分布（生息）する貝種であり、貝輪製作の為に打ち上げ死殻を採集することは全国的に見て比較的容易であったと推察される。しかし、南海産であるオオツタノハの生息場所は西日本では西南諸島のトカラ列島から種子島、そして東日本地域では忍澤の地道な調査によって明らかとなった伊豆諸島の八丈島、三宅島、御蔵島で生息するのみである。

　貝輪素材としてオオツタノハが早期末から前期段階において用いられていたことは佐賀県東名遺跡、富山県小竹貝塚、そして茨城県興津貝塚などからの出

第3節　余山貝塚と貝輪の生産・流通

図9　オオツタノハとイモガイ製品を模倣した土製品（岩手県長倉Ⅰ遺跡）

土例からも明らかで、しかも各々が日本海側（東シナ海）／太平洋側という地域を隔てて確認されていることも看過できない。それは当該期においてすでに西南諸島や伊豆諸島に生息するオオツタノハを貝輪素材として入手する、列島を広範に結ぶ交換網が成立しつつあったことを彷彿とさせているからであり、逆説的には当該期すでに近くの海岸へと打ち上げられるベンケイガイなどと、遠隔地に生息する稀少財（オオツタノハ）との獲得何度に対する重層的な財認識が形成されていた蓋然性はたかい[6]。その卵形の概形に加え殻頂部から放射状に広がる放射肋と肋間からなる文様、象牙質で紅色の表面はほかの貝輪素材には見出し難い特徴であるが、何よりも重要な点はオオツタノハの生息域が限られてその確保に困難がつきまとう、まさに稀少財としての要件を兼ね備えた素材であったという事実にある。すでに装身具としての貝輪装着の初期段階において同じ形態と機能を持った貝輪でありながらも、オオツタノハ製貝輪はほかのものとは比べものにならない高位の社会的価値が付与されていたに違いないのである。オオツタノハ製の貝輪が生息地を遠く離れて三河地域や仙台湾周辺、そして道南地域にまで至る広範な分布圏形成をしている様相は、同様な稀少財としての社会的扱いを受けたヒスイ製大珠の分布に酷似する。また、そうした獲得難易度が極めてたかいが故に、入手困難な遠隔地域においては往々にして製品を真似た土製品が認められる点も、ほかの希少財の在り方と酷似した考古学的現象として見落とすことができない。

　縄文時代の装身具を代表する貝輪製作遺跡として位置付けられる千葉県の余山貝塚を紹介しつつ、貝輪製作の背景とその広がりの形成要因ほかについて検

討を行った。同時にまた、我々が貝輪として一括りとする装身具にあってもその中に社会的価値の差異が見出される可能性についても指摘した。とくに少数ながらも通時間的に南海産のオオツタノハが貝輪素材として使用され続けている事実に注目し、貝自体の属性に加えて獲得難易度が極めて大きいことを背景として、最高位の貝輪として社会的に認知されていたものと想定した。貝輪研究はヒスイ製大珠と共に縄文時代装身具研究の双璧をなす研究題材でもあり、今後、加工や流通など社会経済学的な視点を交えつつ、この問題への積極的アプローチを期待したい。装身具形態の分類や系統的研究を脱して、その素材獲得や加工技術、交易・交換関係を見据えることで、今後は新たに装身具研究を基礎とした縄文文化の社会的研究への道が開けてくるに違いない。

註

1) 江見や大野によって発掘された資料は、1923年の関東大震災でそのほとんどが失われてしまった。そうしたなかで1909年を中心に余山貝塚を数回にわたって調査した高島の資料が、下郷コレクションとして大阪歴史博物館に収蔵されている。同資料中の骨角器、貝輪の豊富さには目を見張るものがあり、これらの資料群が同遺跡の特徴をよく反映している。

2) しかし、これらの遺跡においても貝輪生産に特化していたのではない点は注視しなくてはならない。余山貝塚にしても、出土遺物からは地域拠点の集落遺跡であることが明らかで、貝輪生産だけでなく鹿骨や鹿角を素材に釣針や銛、ヤスなども多量に製作している。

3) 千葉県市川市の曽谷貝塚D地点には中期末の土坑内貝層から100点近いイタボガキの素材・未製品ほかが発見されているが、類例がないことからもそれが純粋に特定貝種のみを目的にした貝輪生産であったと評価することは困難であろう。何らかの偶然的要因から生活圏内に生息する貝輪素材となる貝種を確保・入手されたと理解されるであろうし、同様な現象は晩期中葉にも見られる（千葉県富津市城山洞穴：タマキガイ製貝輪）ことから散見的に顕在している可能性もある。

4) 内陸部へは貝輪のみならず、各種貝製品や塩なども交換用の物資リストに加えられていたであろう。逆に内陸部からは黒曜石を始めとした石材や打製・磨製石斧、石皿や石棒など各種の石器類が海浜部へと交換されてきたものと考えられる。そうした生活・生産物資の交換関係網の上位に貝や貴石製の装身具交換が存在し、その行為の中にほかの特産物資のやり取りが埋め込まれ

ていた蓋然性がたかい。

5) ベンケイガイを用いた貝輪製作が確認されている遺跡のなかで、青森県田小屋野貝塚は前期から中期、石川県上山田遺跡は中期段階とされているが、その詳細は不明な部分がおおく、その生産が装着数の多量化と関係するものとは現段階では考えられない。今後の装着人骨での様相を突き合わせたうえで検討すべきであろうが、例えば内陸部で多数の人骨出土が確認された長野県北村遺跡（中期末～後期）では、発見された300体のうち全身骨格が判明した105体（女性人骨45体含）のなかに貝輪装着事例が一切存在しない。貝輪装着の風習、貝輪に対する社会的認知が後期段階に発達することを例証する考古学的事例と評価することができようか。

6) こうしたオオツタノハを始め、イモガイやタカラガイ、サメの歯など「南海産」とされる希少財の獲得を主目的に、縄文人が西南諸島や伊豆諸島の三宅島・八丈島などへと出向いていったものと推察している。とくに伊豆諸島への航海は旧石器時代より神津島への黒曜石獲得という行動系の下地があるものの、三宅島や八丈島への本格的な渡航が装身具の盛行する前期以後であることも示唆的であり、とくに黒潮本流を横断することで渡航が可能な八丈島に残された倉輪遺跡は重要である。今後、それらの資源獲得の観点から貝製装身具の研究が推し進められるべきと考えている。

引用・参考文献

阿部芳郎　2007「内陸地域における貝輪生産とその意味―貝輪作りと縄文後期の地域社会―」『考古学集刊』第3号、明治大学考古学研究室

阿部芳郎　2013「子供の貝輪・大人の貝輪―貝輪内周長の計測と着脱実験の成果から―」『考古学集刊』第9号、明治大学考古学研究室

阿部芳郎　2017「余山貝塚の生業活動―骨角貝器の大量生産遺跡の出現背景―」『霞ケ浦の貝塚と社会』雄山閣

江見水蔭　1909『地中の秘密』博文館

柴田常恵　1911「下総国相馬郡立木貝塚の貝輪包蔵状態」『人類学雑誌』27巻第6号

忍澤成視　2011『貝の考古学』同成社

八幡一郎　1928「古作貝塚」『人類学雑誌』43

栗島義明　2010「ヒスイとコハク～翠（みどり）と紅（あか）がおりなす社会関係～」『移動と流通の縄文社会史』雄山閣

栗島義明編　2012『縄文時代のヒスイ大珠を巡る研究』

コラム②

晩期土製耳飾りの製作跡
―群馬県桐生市千網谷戸遺跡―

増田　修

はじめに

　縄文時代土製耳飾りの研究は古く、当初は比較民俗学からの機能面での研究が主であったが、その後は樋口清之による包括的研究によって以後の研究方向が定められたと言っても過言ではないであろう（樋口 1941）。考古学的型式分類を基礎として、土製の耳飾り研究は製作から分布やその社会的機能に関しての研究資料として注目されるに至ったと言っても過言ではない。

　近年では遺跡によって出土量に著しい差異が生じていることも判明しており、地域社会のなかで特定遺跡での集中的な製作作業を想定する説も出てきているが、単に出土量の多さを基準として生産者の存在や遺跡の特殊性を論じるのは時期尚早かと考えている。加えて土製耳飾りは包含層や住居からの出土資料が圧倒的で、その出土状況を評価し得る資料（土器やほかの遺物との共時性の把握）は少なく、より厳密に耳飾りの変遷と組成を捉えることが困難となっている点は否定できない。

　ここでは土製耳飾りの製作遺跡として有名な千網谷戸遺跡を取り上げ、晩期耳飾りの製作遺跡の様相を、製作工程資料などを丹念に紹介することで明らかとしたい。その中で有名な滑車形や優美な漏斗状耳飾りがどのような製作工程を踏まえて完成されたものであったのかを紹介してみたい。

1. 千網谷戸遺跡と耳飾り

　千網谷戸遺跡は関東地方を代表する晩期遺跡として著名である。遺跡は桐生市西北部の渡良瀬川とその支流である山田川に挟まれた左岸低位段丘上に位置しており、岩沢正作により 1939（昭和 14）年に遺跡が紹介されて以後、戦後、故薗田芳雄を中心に 20 回以上にわたる断続的調査が実施されてきている。1977

～1979・1982年には桐生市教育委員会の調査が行われ、縄文晩期の竪穴住居が8軒検出されていることは特筆される。さらにこの時に調査された1号と4号住居から一括性のたかい土器・石器を始めに多量の土製耳飾りなどの資料群が発見され、その後にこれらの資料は重要文化財に指定されることとなった。

　これまでの調査成果を概括すると本遺跡では重複、隣接遺跡を含め、晩期の住居跡が15軒検出されており、いずれの住居跡からも多少の量差こそあれ土製耳飾りが出土している。このうち10軒は晩期前半期（大洞BC以前）に、残る5軒は晩期後半期（大洞C_2古・千網式まで）の住居跡であり、大量の耳飾りを出土した製作に係わる1号と4号の住居跡は後半期に属している。

2. 耳飾り製作の痕跡

　市教育委員会が実施した住居跡の調査の中でも1号住居跡は、分層した土層に従って覆土を篩いにかけ、さらに残ったものを洗浄することで微細遺物の検出作業も行っている。4号住居跡の方では覆土の篩いかけが徹底されておらず、この差が遺物の検出結果に反映されているようである。

　晩期後半期（大洞C_1・C_2古期の2時期）の住居跡である二つの住居跡の調査で確認された成果を列挙すれば、下記の通りである。

　　a）本遺跡晩期の住居跡はこのほとんどが火災住居跡—失火・放火—であり、そのこと自体は決して特異な事例ではない。しかし特筆すべきはこの2基の住居跡火災では、黒曜石の発泡が認められるほどの高温であった事が確認されており、出土遺物の多くがこの際の2次的な加熱を受けていたことである。

　　b）1号下層住居跡からは、「漏斗状透彫大型耳栓—耳飾—」とこれに伴う一群の耳飾り、ほか多くの遺物が出土している。

　　c）焼成された種類の異なる粘土塊、焼成された小形土器の未製品の塊り、さらに粘土を切り取った細片（切子）と、それを掌中で纏めた塊りが出土している。

　　d）切れ端の粘土紐と、切り取り滓の細片では、粘土（素地土）が明確に異なるものがあった。

　　e）本住居跡の炉内灰からは、粘土塊やこの粘土細片は認められていない。

1. 耳飾製作時の切り滓を纏めたもの

3. 耳飾製作時の切り滓

2. 土器と共通する素地の塊

4. 耳飾の素地の塊

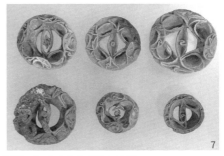

図1　千網谷戸遺跡4号住居跡（桐生市教育委員会提供）
　　1〜4：1号住居跡最下層出土　5：4号住居跡
　　6：4号住居跡出土耳飾り　7：1号住居跡（下層）出土耳飾り

コラム②　晩期土製耳飾りの製作跡　151

以上の事実関係を踏まえて問題となるいくつかの事項について述べてみよう。

(1) 晩期耳飾の概要

　本遺跡出土の後期末・晩期耳飾りついては、以前にⅠ期からⅢ期に分けて述べたことがあるが、このⅡ期段階では大きく前・後に分けて耳飾りを区分した。またこれら耳飾りは、通時間的に精・粗の二つの基本形態から構成されており、晩期の終末期以外はこの精・粗二つの組み合わせをもちながら耳飾りの製作がなされていたものと考えることができる。

　粗製と考えられる一群には円筒形や、滑車形、臼形耳飾りなどがあり、これらにも施文して有文とするものが見られる。粗製円筒のものは晩期終末期（杉田式期）まで存続すると考えている。

　前半期の精製の耳飾りは、環状厚手耳飾から始まり（Ⅰ期）環状薄手耳飾りに変化し、さらにこの環状薄手の上縁に浅い彫りの装飾が生まれる（Ⅱ期前半）。次いで、上縁の彫り出しと環状内の透彫りが組み合わさった環状透彫付小形耳飾りまでが前半（Ⅱ期後半）期として位置づけられる。

　後半期（Ⅲ期）では、透かし彫りや大きさに変化があり、上縁の装飾が大きくなり、この彫り込みの発達したものの中に有名な「漏斗状透彫大型耳栓」が位置づけられる。この環状薄手上縁部の進化型としての漏斗状透彫大形耳飾りは、晩期後半・大洞 C_1 古式から大洞 C_2 古式期の間に在り、耳飾り造形が頂点に達すると共に、以後は耳飾りが終焉を迎える。型式的には大洞 C_2 新、杉田式期（1号住居・上層住居跡）直前と考えられる。この土製耳飾りの終焉は、東日本の縄文文化の終焉を物語る事象である共に、弥生文化の受容期としても捉えられる。

3. 土器製作と耳飾り製作

　土製耳飾り製作とは、土製品である限りこの工程は、土器と、基本的に共通した手順より得られるもので、この視点での若干の検証を行っておこう。

　土製品を含め土器製作には、素地土造り、成形し、焼成の3つの要素からなると考えている。

(1) 素地土の問題

　素地土の問題は基本としてあり成形、焼成のすべてに係わりをもつものであ

152　第Ⅱ章　装身具素材の採集・加工

る。原土（粘土）のからの素地土の調整、そこに土器使用素地土と別に耳飾り
や、土製品を作る上でその目的に特化した素地土造りがあったか、ということ
である。

　粘土の出土例は、土器製作の製作場との係わりを示す発見例として捉えられ
るが、この粘土状態のものを、どのように評価するかは現在の段階では検証の
余地がある。素材のままの粘土塊として出土例が必ずしもこの製作の場でない
ことは明らかである。土器や土製品が遺存し、その形状を認め得るものは、す
べて何らかの焼成を経たものであり、素地土の状態で在るのは、極め稀な例外
であると考えられる。一部で未焼成土器の報告あるがこれは、―住居跡内で
の「乾燥」時の火災により焼成を受けた例外例―素地土や粘土が焼成されな
い限り、それは粘土（素地土）の状態にあるもで、仮に土器が作られ、乾燥さ
れものが放置されれば、土器は、水分を与えれば崩壊し形状を留めず、土中
では、ただの粘土塊か、粘土の薄い層となった状態と考えられる。土器や、土
製品を作る素地土は、焼成しなければ何度でも再利用が可能であり、基本的に
は、粘土の残滓や粘土塊は、残りえないものとしてあり、本例 e）炉跡内で切
り滓や粘土塊が検出されていないことはこの事を物語っている。さらに、本例
における b）・c）は、失火による火災を示すものであり、遺存例として例外と
して捉えらる。

（2）耳飾りの在り方

　土製耳飾りの二つの様態のうちの精製品とするものは「抉り」「切り出す」
ことで製作されており、多くの切り滓を伴い、装飾性のある耳飾りでは、形状
の輪郭をなす塊から5割から8割程の削り滓が生じると考えている。この滓は
その場で再利用されるものとしてあり、住居内からの出土が確認できないこと
からもその再利用の程が伺われよう。

　粗製耳飾りするものは、円筒形、滑車形、臼形など晩期全般をとおして存在
する。この一群の製作に使用された素地は砂質味をもつ土器との胎土差が認め
られない特徴がある。

　耳飾りの使用素地土の差異は、前後二時期からなるようであり、前半期の厚
手環状耳飾りの時期では耳飾りでは、土器との素地土の差異は認められず共通
している。これが耳飾りを前後の時期に分ける要素としてある。

コラム②　晩期土製耳飾りの製作跡　*153*

耳飾りの素地土に変化が認められるのは、後半期とする環状薄手の透かし彫りを持つものからであり、それはⅡ期の後半大洞BC（新）式期を境に現れる肌理の細い素地土を持つ環状薄手透し彫り付耳飾りの出現からである。この時期に素地土となる耳飾りの粘土が別に在ったと考えられる。

（3）耳飾り製作場の問題

　土製品（土器・土製装身具など）を製作、成形した場所についてはどうであろうか。室内と屋外での製作上での環境条件差が土製品に与える影響は、1つに明暗であり、次いで乾湿などの問題がある。千網谷戸遺跡では住居跡内で作られていた根拠となるもの（切り滓や、小形土器の未製品）が出土している。このことは耳飾りのみならず、小形土器の製作が住居内で行われていたことを示している。大型の貯蔵・煮沸土器の製作条件と異なり、耳飾りや、土製品は、掌で作られる大きさのものであり、土器では、大形土器と素地土に差は認められず小形のものはこれに準ずるものである。

　また土製品問題で最も重要な課題は、乾燥と湿度（湿気）の問題である。乾燥した状況は、土器の製作時間に大きく係わる事柄でもあり、土器の大きさや乾燥度合い、文様の背紋工程など製作工程に大きな影響を与えることが考えられる。本稿で問題とする土製品である耳飾りでは、時期や季節を限定する条件は無いと考えられる。

　本遺跡の住居跡で検出された遺物は、耳飾りの製作と小形土器製作、焼成に係わるものもあり、様々な状況的証拠から耳飾りなどの土製品の焼成は屋内炉で十分に可能であったことは間違いないし、千網遺跡でも屋内で製作されたであろうと考えて良いだろう。

4．まとめ

　本遺跡で検出された「漏斗状透彫付大形耳飾り」の分布は，群馬県、栃木県の利根川流域（左岸域）を中心に分布し、埼玉、東京都、新潟県、長野県にも完成品が及んでいる可能性があるが、こうした千網谷戸遺跡を離れた、言わば分布圏外縁部域での出土量は極めて少量であり、大型の完成品が単品として交換されていったとの見解もあるが断言はできない。

　耳飾りの型式としての変遷は、途切れなくあるが、遺跡での状況はこのすべ

てを表現しているとは限らず、さらに、漏斗状透かし彫り付耳飾りに限って見た場合、細かな製作技法や文様を構成する技術要素は共通していると理解して良い。ただし、耳飾りに使用された素地土は、遺跡ごとに個性的な印象があり、製品の形態や文様は似ているが決して同一でない。ただし、「対」を成す少数の耳飾りは、均一的な素地や形態、文様を観察することができる点は注目される。

　筆者が周辺遺跡から出土してる耳飾りを観察した範囲内では、遺跡ごとに素地土に変化がありこの装飾にも差異を認める。このなかに、この製作の特殊性―専業集団―生産地と供給地との関係を証明するものは現在のところ無いといえる。

　実際の耳飾りの製作実験の見地から見れば、「漏斗状透彫付大形耳飾り」においてさえもその製作は、わずかな経験と道具だてによって可能であり、直ちに特殊技術とは判断できないものがあるからである。

引用・参考文献

　岩沢正作　1939「山田郡誌」

　薗田芳雄　1954「千網谷戸」両毛考古学会

　樋口清之　1941「滑車形耳飾考」『考古学評論』4

　増田　修　1977「千網谷戸遺跡発掘調査概報」桐生市文化財調査報告第2集、千
　　網谷戸遺跡調査会

　増田　修・高橋　哲　1978「千網谷戸遺跡発掘調査報告」桐生市文化財調査報第3
　　集、桐生市教育委員会

　設楽博巳　1988『縄文文化の研究9縄文人の精神文化・土製耳飾』雄山閣出版

　増田　修　1990「縄文時代の耳飾り」月刊文化財11・第326号、第一法規出版

　金成南海子・宮尾　享　1996「耳飾利の直径」国学院大学考古学資料館紀要第12輯

　増田　修・宮田忠洋ほか　2004平成15年度調査概要「川内町新屋敷前遺跡」桐生
　　市文化財調査報告第24集、桐生市教育委員会

　増田　修ほか　2007「千網谷戸遺跡発掘60年」岩宿博物館第44回企画展展示図
　　録群馬県みどり市岩宿博物館

コラム③

航海者が残した装身具
― 東京都八丈島倉輪遺跡 ―

栗島 義明

はじめに

　周囲を海に囲まれた日本列島では先史時代から海上交通が盛んで、海峡を隔てた地域間交流ばかりでなく、資源の獲得に赴く、あるいは島嶼部へと永住的な移住を果たすなど、様々な活動が海を介して行われたことが明らかとなりつつある。現在では原産地の理化学的分析が可能な黒曜石などの資源流通の研究が盛んであるが、縄文人たちが装身具素材の獲得を一つの目的として離島域への遠洋航海を継続的に試みていた可能性も浮上しつつある。その代表が八丈島に残る倉輪遺跡である。

　八丈島は伊豆半島の南約200kmの海上に浮かぶ東山と西島二つの火山がつながったヒョウタン形の島であり、西島は中世の活動記録も残る新しい火山であるのに対して、東島は古い火山活動が確認されており、縄文時代に2回（7千年前と4千年前）の大規模な噴火があったことが確認されている。倉輪遺跡と隣接する湯浜遺跡では、こうした東島火山の活動休止期直後から継続的に集落形成がされたことが出土土器から裏付けられて

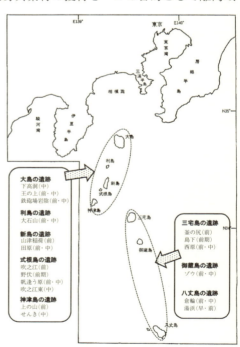

図1　伊豆諸島の縄文遺跡

おり、さらに2つの縄文時代遺跡が共にヒョウタン形の島の西部に位置する湯浜に残された背景として、潮流の関係に加えて生業や火山活動との問題も考慮されている。

1. 倉輪遺跡の発見

　地元高校生による磨製石斧発見を端緒に、1974（昭和49）年に明治大学考古学研究室によって早期末の湯浜遺跡が調査され、住居跡3軒と共に特徴的な厚手無文土器と特異な直刃形の石斧が発見された。今から約6000年以前に黒潮の本流を横切って八丈島へと航海を果たした、最初の縄文人の足跡が明らかとなったのである。遺跡は東山火山の西麓緩斜面上の上を流出した溶岩が覆った台地上に存在し、直ぐ南東側には比高差50～60mを測る海蝕崖が迫っている。眼下に望む湯浜は巨大礫が折り重なるように存在する場所で、通常我々がイメージする内湾の様相とは程遠い景観が作り出されている。この湯浜遺跡の隣接地で1977年、観光施設の基礎工事中に厚く堆積した火山灰やスコリア層下から発見されたのが倉輪遺跡である。

　倉輪遺跡はそれ以後、断続的に7次にわたる発掘調査が実施され住居跡や炉跡などの生活跡のみならず、人骨の残された墓壙までもが発見されたのであった。出土した土器群は前期末の十三菩提式、中期初頭の五領ケ台式を中心に関西系の大歳山式や中部系の踊場式、狢沢式など各地の土器群が混在した特異な様相を示していた。石器群には打製石斧、磨製石斧、石鏃、砥石、磨石、石皿など、本土の集落遺跡と同様な組成を見出すことができる。これに加え狭い調査範囲にもかかわらず、大小形態を違えた12本もの釣り

図2　倉輪遺跡周辺の景観（矢印は湯浜遺跡）

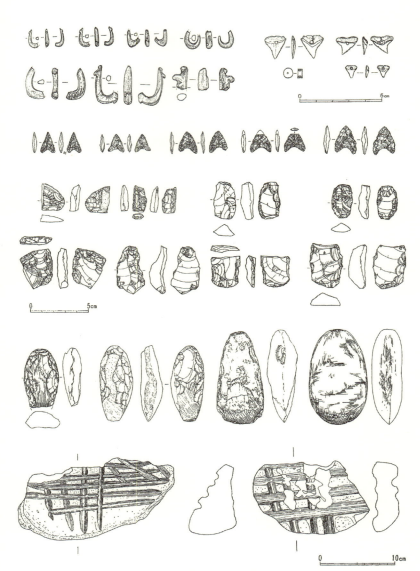

図3　石斧・砥石と釣針・サメ歯装身具ほか（東京都八丈島教育委員会 1987）

針が発見され注目された。これは残された動物遺存体から類推されたように魚類捕獲（サメやハタ、ベラ、カメ類）との関係もあったに違いないし、安定した砥石の組成参入は本遺跡での各種骨角器製作を雄弁に物語っている。また遺跡から出土した動物骨でとくに注目されたものがイノシシとイヌであり、いずれも八丈島には生息していなかったことから、縄文人が計画的に幼獣状態で狩猟対象と狩猟犬を断続的に丸木舟に乗せ運び込んでいたことが指摘されることとなった。

2. 倉輪遺跡の装飾品

　黒潮洗う南海の孤島に残された倉輪遺跡。しかし、そこでの出土遺物は狭い調査範囲にもかかわらず南関東地域の集落遺跡に残されているものと何ら遜色の無い内容のものであり、むしろ前期末から中期初頭の異なる地域・系統に由来した土器群やこの時期では破格の数の釣り針やサメ歯、イノシシ個体が多数確認された。本遺跡が伊豆諸島で最大級の集落遺跡とも形容される所以でもある。そして倉輪遺跡を有名にしたのは、1985年の調査で出土した各種装身具類であったと言えよう。

　この調査では住居跡2軒、竪穴状遺構（住居重複の可能性有）1基、土坑4基、炉跡5基が検出され、3体の人骨も出土している。装身具は2号住居からY字状の頁岩製石製品、蛇紋岩製「の」の字状石製品、そして竪穴状遺構からはケツ状耳飾りと棒状垂飾り、琥珀製勾玉、第2号人骨の左側頭部付近からは棒状垂飾り、それ以外では琥珀製、ヒスイ製の小玉などが発見されている。少数ながらも多種多様の装身具が遺構内から出土し、それらの帰属時期が前期末から中期初頭に限定されることも極めて重要である。

　この中でもとくに「の」の字状石製品は全国的に出土数が20点にも満たない希少遺物で、ほかには埼玉県（馬場小室山遺跡）、神奈川県（原口遺跡）、群馬県（白石大御堂遺跡）、新潟県（南赤坂遺跡）、長野県（松原遺跡、平出遺跡）、石川県（ハバ遺跡）などで出土しているに過ぎない。いずれも単独出土で帰属時期が不明なものが多かったが、倉輪遺跡の事例から前期末〜中期初頭前後の時期に属するものであることが判明した。同石製品の分布は倉輪遺跡で発見された異系統の土器群と関連したものであったと推測される。現在ではこの不思

図4　石製装身具類（左下が「の」の字状石製品）

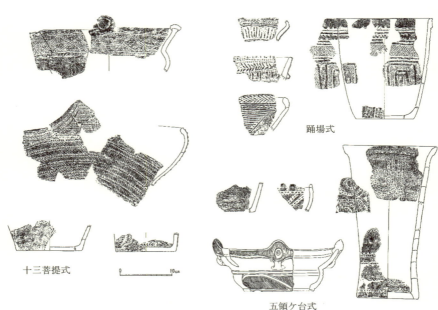

図5　倉輪遺跡出土土器（東京都八丈島教育委員会 1987）

議な形態の装飾品はイモ貝製装身具を模倣したものであると理解されており、とくに円環部分にスリット状に切れ目を入れる特徴はイモガイ殻頂部を利用した装身具に酷似しており、それらが千葉県内で中期人骨の腰飾りとして副葬されている事実（中峠・荒屋敷・有吉北遺跡ほか）も注目される。このイモガイ製品が集落内の有力者によって佩用されていたことが、東京湾岸の貝塚出土例の分析から唱えられている（渡辺　新論文参照）。

　玦状の耳飾りも棒状垂れ飾りも類例品は決して多くはなく、琥珀製の勾玉に至っては希少な資料と言えるであろう。琥珀やヒスイ製品の小玉も含めて、極めて限られた範囲から珍しい装身具類が発見されている事実、とくにそれらの素材となった良質の蛇紋岩や琥珀、ヒスイなどその原産地を考えた場合は複数のルートからの入手を考えなくてはならないし、それが本土から 200 km も離れた南海の孤島の遺跡に残されている事実は看過すべきではない。とくに御蔵島から八丈島へと至る海域は黒潮の本流路が東流していることを考えれば、男性ばかりか女性も、そして土器や石器（黒曜石含）などの生活用具だけでなく、食料となるイノシシの幼獣や狩猟用の犬までも丸木舟に積み込み彼らは黒潮を乗り切っていたことになる。その背景・理由、その社会的意味の追及は今後の大きな課題となろうが、少なくともそうした人々がかなりの確率で上記した希少な装身具を身に着けた人物であった点は注目されてよいだろう。

3. まとめ

　伊豆諸島へと縄文人たちが本格的に進出した時期は倉輪遺跡で確認されたように縄文時代前期から中期段階である。言うまでもなくこの時期は関東中部地域に巨大な定住集落が営まれており、ある意味では前期からの定住化が一段と促進されていたと評価することも可能である。その一方で人々が南海の孤島とも言える八丈島への渡航を断続的に試みている背景として、一体どのようなことが考えられるのであろうか。

　縄文時代前期以後の定住化にともなって集団規模が拡大化へと向かい、人々は自らの血縁を拠り所とした編成を選択してゆく。そうした中で環状集落によって示唆される集団内では、ムラのリーダーが様々な行事や生業活動に際してのイニシアチブを掌握していたと考えられる。統率者としてのリーダーは

コラム③　航海者が残した装身具　*161*

ムラ内では唯一無二の人物で、そうした位階を集落構成員のみならず対外的にも絶えず恒常的に示す標識として、特定の装身具を身に付けることが社会的に認知されていった。それに該当する装身具は中期段階ではヒスイやコハクを素材とした大珠であり、各地域での獲得難易度（＝希少性）を背景にヒスイは関東でコハクは中部地方で、それぞれが最高位の財と位置づけられていたことが明らかとなっている（栗島 2012）。だが、房総半島や東京湾岸地域ではヒスイではなくイモガイ製品などが最も貴重な財と評価されていた可能性がたかい。また、縄文女性が好んだ貝輪については外房総産のベンケイガイではなく、南海産のオオツタノハが最高の品質と認識されていたことが判明している。

　オオツタノハは八丈島では大型個体が多数生息していることが確認されており、中期段階からの同製品が広く本州地域での出土が報告されている状況を考慮すれば、縄文人が様々な機会を通じて稀少財である南海産の装飾品素材（オオツタノハ、イモガイ、タカラガイ、サメ歯など）の獲得を大きな目的として渡航していたと考えるべきであろう（栗島・別所 2019）。こうした理解は出土土器群の胎土分析からも支持され、それらが島外からの搬入品であることが明らかとなっており、複数地域の人々が同じ目的の基に黒潮を横断し、ここ倉輪遺跡へと渡ってきたことが示唆されている（河西 2011）。美しい緑色蛇紋岩製のケツ状耳飾りや垂れ飾り、「の」の字状製品、琥珀やヒスイ製の勾玉・小玉など、多様な装身具はそうした人々の来歴をも示唆しているのであろう。

引用・参考文献
　東京都教育委員会　1986『八丈島 倉輪遺跡』東京都埋蔵文化財調査報告 第 13 集
　東京都八丈島教育委員会　1987『東京都八丈町 倉輪遺跡』
　忍澤成視　2011『貝の考古学』同成社
　河西　学　2011「伊豆諸島出土縄文土器の岩石学的手法による胎土分析」『環境と人類』第 5 冊
　栗島義明編　2012『縄文時代のヒスイ大珠を巡る研究』
　栗島義明・別所鮎実　2019「島嶼部へと渡った縄文人」『シンポジウム 海峡をつなぐ資源と道具』明治大学
　前山清明　2004「「の」の字状石製品」『季刊 考古学』第 89 号

第III章

各種装身具の流通と着装方法

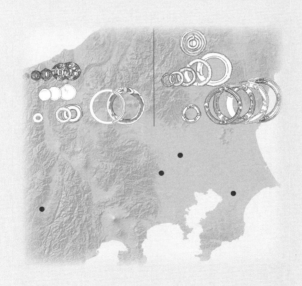

第 *1* 節

後晩期の土製耳飾り

吉 岡 卓 真

はじめに

　縄文時代後晩期に多量出土する装身具の一つに土製耳飾りがある。とくに関東地方から中部地方にかけては、一遺跡からの出土点数が数百点、時には千点を超える場合もある。

　さて、土製耳飾りは土製というその材質ゆえに、おもに貝塚や低湿地遺跡から出土する骨角貝製品や木製品、あるいはヒスイといった特定産地に限定される石製装身具類に比べて、遺跡の性質や地理的環境に関係なく同じ条件のもと、遺跡間の出土数量の比較検討を広域的に行うことが出来る。さらに土製であることからほかの装身具と比べ、形態や文様装飾の変化が生じやすく、型式学的な研究対象としても優れており、文様装飾などに反映された製作情報の分布・変容などを把握しやすいという利点がある。

　土製耳飾りを耳朶に着装する上での特徴として、小さいものから大きいものへという不可逆の着装が原則となる。そのため貝輪と並んで着装者の成長に合わせて変更されたであろうサイズの大形化といった、着装習俗の成り立ちについて考古学的に迫れる魅力的な装身具の一つである。さらに一人の人間が装着可能な数は、同時に複数の着装が可能である貝輪や垂飾品などに比べて、最大2点まででそれ以上の装着はできない。それゆえ、遺跡に遺された耳飾りの数量の違いは、各遺跡での耳飾り着装者の多寡をある程度反映したものと見なすことができる[1]。

　本論では、まず時期別の様相を概観した上で、地域ごとの保有数や形態装飾の特徴、その構成比率を見ていくことで、耳飾りが各地域単位で製作され、そ

れぞれの着装習俗に則り使用された装身具であることを指摘していきたい。

1. 現状と課題

　土製耳飾りに関する研究は、形態や文様装飾を類型化する分類研究から始まり、遺構出土事例を踏まえた編年研究や、サイズと文様装飾の関係に着目した使用方法の検討など、これまで多方面にわたる様々な研究が行われてきた（樋口 1941、設楽 1983）。その中で、耳飾り保有遺跡の分布状況を調べた吉田泰幸の研究によると、関東・中部地方に分布が集中すること、さらに数百点を超える多量保有遺跡が点在あるいは集中する様相や、近接した遺跡間で耳飾りの保有数に差異が見られることなどが明らかにされた（吉田 2003、図 1）。

　こうした地域間や遺跡間で保有数の違いが生じる要因について考察を深めていくことは、耳飾り着装習俗の成り立ちを明らかにするにあたり、大変興味深い問題である。しかしながらこれまでの分布状況を取り上げた研究の多くが、

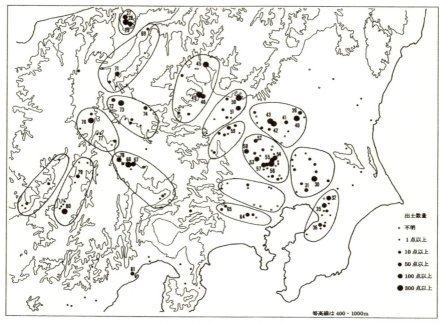

図1　関東・中部地方の土製耳飾り出土遺跡分布図（吉田 2003）

後期前葉から晩期中葉までの耳飾りを一括して扱ったものであり、時間軸の設定に課題を残す。その要因として、当該期の土製耳飾りの形態・文様装飾の変遷に関して、未解明な部分を多く残す研究の現状があげられる。

そのためにまずは土製耳飾りの変遷の概要を明らかにし、遺跡内での時期別の保有傾向を理解したうえで、多量保有遺跡の成り立ちや地域間での分布の遍在性が意味することを議論していくことが重要となる。

（1）時期別の様相

後期前葉から中葉　関東地方の後晩期において、土製耳飾りの出現が広く確認できるようになるのは、後期前葉堀之内1式期以降である[2]。この時期のものは装飾がなく、無文を基本とする（図2-1〜7）。形態は両面が浅く凹み、中心に穿孔を伴うものが多く、サイズは1〜2cm前後の小形でまとまる。堀之内式期を主体とする遺跡を中心に概観すると、千葉県酒々井町伊篠白幡遺跡では20軒検出された集落内の包含層中から1点、同県市原市武士遺跡では207軒中わずか3軒からの出土であり、一遺跡から発見される数は、1点ないし数点見られる程度で極めて少ない。むしろ耳飾りを伴わない遺跡の方が多い状況にある。

続く後期中葉加曽利B1〜2式期のものも堀之内式期に続いて1〜2cm大の小形無文を基本とする（8〜14）。ただし形態は堀之内式期に比べて、やや扁平になり、魚の脊椎骨に似たものが多い。千葉県君津市三直貝塚からは加曽利B式期とされたSX-038の人骨頭部の耳の位置から二個一対で出土した（8・9）。両者は浅く窪む中央部にわずかな膨らみを持ち、片方は中心部に浅い押捺が見られる。同様の特徴は、さいたま市南方遺跡第3次調査の6号住居跡のものにも見られ、対で着装するにあたり装飾を若干変化させていた可能性がある（10・11）。また東京都西ヶ原貝塚からも人骨頭部付近から加曽利B2式の鉢形土器とともに、中心部に膨らみを持つものが1点出土している（12）。

近年、さいたま市大木戸遺跡にて、堀之内2式〜加曽利B1式期を主体とする低地部から計6点の赤漆塗りの木製耳飾りが出土した（15〜20、図3）。一つは直径に対して、側面部の高さがあり、時期差を考慮する必要もあるが、後期前葉から中葉にかけて、木製のものを着装していたことが確実となった。

そして加曽利B3〜曽谷式期も無文を基本とし、前時期に引き続き、魚の脊

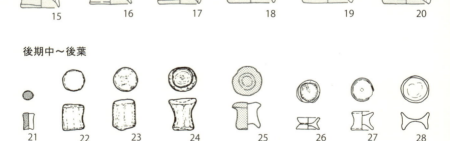

図2　後期前葉から中葉の土製耳飾り (S=1/2)

(千葉県) 1：伊篠白幡　2：武士 096住　3：加曽利北　8・9：三直 SX-038　13：誉田高田 1号人骨
　　　　21：西広Ⅱ 53・54住　28：馬場第5地点 20住
(茨城県) 25：上高津A Ⅵ 1層　26：片岡Ⅱ 14住
(埼玉県) 5：駒形南1次　6：修理山　7：神明 32土　10・11：南方3次 6住　14：下宿3次 6土
　　　　15～20：大木戸Ⅲ　27：長竹Ⅱ 48住
(東京都) 12：西ヶ原 6号人骨　22～24：吉祥山 2住
(神奈川県) 4：下北原 1号敷石

168　第Ⅲ章　各種装身具の流通と着装方法

椎骨に似たものも見られるが（26〜28）、新たに側面が長く筒形を呈するものも見られ（21〜25）、両者が併存していたものと思われる。

以上、後期前葉〜後葉の時期は各時期で若干の形態変化が見られるが、基本は無文の小形品を主体としており、遺跡からの出土も少ないことから、頻繁なサイズ変更は行わず、集落内での着装者も限定されていたものと思われる。

図3　大木戸遺跡出土木製耳飾り
（埼玉県教育委員会所蔵）

後期後葉　後期中葉の時期までは、無文の小形品が主体であるが、後期後葉安行1式期になると、有文のものが登場し定着する（図4-1〜3）。また、サイズも多様化し、1cm前後の小形のものから、7cmを超える大形のものまで認められる。

そして、前時期まで遺跡からの出土点数が数点規模だったものが、1軒の住居跡から複数見つかるなど、出土量の増加が各地で確認できる。

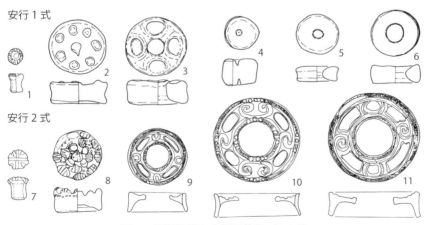

図4　後期後葉の土製耳飾り（S=1/3）

（千葉県）9〜11：馬場第5地点 2住　　（茨城県）1：上境旭台3 17B住　7：上境旭台3 280土
（埼玉県）2〜6：原ヶ谷戸 4住　8：原ヶ谷戸B区

第1節　後晩期の土製耳飾り

埼玉県深谷市原ヶ谷戸遺跡の高井東式と安行1式を伴う4号住居跡からは、有文品と無文品の5点が出土しており、多彩な形態・装飾が見られる（2〜6）。そして小形品には、加曽利B3式期以降、縦長に変化した無文品や、周囲にキザミを伴う有文品が見られる（1）。

続く安行2式期も同様に縦長の有文小形品に加え（7）、大形サイズで輪形のものを伴う（9〜11）。なお、当該期の有文品は瘤のみの貼り付けから、瘤にキザミを伴うようになるなど、一部、安行1〜2式に見られる土器の文様装飾の変化と連動した様相が認められる（2・8）。また、有文のものに関しては、文様装飾とサイズに相関関係が見られ、各サイズに応じて特定の形態・文様を着装する規制のようなものが確立していたことが想定される（吉岡2010）。

晩期前葉から中葉　晩期前葉から中葉、安行3a〜b式期になると、形態・文様装飾はさらに多様化する（図5-1〜23）。とくに着装部の径が1〜2cm大を中心とする小形品において華美なものが登場する（8〜23、図6左）。形状は、外縁部に4個の吸盤状ないし「ノ」の字状の瘤を配置し、その間を三叉状の沈刻で装飾する。そして内側の透かし部にはレンズ状や棘状の装飾を施し、細かなキザミを全面に充填する。その分布は大宮台地を中心とした関東平野やその外縁部の遺跡を主体とし、一遺跡から複数点出土する。さらに中部地方でも装飾に若干差異があるものも見られるが出土しており、広域的な分布が確認されている（吉田2004）。

またこれとよく似たものとして、群馬県桐生市千網谷戸遺跡に代表される大形品が存在する（24・26・27）。側面形状は、小形品の前者に比べて、着装部から文様装飾部に向かって開く形状で、着装部のサイズも4cm以上のものを主体とする。装飾は外縁部に4ヶ所の基点を設け、その間を沈刻などにより装飾する点では同じだが、キザミを多用しない。その分布は関東平野の外縁部にあたる群馬県や栃木県南部で多く見られる。大宮台地での出土も北部で一遺跡から複数点出土する一方で、南部では1点程度の出土にとどまるなど、小形品とは分布や出土傾向が若干異なる。また色調も、前者の小形品が黒く焼き上げた後に赤彩を施すのに対して、後者が緻密な胎土を用いた白い焼き上がりのものに赤彩を施す（図6右）。そして出土する時期も安行3b〜3c式期を主体としており、やや後出の様相を示す。

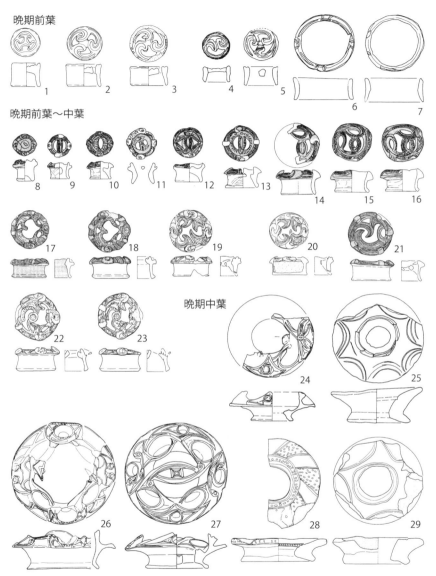

図5　晩期前葉から中葉の土製耳飾り（S=1/3）

（千葉県）　4～7：馬場第5地点 6住　　（東京都）27：下布田 6地点

（埼玉県）　1～3：長竹Ⅱ 40住　8～16：後谷ⅠB区 H18Ⅲf対応4層　17～23：長竹Ⅲ 105住
　　　　　24・25：宮岡氷川神社前3次 2住　26：長竹Ⅰ 11住　28：後谷ⅠB区 117　29：後谷ⅠB区 116

第1節　後晩期の土製耳飾り　171

1 後谷

2 下布田

図6　有文小形品と大形品
(左：桶川市教育委員会所蔵、右：江戸東京たてもの園所蔵、
Image：東京都歴史文化財団アーカイブ)

またこれらとほぼ同時期である晩期中葉安行3c式期を中心に、厚手で大形のものが登場する（25・28・29）。これらは文様装飾部分に最大径があり、着装部の径はそれよりも小さくなることを特徴とし、千網谷戸遺跡出土のものと側面形状が類似する。文様は沈線で弧線などを描き、内部にこの時期の土器の特徴でもある刺突を充填するものもある（28）。埼玉県北本市の宮岡氷川神社前遺跡第3次調査の2号住居跡からは、弧線で文様を描く在地のものと、千網谷戸遺跡類似のものがセットで出土している（24・25）。

そして土製耳飾りは安行3c式以降、3d式期まで続くものと予測されるが、関東地方では後期前葉以降継続してきた集落遺跡が晩期中葉に終焉をむかえるのと呼応するように、耳飾りそのものも見られなくなる。

(2) 遺跡間の土製耳飾り保有数

縄文時代の後期後葉以降、土製耳飾りは有文化やサイズの多様化に伴い、多量生産・消費される様相が関東地方を中心に山梨、長野、新潟を含めた広範囲で確認できるが、その保有数には地域差が見られる。なお、一遺跡からの出土点数を比較検討する場合、調査面積が影響するため、ここでは千㎡以上の大規模な調査を行った遺跡を中心に、耳飾り保有数の分布を概観する（図7）。

まず関東平野の中程に位置する大宮台地では、一遺跡200点を超える遺跡が多数存在する一方で、その周辺の下総・常総・相模野の各台地では100点未満の遺跡が多く、多量出土地域とそうでない地域が明瞭に分かれる。

また、関東平野の外縁部にあたる栃木県の南部や群馬県域、さらに中部地方の山梨、長野、新潟の各県には400点を超える遺跡が多く点在する傾向が認められ、中には1,000点を超える遺跡も見られる[3]。

土製耳飾りの多量化という現象は後期後葉以降、広域に連動した現象として認められるが、地域により耳飾りの保有数に明瞭な違いがあることから、地域

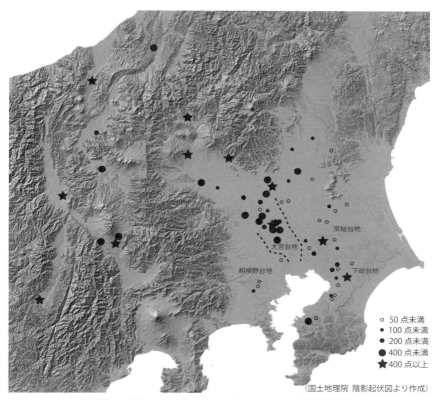

図 7　関東・中部地方の土製耳飾り出土遺跡分布図

ごとに集落内での着装者の割合や着装頻度などが異なっていた可能性がある。

　なお関東の西部から中部地方に多く点在する 400 点を超える多量出土遺跡が、全体的な耳飾り保有数の少ない下総台地にも点在している点は興味深い。この下総台地に見られる多量保有遺跡の位置は、保有数の高い大宮台地に地理的に最も近接して所在しているわけではなく、しかも周辺にも同規模の遺跡が分布しているにも関わらず、突出した出土量を示すことを特徴とする[4]。下総台地にこうした多量保有遺跡が点在する理由の一つとして、これらの遺跡が、下総台地の中での土製耳飾りの製作情報の拡散や集積に積極的に関わっていたことが予測される。

　その一方で大宮台地では、出土点数が 200 点を超え、なおかつ集落規模も同

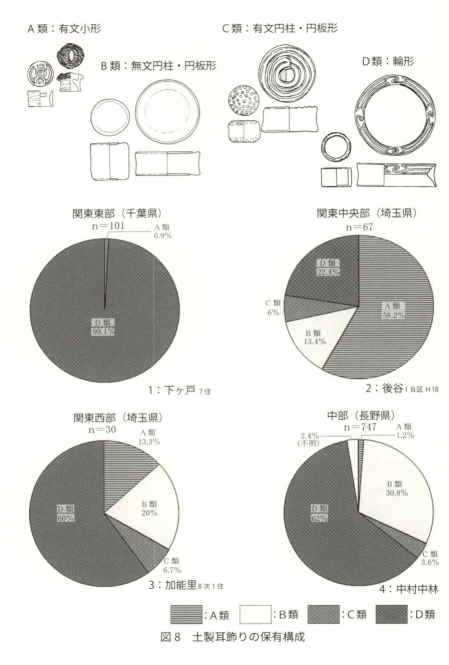

図8　土製耳飾りの保有構成

規模な多量保有遺跡が多数分布する様相が看取され、中部地方や下総台地のように著しく突出した保有遺跡の存在が目立たないことを特徴とする。

このように地域ごとに多量保有遺跡の分布状況が異なる背景には、土製耳飾りの形態や文様装飾などの製作情報を共有するにあたり、大宮台地と下総台地では遺跡間での土製耳飾りの製作情報の伝達・集積・共有化の仕組みが異なっていたことが予測される。

（3） 地域間の保有構成

遺跡内の保有数が地域間で異なることを論じたが、次に晩期前葉から中葉の時期、安行3a～3c式期を主体とする出土事例を中心に土製耳飾りの形態・文様装飾の構成比率を地域間で比較していくことにする（図8）。結論から言えばそれぞれの地域で主体を占める土製耳飾りの形態・文様装飾の構成比率には差異があり、着装習俗の地域性はより明瞭なものとなる。

まず関東地方の東部、もともと一遺跡からの出土数が少ない下総台地の中で、突出した出土点数を誇る千葉県我孫子市下ヶ戸貝塚の7号住居跡の組成は、輪形のものではほぼ99％を占め、ほかの形態をほとんど含まない構成となる。同様の傾向は、房総半島の中ほどに位置し、周囲の遺跡に比べて多くの保有数を誇る同県君津市三直貝塚の後期後葉から晩期前葉を主体とするSI-004B住居跡でも認められる。

そして全体的に保有数の高い関東平野の中央部、大宮台地に所在する埼玉県桶川市後谷遺跡のIB区H18グリッドと呼ばれる台地上の居住域に隣接した谷部にある晩期前葉から中葉を主体とする10m四方のグリッドから出土した耳飾りの構成は、透かし彫りなどを伴う有文小形品が約6割を占め、それに輪形のものが約2割加わるという下総台地とはまったく異なる様相を示す。なお有文小形品が主体を占めるという同様の傾向は、大宮台地南部に位置するさいたま市東北原遺跡第6次調査の2号住居跡や、北部の加須市長竹遺跡の105号住居跡でも認められる。

そして中部地方に所在する長野県飯田市中村中林遺跡では、遺跡全体の傾向になるが、輪形が6割を占め、次に円柱・円板形の無文品が約3割とこの両者で9割以上を占める構成になる。また同県富士見町大花遺跡で検出した2軒の住居跡出土資料の観察からも同様の傾向がうかがわれる。

ちなみに関東平野の西側外縁部、丘陵地帯に接する埼玉県飯能市加能里遺跡の第8次調査1号住居跡の土製耳飾りの構成は、輪形が6割で、円柱・円板形の無文品が2割とこの両者で8割を占め、中部地方の中村中林遺跡と似た傾向を示しつつ、透かし彫りなどを伴う有文小形品がやや高い比率を示し、大宮台地の影響も垣間見え、両地域の中間的な様相がうかがえる。

　このように晩期前葉から中葉の各地域の耳飾りの形態や文様装飾の構成比率を観察すると、各地域で利用される耳飾りの構成比率には地域差が見られることから、地域ごとに土製耳飾りは製作され、使用されていたものと思われる。とくに大宮台地ではA類とした有文小形品の割合が高い一方で、隣接した下総台地ではほぼD類とした輪形のみの構成であり、隣接地域間でも保有構成の違いが大きく、各地域単位で独自の着装習俗が確立していたことが予測される。

　なお当該期の関東地方では、大宮台地と下総台地で異なる土器型式が分布しており、同じく土製である耳飾りの形態・文様装飾の構成が両地域で異なっている点は、土製耳飾りの製作者や情報共有化の仕組みを考えた場合、興味深い。

　また下総台地では輪形主体の単純な構成に対して、大宮台地以西では、輪形以外の形態・装飾を組み合わせた、より重層的な構成となることから、こうした組み合わせの差異が保有数の差異を生み出す背景の一つに挙げられよう。

2．土製耳飾りのサイズ構成と形態・文様装飾との関係

　土製耳飾りのサイズと形態・文様装飾に相関関係が見られることは、これまでにも多く指摘されてきたところである（渡辺1973）。そのため土製耳飾りの形態・文様装飾とサイズの関係を考慮した検討を行うことで、小形品から大形品へのサイズ変更に伴い、各地域でどのような形態装飾が採用されていたのかを知ることができる。それは着装者の成長に合わせて付け替えを行う、土製耳飾りの着装習俗について、各地域の特徴を明らかにすることになる（図9）。

　まず指摘できることは、基本的にどの地域も、全体に占める比率は異なるものの、D類とした輪形のものが小形から大形のものまで幅広いサイズ構成で一定量存在している点である。このことは、着装の初期段階からより大形サイ

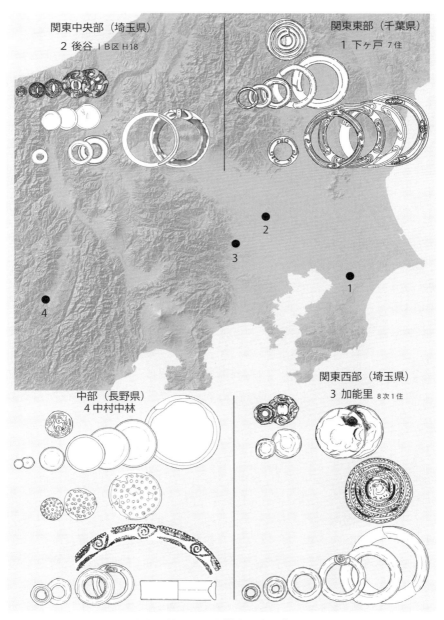

図9　土製耳飾りの保有構成の成り立ち (S=1/4)

第1節　後晩期の土製耳飾り　177

ズへの付け替えにあたり、輪形を基本に着装変更が行われていたことが想定される。そのため各地域の特徴は輪形以外の形態・文様装飾の耳飾りが輪形の一群とどのような関係にあるのかを明らかにすることで浮かび上がる。

まず下総台地の下ヶ戸貝塚7号住居跡では、輪形のもので99％以上を占め、サイズも2cm大から7cm大までと幅広く保有していることから、基本的に小形品から大形品にいたるまで、輪形を中心とした着装が行われていたことを特徴とする。なお同じサイズの中に有文品と無文品が一定量見られることから、着装の場面などで、両者を使い分けていた可能性も考えられる。

一方の大宮台地の後谷遺跡では、小形品は輪形ではなく透かし彫りなどを伴う有文品を主体とし、それに無文で小形の円柱・円板形のものが加わる。したがって小形サイズを着装する段階には、下総台地よりも多彩な着装が行われていたことを特徴とする。

そして関東西部の加能里遺跡や中部地方の中村中林遺跡では、大宮台地で小形品を主体としていた円柱・円板形の無文品に、より大形サイズのものが加わり、多彩なサイズ構成が見られる。なおそのサイズ構成は、1cm大から8cm大までと、輪形のサイズと重複していることから、これらの地域では両者を併用し、着装の場面などで両者を使い分けていた可能性がある。

このように、各ライフイベントに応じて付け替えが行われたであろう土製耳飾りの着装は、地域ごとにそれぞれの規制のもと着装されていた可能性が高い。

3. まとめ

縄文時代後晩期の土製耳飾りは、関東地方を中心に後期前葉以降出土が確認され、その後、晩期中葉まで継続して出土する。しかし出土点数の増加や、サイズの多様化などの諸属性は後期後葉以降確認できることから、着装することの意味や土製耳飾りの役割などは時間経過と共に変化していたものと思われる。

まず後期前葉～中葉の時期の耳飾りは、無文の小形品を主体としており、遺跡からの出土点数も1点ないし数点の場合が多く、遺跡内での着装者は限定されていた可能性が高い。つまり、この時期の耳飾りは、着装すること自体に意味があり、着装の有無により、集落構成員の中での差異化を図ることを目的と

した装身具であったといえる。

　それが後期後葉の時期には、文様装飾を伴う有文品が登場するとともに、サイズも多様化する傾向が認められ、一遺跡からの出土点数も増加する。なお、この時期の土製耳飾りのサイズと文様装飾には相関関係が見られ、サイズごとに、特定の形態・文様装飾が施される関係が見いだせる。つまり、当該期になると、着装の有無だけでなく、小さいものから大きいものへとライフステージに合わせて、特定の形態・文様装飾の耳飾りを付け替えることにより、自身の出自やライフステージなどの情報を他者に視覚的に表示するための、表示装置としての役割が付加された装身具に変化していた可能性が高い。そして出土点数の増加は、集落内での着装者の拡大を意味していよう。

　さらに、土製耳飾りの形態・文様装飾が最も発達する晩期前葉〜中葉の時期には、出土点数がどの地域でも増加する。また、当該期の各地域の出土事例を検討した結果、主体となる形態・文様装飾やその組み合わせが地域ごとに異なることから、小形品から大形品へとサイズ変更を行うにあたり、各地域でそれぞれ決められた形態・文様装飾を自身のライフステージに合わせて着装する着装習俗が確立していたものと思われる。

　このように、一見土製であるがゆえに、自由な選択に基づき、多様な形態・文様装飾を生み出すことが可能であるはずの土製耳飾りは、地域ごとにある一定の制約の基に製作・使用された装身具あり、現代の我々が身に着ける耳飾りよりも、表示装置としての役割を重視したものであったと評価できよう。

註
1)　ただし、土製耳飾りのサイズは大小のバラエティーがあるので、成長とともに複数回の着装が想定される。また輪形のものは薄手であるため、複数に破損して出土する傾向にある。そのため実際の着装者の数は、土製耳飾りの出土数よりも少なかったはずである。
2)　後期初頭の時期には、栃木県小山市寺野東遺跡で、称名寺Ⅰ式期を主体とする 174 号土坑から、表裏面に刺突を施すものが出土している。関東南部では、現段階で類例を確認しておらず、分布は限定的なものと考えている。
3)　最多は長野県松本市のエリ穴遺跡の 2,534 点で、つづいて新潟県中郷村籠峰遺跡の 1,089 点、栃木県栃木市藤岡神社遺跡の 1,057 点などがある。

4) 房総半島の南部に位置する千葉県君津市三直貝塚では200点を超える一方で、近隣に所在する袖ケ浦市上宮田台遺跡ではわずか13点、市原市祇園原貝塚58点、同市西広貝塚39点など、いずれも調査面積が1万㎡以上であるにも関わらず、多量保有遺跡との出土点数の差は大きい。

引用・参考文献

我孫子市教育委員会　2017『下ヶ戸貝塚Ⅳ』我孫子市埋蔵文化財報告、第55集

飯田市教育委員会　2011『中村中平遺跡　遺物編』

江戸東京たてもの園　2015『下布田遺跡　武蔵野の歴史と考古学』

桶川市教育委員会　2007『後谷遺跡　第4次発掘調査報告書　第3分冊』

桶川市教育委員会　2012『後谷遺跡　縄文のタイムカプセル』　重要文化財「埼玉県後谷遺跡出土品」図録

埼玉県埋蔵文化財調査事業団　2018『大木戸遺跡Ⅲ』　埼玉県埋蔵文化財調査事業団報告書、第444集

設楽博己　1983「土製耳飾」『縄文文化の研究』9、雄山閣

飯能市教育委員会　1989『飯能の遺跡（8）』飯能市内遺跡群発掘調査報告書6

樋口清之　1941「滑車形耳飾考」『考古学評論』第4集、東京考古学会

吉岡卓真　2010「関東地方における縄文時代後期後葉土製耳飾りの研究」『千葉縄文研究』4

吉岡卓真　2014「土製耳飾りのサイズと着装」『縄文の資源利用と社会』季刊考古学・別冊21

吉田泰幸　2003「縄文時代における土製栓状耳飾の研究」『名古屋大学博物館報告』第19号

吉田泰幸　2004「土製栓状耳飾の地理的分布と通婚圏」『長野県考古学会誌』105

吉田泰幸　2008「土製耳飾の装身原理」『縄文時代の考古学』10、同成社

渡辺　誠　1973「装身具の変遷」『古代史発掘』2、講談社

コラム①
東三洞貝塚
トンサンドン
―貝輪の生産と流通―

河　仁秀

はじめに

韓国の釜山に位置する東三洞貝塚は韓半島新石器文化（櫛文土器文化）を代表する遺跡であるばかりでなく、南海岸地域の貝塚文化を象徴する遺跡として広く知られている。1929（昭和4）年に日本人の研究者及川民次郎が最初に発掘調査を実施して以来、2015（平成27）年までに国立中央博物館、釜山博物館など複数の研究機関によって10数回に及ぶ発掘調査が実施されてきた。

図1　東三洞貝塚全景

これらの発掘調査の結果、東三洞貝塚は紀元前6,000年頃から紀元前2,000年程前までの長期間にわたって形成され、貝層だけではなく甕棺墓、住居址などを含む大規模な複合遺跡である事が明らかとなった（河仁2009）。東三洞貝塚は堆積した土層層位とそこに包含された遺物によって大きく早期から末期までⅠ～Ⅴ文化層に区分されるが、これは日本の九州地域における縄文早期後葉から後期にかけての時期に時間的にほぼ併行すると考えて良いものである。加えて東三洞貝塚の各文化層からは多様な型式的特徴を持つ櫛文土器と石器・骨角器・貝器・装身具・儀礼具をはじめとして、九州産黒曜石や縄文土器など多数の日本列島に由来する遺物も出土している。

ここではとくに東三洞貝塚浄化地域発掘調査（釜山博物館2007）から出土した1,500余点に及ぶ膨大な量の貝輪（韓国では貝釧と呼称）を取り上げて、新たに東三洞貝塚文化についての内容・評価を追及する契機としたい。

181

1. 貝輪の素材

　韓半島の新石器時代における貝輪出土遺跡は現在 36 ヶ所に達しており、その分布は貝輪の主要な素材となるベンケイガイが生息している南海岸地域に密集していることが判明している。素材の貝が棲息していない西海岸と内陸地域に位置する遺跡からも貝輪が出土しているが、これらはその大部分が南海岸地域から運ばれた流通品と推定して間違いないであろう。

　東・南海岸地域の拠点遺跡でもある東三洞貝塚から出土した貝輪は櫛文土器片に次ぐ出土量を誇り、今日まで発掘により出土した貝輪の総数はおよそ 1,900 点にも及んでいる。さらに発掘範囲が貝塚全体の面積に比べて極めて狭く、遺跡全体の一部に過ぎないという点を考慮するならば、ここ東三洞貝塚全体での貝輪保有数は数千点に及ぶと推定できるであろう。東三洞貝塚のように貝輪が大量に出土する遺跡は、日本の縄文時代晩期遺跡（秋田県柏子所貝塚、千葉県余山貝塚）の中にも存在することが知られている。

　東三洞貝塚の貝輪素材はタマキガイ科に属するベンケイガイとタマキガイが主体であり、ごく希にアカガイ、ハイガイなども用いられている。ベンケイガイとタマキガイは早期から末（晩）期の文化層に至るまで継続的に出土しており、アカガイとハイガイは各文化層中に 1～2 点程度という極めて少数の資料が出土しているに過ぎない。東三洞貝塚から出土した膨大な量のベンケイガイは礫浜の海岸が発達している影島地域では獲得することが出来ないことから、現代でも採集可能な釜山廣安里の海辺で獲得していたと考えている。

2. 貝輪の加工

　東三洞貝塚から出土した貝輪はおもにその加工状態により完成品、未成品、破損品に分類されている。このうち完成品は製品の質と輪部外面・内・外縁の研磨状況などの完成度により、精製品と粗製品に分類できるであろう。精製品は輪部の外面と内・外縁を丁寧に磨研しており、粗製品には輪部外面や内・外縁を一部だけ研磨したものや、内縁の打ち欠きによる凹凸面を整形しないままのものが含まれている。

　粗製品の中には輪外面と外縁を丁寧に研磨している一方で、輪内縁の敲打痕

の凹凸の面をそのまま残している資料があることから粗製品を未整形品と見なす事も可能であるが、全羅南道の安島貝塚3号墓と山登貝塚の貝輪装着人骨では手首のあたりに内縁を研磨していない貝輪が着装されていた事例などを考慮すると、これらを完成品と見なすことも可能となる。貝輪の輪内縁の磨研の状態につ

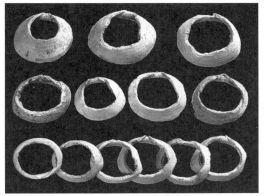

図2　東三洞貝塚の出土貝輪

いて木村幾多郎は日本の北部九州の貝塚出土の貝輪の観察に基づいて、生前の着用品（精製品）と埋葬時の着用品（粗製品）とが異なっており、形態の違いが機能差を示している可能性を指摘した（木村1980）。しかし、韓国の獐項遺跡6号墓のケースを典型とするように、精密に加工された精製品を着装している事例から判断して、一律的にそうした考え方を適用する事が出来ないとの印象も強い。東三洞貝塚の事例からは貝輪の生産段階からすでに精製品と粗製品を区分していた可能性が高く、製品の完成度と質的な側面からそれら貝輪を「上品」と「下品」に分けて理解するのが妥当であろうと考えている。

　精製品と粗製品の違いは、貝輪着用の側面から見れば加工程度の差異としての意味はそれほど大きいとは言えないが、制作の工程に投入された時間と労働力、貝輪の質と完成度、美的な価値があるか否かなど、製品としての貝輪の価値のという側面においては決して無視できないものがある。とくに貝輪が身体を飾る装飾品であるという点と、周辺地域へと交易品として広く流通させているという事実に着目すれば、商品価値の目安となる精製品と粗製品を区別していた可能性は非常に高いように思われる。

　未成品（半加工品）とは加工中に破損したものを指すものではなく、ここでは意図的に輪部を広げる行為を2/3あるいは1/2程度で中断したものと、輪部に敲打痕を残したまま磨研を行わない粗加工の状態で加工を終了したものを指している。勿論、加工の途中で止めた物と、半製品の製作として意図した物との区別は

つき難い点もあるが、毀損の痕跡がなく少し輪部を広げて磨研を行えば着装可能な形態の貝輪を製作する事が可能であるという点から、多数確認されている未成品の貝輪は、半加工品という観点から検討する必要もあると考えている。

東三洞貝塚で報告された貝輪1,239点の内訳を見れば、未加工の貝輪素材は13点（1.1％）、精製品136点（11％）、粗製品170点（13.7％）、破損品920点（74.2％）の構成となっている。破損品の大部分は穿孔と輪部拡張および磨研などと言った貝輪製作過程の中で破損したものと見なすことができる。しかし、このような製作技術の完成度を基準にした分類だけでなく、それ以外の要因により意図的に廃棄されたと推測することも可能である。身体の成長に従い適切な大きさのサイズへの交替、あるいは死後埋葬時に着装貝輪を意図的に損壊、廃棄行為の反映とする仮説（忍澤2001、阿部・金田2013）は、東三洞貝塚出土の貝輪の破損品の状況を理解する上で示唆する点は大きいと考えている。今後の研究においては貝輪の生産と関連した儀礼行為、又は貝輪着装者の成長と年齢による性格の変化、すなわち成人式、婚姻などの時点で既存の貝輪を交換する、言わば装身儀式の一環として意図的に貝輪が廃棄された可能性なども視野に入れた研究を進めていくことが必要なのかも知れない。

3．貝輪の法量と型式

東三洞貝の貝輪の素材であるベンケイガイは殻高6.5～8.9cm、殻長7.0～9.0cm、タマキガイは殻高が5.5～6.3cm、殻長6.1cm～6.9cm程度が一般的であ

図3　東三洞貝塚の住居址と獐項遺跡の1・6号墓　貝輪出土状態

る。タマキガイの大きさと内周長は一般的にベンケイに比べて小さい。貝輪の着装と密接な関連性を持つ内周長は、大きく 16.5〜19cm、16.5〜14.5cm、14.5〜12.5cm、12.5〜11cmの4グループに区分される。ベンケイガイは16cm、以上、タマキガイは15cm以下に集中する傾向が指摘できるであろう。

このように内周長の大きさに見られる一定のまとまり（グループ）が如何なる意味を求めるかについては、今後、人骨着装の事例分析などを通してより具体的に検討していく必要があるが、縄文時代の貝輪研究成果（安川1988、忍澤2001、阿部・金田2013）と山登貝塚、安島貝塚、獐項遺跡の貝輪着装人骨の性別と年齢、出土様相などを総合的に考慮するならば内周長16.5cm以上が成年、16.5〜14.5cm

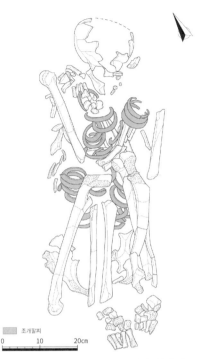

図4　獐項遺跡6号墓の貝輪着装状態

は若年、14.5〜12.5cmは小児といったような年齢構成による差異、そして 12.5〜11cmはそれ以外の用途が考えられてくる。安島貝塚の50代熟年女性の貝輪は内周長が17.7cmで、山登貝塚の13〜15才女性人骨の装着貝輪は内周長が14.4cmである点から、東三洞貝塚の貝輪の内周長大きさによる集合の分布は、着用者の年齢あるいは性別を反映した可能性が高いと判断するのが最も妥当に思われる。しかし、獐項遺跡の1・6号墓（図3・4）貝輪出土状況と東三洞貝塚の事例では、未成年だけではなく小児も着用する事が困難な貝輪が多数確認されている点から、総ての貝輪が腕の装飾用途として使用されたものではなかった可能性も考える必要があろう。貝輪の用途と性格に対して出土様相、大きさなどの分析を通して、今後は垂飾・装身具・祭儀用など多様な観点からの検討と議論が必要となるかも知れない。

ところで東三洞貝塚の貝輪製作工程は基本的に①殻頂部の穿孔、②輪部（孔

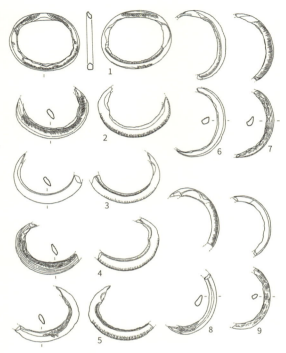

図5　東三洞貝塚の貝輪型式

部）拡張、③輪部調整、④輪部成形という4段階を経て製作されている。とくに輪部調整と成形に関わる3・4段階は貝輪の型式を決定する重要な工程と言える。この製作工程を通して完成した東三洞貝塚の貝輪は、貝輪の型式的な特徴によってⅠ～Ⅴ型式に分けることができる。

　Ⅰ型式（図5-2・3）は貝殻の腹縁を除去せず輪部の外面を自然面に沿い曲線的に研磨した形態のもので、Ⅱ型式（図5-4・5）は、Ⅰ型式と同様に腹縁を除去せず輪部を作る工程は同様であるが、輪の上部を水平に研磨して平坦にしている点が異なっている。Ⅲ型式（図5-1）は、Ⅰ・Ⅱ型式とは異なり貝殻腹縁一部を除去して輪部4面を平坦に加工している点に特徴がある。Ⅳ型式（図5-6・7）は貝殻の腹縁を頂点まで除去し、輪外縁は垂直、輪内縁は水平ないし若干傾斜するよう研磨した形態である。Ⅴ型式（図5-8・9）は輪外面はⅠ型式と類似しているが、腹縁を除去して輪外面を自然面に沿って磨研している点が異なっている。

　以上説明した貝輪の型式の時期別の様相を見れば、早・前期段階は出土量が少なく、型式ごとに推移を把握するには限界あるが、Ⅱ・Ⅲ型式を除外したⅠ・Ⅳ・Ⅴ形式は、早期段階から使用され末（晩）期まで存続していた事がわかる。中期段階に入れば貝輪の量が急増しつつ型式も多様化して、とくにⅢ型式が中期に新たに出現する。Ⅲ型式は周辺地域からは出土が見られない点から

韓半島南海岸地域に特徴的な貝輪であると考えられ、東三洞型貝輪と呼ぶことが出来る。後・末（晩）期は中期の各種型式が持続するが、前の時期に比べてⅠ・Ⅱ形式が主流となりⅢ～Ⅴ型式は減少する傾向が認められる。

　韓半島において貝輪着装習俗の発生についてはいまだ不明な点が多いが、東海岸では関連した遺跡が過去に発見されておらず、貝輪の遺跡が南海岸地域に密接している点を見ると、櫛文土器文化早期の早い段階に海洋漁撈民を中心に発生した可能性が高く、初期から多様な型式が製作されていたと推定される。縄文時代貝輪は着装の性別と貝種に象徴される点から、縄文社会では特定な役割を担った女性がおもに使用したと推定されている（木下 2000）。しかし、性別が判明した獐項遺跡と安島遺跡の場合では、男女いずれもが着用している点から日本の事例をそのまま適用するには多少無理があると考える。さらに獐項遺跡の 48 基の墳墓なかで貝輪を着用していた人骨が 3 体に過ぎない点は、被葬者の身分と貝輪の社会的な性格を理解する上で参考となるであろう。

4．まとめ

　東三洞貝塚の貝輪の中で、釜山博物館により調査された 670 点（撹乱層除外）の文化層別出土割合を見てみると、Ⅰ文化層（早期）から 1.3 ％、Ⅱ文化層（前期）から 1.7 ％、Ⅲ文化層（中期）から 60 ％、Ⅳ文化層（後期）から 14.9 ％、Ⅴ文化層（末期）から 22.5 ％の比率である。このような出土の様相と南海岸の早・前期に貝輪産遺跡が確認されていない点から見て、東三洞貝塚のⅠ・Ⅱ文化層段階は自己の集団自らで消費する事を主目的とした自給的な貝輪生産形態であった事がわかる。しかし、Ⅲ文化層段階である中期の段階になると、前段階とは比較にならないほど貝輪が急増する現象が現れる。とくにベンケイガイで造られた貝輪が多量に出土していて、全体の出土量の 60 ％を占めている。このような現象は集団の自給的な充足限界をはるかに超えており、東三洞貝塚を残した集団が専業的に貝輪を大量生産した事実を示している。こうした貝輪の大量生産は後・末（晩）期まで継続していたと考えられる。

　東三洞貝塚において中期から貝輪が大量生された原因はいくつか考える事ができるが、早・前期に比べて貝輪着用習俗の流行と拡散による外部需要の増加がおもな要因であると推定される。それ以外に貝輪の素材を安定的に確保する

事のできる遺跡の地理的位置および、中期から活発に展開された地域間交易活動と情報ネットとワークもその背景の一つであったのだろう。

このような社会的原因と背景の下で生産された東三洞の貝輪は、周辺地域集団の需要に対する充足と交易品として遠隔地まで精製品と粗製品という形態で流通・供給されたものと考えられる。とくに九州地域から搬入された黒曜石に対応する形の主要な交易品として、対馬（佐賀貝塚）や対馬を経由して九州一部地域までも供給されていた可能性も存在する（河仁 2006）。そして貝輪はベンケイガイが棲息していない西海岸地域と内陸まで分布している様相は、中期段階に貝輪流通網が広範囲に形成されたことを具体的に示唆するものである。

引用・参考文献

国立光州博物館　2009『安島貝塚』

国立中央博物館　2004『東三洞貝塚』Ⅰ～Ⅲ

釜山水産大学校博物館　1989『山登貝塚』

釜山博物館　2007『東三洞貝塚淨化地域發掘調査報告』

韓国文物研究院　2014『釜山 加德島 獐項遺蹟』

河　仁秀　2014『東三洞貝塚淨化地域 貝釧』福泉博物館

河　仁秀　2009「東三洞貝塚文化에 關한 試論」『韓国新石器研究』18、韓国新石器学会

河　仁秀　2006「新石器時代 韓日文化交流와 黒曜石」『韓国考古学報』58、韓国考古学会

忍澤成視　2001「縄文時代における主要貝輪素材ベンケイガイの研究」『史館』31号、史館同人

阿部芳郎・金田奈々　2013「子供の貝輪・大人の貝輪」『史館』31号、史館同人

阿部芳郎　2014「貝輪の生産と流通」『縄文の資源利用と社会』雄山閣

木下尚子　2000「装身具と権力・男女」『古代史の論点』小学館

安川英二　1988「貝製品」『伊川津遺蹟』渥美町教育委員会

木村幾多郎　1980「骨角牙器・貝輪」『新延貝塚』鞍手町埋葬文化財研究会

第2節

後晩期集落内における耳飾祭祀の展開
―土製耳飾集中出土地点の形成背景―

三浦　綾

はじめに

　土製耳飾は縄文時代の遺物で、「厚みを持った圓盤状を呈し、多くはその周邊に耳朶の穿孔部へ挿入するための輕い溝を有し、時には中央凹むか、中央に孔を有し、紋様塗彩等を有する装身具」（樋口1941）を指す。後期後葉〜晩期前半に東日本で発達し、文様や形態が多様化した。この発達期がもたらした事象に、一つの遺跡から多くの耳飾が出土する多量出土遺跡がある。

　多量出土遺跡が形成された背景から当時の社会構造に迫った例として、藤森栄一と武藤雄六、樋口昇一らの研究がある。藤森と武藤は、まとまった量の土製耳飾が出土した長野県大花遺跡の複数の住居跡を「耳栓製造の家」（藤森・武藤1962）とみなし、耳飾製作技術をもつ特定の家系が周辺地域に耳飾を供給し続けるような社会的仕組みが縄文時代後期から晩期に存在していたと推測した。

　以後、多量出土遺跡を耳飾製作場所ととらえる研究は少数のようだが、一方で頻繁に指摘されるのが、土製耳飾を用いた儀礼行為の痕跡だとする見方である。長野県エリ穴遺跡に着目した樋口は、生活址につづく窪地から耳飾が多数出土した様子を「"耳飾り祭祀"」（樋口1998）にまつわる大量廃棄行為の結果であるとした。そして、縄文時代後〜晩期において、エリ穴遺跡周辺の地域では長期的な生存を図った複数の集団による広範な結びつきが形成され、「"耳飾り祭祀"」がそうした事情を反映して執り行われたものだとした。

　縄文時代に土製耳飾が複数の地域や集団をつなぐような社会構造があったとすると、多量出土遺跡はそうした社会で何らかの中心的な役割を担っていたと

表1　分析対象遺跡

（大宮台地）		（下総台地）	
久ヶ台遺跡		宮内井戸作遺跡	
後谷遺跡		三直貝塚	
雅楽谷遺跡		吉見台遺跡	
高井東遺跡		内野第1遺跡	
赤城遺跡		馬場遺跡	
馬場小室山遺跡		野田貝塚	
前田遺跡		祇園原貝塚	
東北原遺跡		西広貝塚	
宮岡氷川神社前遺跡		三輪野山貝塚	
真福寺貝塚		加曽利南貝塚	
原遺跡		能満上小貝塚	
南方遺跡		井野長割遺跡	
前窪遺跡		有吉北貝塚	
椚谷遺跡		上新宿貝塚	
宮合貝塚		有吉南貝塚	
南方上台遺跡		鹿島台遺跡	
花積貝塚		海老ヶ作貝塚	
大古里遺跡		加曽利北貝塚	
本杢遺跡		海老遺跡	

考えられる。樋口が「"耳飾り祭祀"」と呼んだ儀礼行為については、ある集団が行う労働への参画が許されるような生産儀礼や、成人式や婚姻のような通過儀礼など、先学で様々な内容が想定されてきた（百瀬1979、金成・宮尾1996、設楽2002）。これらは着装者の加齢に伴う立場・役割の変化に関わる点で共通している。儀礼に使用された耳飾は、終了後にその場にまとめて廃棄されたとも、参加者が着装したまま自分の集落に帰ったり別の集落に移ったりすることで移動したともいわれており（樋口1998、金成・宮尾1996）、遺跡から発見される耳飾の出土状態は、当時の人々の行動が集積した結果の発現ととらえても差し支えないだろう。

　そこで筆者は多量出土遺跡における出土状態に注目した。遺跡内における土製耳飾の出土状態の形成過程を明らかにし、それを遺跡間で比較することによって、耳飾を通して縄文時代後〜晩期の社会構造を検討する。なお本論では、多量出土遺跡が集中する東京湾沿岸地域のうち、大宮台地と下総台地に位置する38遺跡から出土した耳飾を分析対象としている（表1）。

1. 土製耳飾の分類

　分類作業は設楽博己の分類案（設楽 1983・2013）を参照した。断面形態を 6 類 14 細分、文様を 6 類 11 細分し、両者を組み合わせて分類型式としている（表2）。

表2　耳飾の分類基準表

形態	I 類		無孔のもの。	
		I$_1$ 類	表面と裏面が膨らんでいるもの。	
		I$_2$ 類	表面と裏面が平らかあるいはへこんでいるもの。	
		I$_3$ 類	裏面が表面方向に向かって大きくトンネル状にえぐられているもの。	
		I$_4$ 類	表面と裏面の直径に大きな差があるもの。	
	II 類		厚手の環状を呈する有孔のもの。	
		II$_1$ 類	断面が四角形か楕円形に近いもの。	
		II$_2$ 類	断面が三角形のもの。	
		II$_3$ 類	断面がかぎ針状のもの。	
	III 類		薄手の環状を呈する有孔のもの。	
		III$_1$ 類	断面が四角形か楕円形に近いもの。	
		III$_2$ 類	断面が三角形のもの。	
		III$_3$ 類	断面がかぎ針状のもの。	
	IV 類		内側にテラス状の張り出しを持った環状のもの。	
	V 類		表面にブリッジが施されたもの。ブリッジが 1 本のものと複数のものをまとめた。	
	VI 類		側面に対して表面と裏面の直径が異なる形態。	
		VI$_1$ 類	表面端部と裏面端部が側面に対して垂直に突き出るもの。	
		VI$_2$ 類	側面が「く」の字を書くように外側へ立ち上がるもの。	

文様	A 類		無文のもの。	
	B 類		刺突文が単独で施されているもの。	
	C 類		沈線文が施されているもの。	
		C$_1$ 類	弧線文・入り組み弧線文が施されているもの。	
		C$_2$ 類	渦巻文・円圏文が施されているもの。	
		C$_3$ 類	三叉文・入組み三叉文・玉抱き三叉文が施されているもの。	
	D 類		ボタン状をした瘤状突起が貼り付けられているもの。	
		D$_1$ 類	瘤状突起の表面に装飾が施されていないもの。	
		D$_2$ 類	瘤状突起の表面に沈線による刻み目が施されているもの。	
	E 類		表面の外周、内周、施文面に刻み目が施されているもの。	
		E$_1$ 類	刻み目のみが施されているもの。	
		E$_2$ 類	浮文の上に刻み目が施されているもの。	
		E$_3$ 類	表面の外周、内周の刻み目に沈線文による装飾を加えたもの。	
	F 類		透かし彫りが施されているもの。	

2. 土製耳飾の変遷

　ここでは設楽（1983）や吉岡卓真（2010）に倣い、伴出土器、出土した遺構、包含層の時期などを判断の基準として、前項で分類した各型式の該当時期を把握する。これは遺跡の継続期間と耳飾の使用時期との関係を検討するためである。

　無文のA類型は、関東地方では土製耳飾出現期から存在した。縄文時代中期はI_4A類やVI_1A類にまとまる。加曽利$E II$式土器に伴出した加曽利北貝塚出土品（図1-3）や、加曽利$E I$式期にあたる花積貝塚第4号住居跡出土品（図1-8）がある。後期になるとI_2A類が登場する。加曽利南貝塚貝層から検出されたものは堀之内2式とされるが（滝口・後藤1977）、南方遺跡第29号住居跡出土品（図1-2）をはじめ該当時期が晩期に至るものも複数あり、長期間使用された型式のようだ。安行1〜3b式期には断面形態が多様化し、複数の遺跡でI_1A類（図1-1）、II_2A類（図1-4）、II_3A類（図1-5）、III_1A類（図1-6）、III_2A（図1-7）などが確認できる。その後種類は減るものの、耳飾の終末期にもA類型は存在し、後述するどの有文の類型よりも存続期間が長いとみられる。

　刺突文が単独で施されているB類型は少数で、中期〜後期後葉ごろ存在したようだ。有吉北貝塚出土品のようなI_1B類（図1-9）は北関東でもみられ、多くが加曽利$E II$〜$E III$式期に該当する。内野第1遺跡包含層出土のIII_1B類（図1-11）は後期中葉に位置づけられ、高井東遺跡のII_2B類（図1-10）は出土遺物と帰属時期ともに加曽利B式期である第21号住居跡より出土している。

　沈線文が単独で施されるのがC類型である。C_2類（渦巻文）は登場が早く、原遺跡のI_1C_2類（図1-14）は加曽利$E II$式新段階の土器が出た第39号住居跡から発見された。同型式は有吉北貝塚包含層出土品も中期に該当する（山田・田島ほか1998）。C_2類は中期以降も存在する。II_2C_2類が赤城遺跡で安行2式土器主体の包含層から出土し（図1-15）、高井東遺跡でも加曽利B〜晩期安行式の間に該当時期をもつ複数の住居跡から発見された（埼玉県教育委員会編1974）。C_1類（弧線文）をもつ耳飾は、馬場遺跡241号土坑出土のII_3C_1類（図1-12）が晩期のものとみられ、馬場小室山遺跡第38号住居跡出土のIII_1C_1類（図1-13）

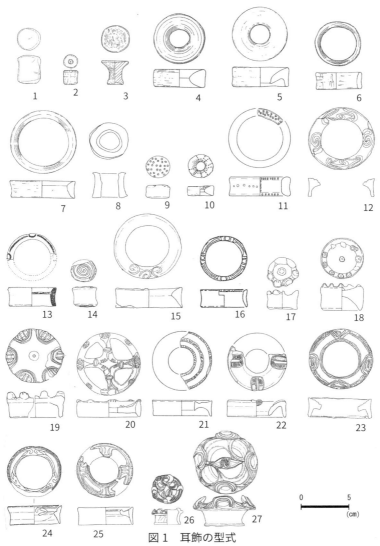

図1　耳飾の型式

1：I₁A 類（後谷）　2：I₂A 類（南方）　3：I₄A 類（加曽利北）　4：II₂A 類（高井東）　5：II₃A （高井東）　6：III₁A 類（高井東）　7：III₂A 類（高井東）　8：VI₁A 類（花積）　9：I₁B 類（有吉北）　10：II₂B 類（高井東）　11：III₁B 類（内野第1）　12：II₃C₁ 類（馬場）　13：III₁C₁ 類（馬場小室山）　14：I₁C₂ 類（原）　15：II₂C₂ 類（赤城）　16：III₁C₃ 類（久台）　17：I₂D₁ 類（雅楽谷）　18：I₃D₁ 類（雅楽谷）　19：I₃D₂ 類（雅楽谷）　20：VD₂ 類（雅楽谷）　21：IVE₁ 類（内野第1）　22：II₃E₂ 類（宮内井戸作）　23：II₃E₃ 類（野田）　24：III₃E₃ 類（雅楽谷）　25：IVE₃ 類（宮内井戸作）　26：VI₁F 類（後谷）　27：VI₂F 類（赤城）

第2節　後晩期集落内における耳飾祭祀の展開　193

は安行3a式期前後に比定されている。C_3類（三叉文）が施文されたものは、久台遺跡5号住居跡出土のIII_1C_3類（図1-16）が後期後半〜晩期前葉に該当する。三叉文は安行3a式土器に特徴的な文様なので、これが施された耳飾の該当時期は安行3a式期付近となるだろう。C類型の型式は、ここで列挙した以外にも複数存在する。その中でもC_2類の文様をもつものが加曽利E式期ごろ出現し、その後C_1類、C_3類の文様も加わり、後期後葉〜晩期前半の発達期にかけて使われたようである。

　ボタンに似た瘤状突起が貼り付けられたD類型は、雅楽谷遺跡出土のI_2D_1類（図1-17）とI_3D_1類（図1-18）が安行1式期、I_3D_2類（図1-19）が安行2式期、VD_2類（図1-20）が安行3a式期にあてはまる。文様D_1類が施された方が、D_2類を施された方に比べて早い時期から存在していたようだ。内野第1遺跡出土品にも同様の傾向がみられる（古谷・田中ほか編2001）。

　E類型は表面の外周または内周に刻み目が施されるのが特徴である。内野第1遺跡出土のIVE_1類（図1-21）は後期末の所産とされており、設楽は同型式にあたる耳飾を安行2式期のものとしている（設楽1983）。宮内井戸作遺跡出土のII_3E_2類（図1-22）は、同型式である内野第1遺跡出土品2点が後期中葉に該当するため（古谷・田中ほか編2001）、同時期のものと考えた。そのほか吉岡がII_3E_3類（図1-23）とIVE_3類（図1-25）にあたる耳飾を安行1〜2式期、III_2E_3類（図1-24）とIII_3E_3類にあたる耳飾を安行2〜3a式期に位置づけるなど（吉岡2010）、E類型の各型式は後〜晩期安行式期に比定されるものが多いようだ。

　彫刻文様が施されるF類型は、形態VI_1類およびVI_2類との結びつきが非常に強い。VI_1F類は、後谷遺跡出土品（図1-26）が安行3a式期ごろに対応する包含層から検出された。馬場小室山遺跡第51号土坑では多量の安行3a式土器と伴出した（青木ほか1982）。VI_2F類は、赤城遺跡で安行3b式土器が主体を占める完形土器集中地点で出土している（図1-27）。VI_1F類は安行3a式期ごろ、VI_2F類は安行3b式期ごろには存在していたようである。

　以上、大宮台地と下総台地出土の土製耳飾の変遷をたどったところ、多くの型式が後期後葉〜晩期前半に盛行するという先学の指摘に適う様子がみられた。うち複数の型式は、ある土器型式期に該当時期がまとまる傾向がある。

I_2D_1 類と I_3D_1 類は安行 1 式期、その後安行 2 式にかけては I_3D_2 類、IVE_1 類、II_3E_3 類、IVE_3 類が特徴的だ。これらに続き III_2E_3 類と III_3E_3 類が安行 2〜3a 式期に使われ、安行 3a〜3b 式期には VD_2 類、VI_1F 類、VI_2F 類が存在したようである。

3. 土製耳飾の遺跡内出土状態

筆者は分析対象遺跡（表 1）のうち出土数が 100 点以上の遺跡（計 9 ヶ所）を多量出土遺跡と定義し、各遺跡が保有する耳飾の出土状態を確認した。

（1）出土場所

発掘調査報告書の記述を基に耳飾の出土地点を観察すると、遺跡内で散在するのではなく、住居跡や土坑といった遺構がまとまる場所、端的に言えば居住空間に、出土場所が重なる傾向があった。

後谷遺跡の耳飾は、4 次調査地域のうち住居跡がまとまるⅡ区から河道状窪地があるⅠB 区にかけて出土している（図 2）。河道状窪地は目立った数の遺構はみられない場所だが、縄文時代後期後葉〜晩期前半に堆積した包含層から大量の遺物が発見されている。高井東遺跡は複数の住居跡や土坑が遺跡中央の窪地に向かって並び、この住居跡から耳飾が出土している（図 3）。三直貝塚では遺構が遺跡中央の窪地につながる斜面から丘陵部分にかけて広がり、耳飾の出土場所もこれに類似する分布を示す（図 4）。

今回分析対象とした多量出土遺跡は、いずれも窪地や谷などの中央窪地とされる部分と、それを取り囲む微高地から構成されている。遺構がまとまって形成されている場所は圧倒的に後者であり、当時の居住区域は低い地形を縁取るように台地上や斜面上に展開している。こうした遺跡の形態は「谷奥型環状遺丘集落」（阿部 1996）や「中央窪地型環状集落」（江原 1999）と称される拠点集落として注目されてきた。遺跡によっては雅楽谷遺跡や三直貝塚のように「盛土遺構」（上野編 2005、吉野 2006）がみとめられる場合もある。土製耳飾は、これら特徴的な遺構の配置におおむね重なるように分布していた。

また、これらの遺跡内には耳飾がとくにまとまって出土する集中地点が存在する。後谷遺跡（図 2）では出土場所が河道状窪地に集中しており、なかでもH18 グリッドの包含層出土品は 60 点を超す。高井東遺跡（図 3）では 8 号住居

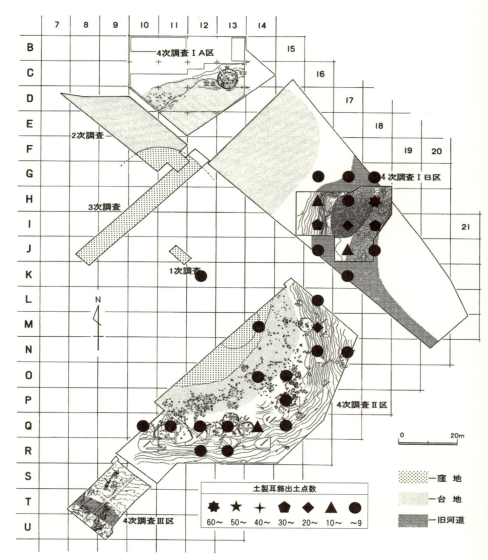

図2　後谷遺跡の耳飾出土位置（村田・藤沼2007より作成）

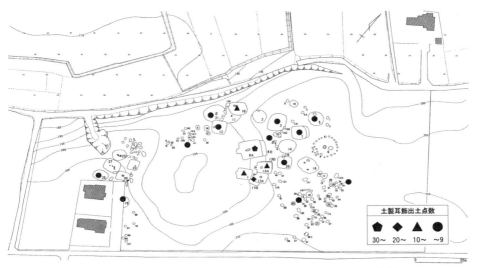

図3　高井東遺跡の耳飾出土位置（埼玉県教育委員会 1794 より作成）

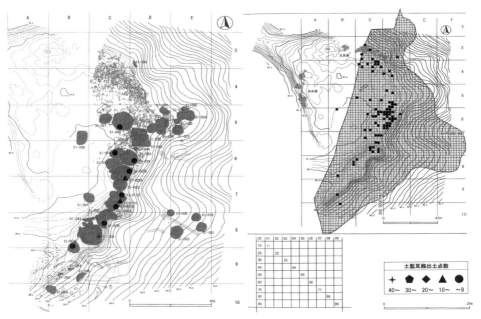

図4　三直貝塚の耳飾出土場所（左：住居跡　右：グリッド）（吉野 2006 より作成）

第2節　後晩期集落内における耳飾祭祀の展開　197

跡と17号住居跡に帰属する耳飾がそれぞれ20〜30点ずつと、同遺跡内のほかの住居跡と比較すると出土数が多い。三直貝塚（図4）では大型住居跡とされるSI-004Bから40点以上が発見された。さらに内野第1遺跡をはじめ赤城遺跡、雅楽谷遺跡、吉見台遺跡、宮内井戸作遺跡の場合は、グリッド単位で包含層をみた際、ほかのグリッドに比べて出土数が多い箇所が検出されており、いずれにしても集中出土地点ともいうべき場所が見出せるのである。

（2）耳飾集中出土地点の形成過程とその背景

図5は雅楽谷遺跡、久台遺跡、三直貝塚、宮内井戸作遺跡の出土型式である。行（横）は形態、列（縦）は文様、両者が交差するマスは型式を表す。出土がみとめられた型式は網掛けをした。いずれの遺跡の耳飾の組成も複数の型式で構成され、中期後半ごろには登場していたらしいI_4A類、VI_1A類、I_1C_2類や、後〜晩期に使用されたと思われる、環状の形態II類、III類と沈線文C_1類、C_3類が組み合わさった諸型式が確認できる。さらに、安行1式期頃のものであるI_2D_1類とI_3D_1類、その後安行2式期にかけてのI_3D_2類、IVE_1類、II_3E_3類、IVE_3類、安行2〜3a式期のIII_2E_3類、そして安行3a〜3b式期に目立つVI_1F類とVI_2F類がみられるなど、一つの遺跡に属する耳飾の組成は該当時期が異なる複数の型式で構成されている。これは、各遺跡で耳飾が長期間累積したことの表れだと思われる。ほかの多量出土遺跡6ヶ所でも近似した様相が確認できた。

続いて遺跡全体ではなく集中出土地点に焦点を当てると、後谷遺跡の河道状窪地の中でも出土数が多いH18、I16、I17、I18グリッドでは40点超のVI_1F類に混じってI_2D_1類、I_3D_2類、II_3E_3類、IVE_1類、VI_2F類の存在が確認できた。とくにI18グリッド包含層出土品（図6-E）はI_3D_2類、III_2E_3類、VI_1F類

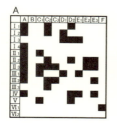  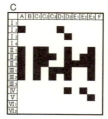 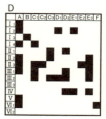

図5　遺跡ごとの耳飾の組成（A：雅楽谷　B：久台　C：三直　D：宮内井戸作）

の三型式が揃う。この河道状窪地の耳飾は後〜晩期安行式期にかけて継続的に累増したものと考えられる。高井東遺跡の8号住居跡出土品（図6-F）は、30点近い出土品の中にⅡ$_3$E$_3$類、Ⅲ$_2$E$_3$類、Ⅵ$_1$F類が含まれる。この8号住居跡は、安行2式土器が出土したB住居と安行3a式および姥山Ⅱ式並行式土器を主体とするA住居の2軒が切り合い関係を成しており、住居と耳飾の該当時期が一致する。内野第1遺跡で10点以上の耳飾が集中する地点のうち23T-2グリッドの包含層では、安行2〜3b式期にあたるⅣE$_3$類とⅤD$_2$類が発見されている（図6-G）。吉見台遺跡でも内野第1遺跡と同じような状態がB6-3cグリッド包含層でみられ、その組成中に安行1〜2式期中に該当時期をもつⅠ$_2$D$_1$類とⅣE$_1$類を有する（図6-H）。集中出土地点の形成過程は、遺跡全体を概観した場合と同様、土製耳飾が短期間で一気にその場に遺されたというよりも、複数の土器型式にわたるような長期間で集積した可能性の方が高い。遺跡が継続した間、その遺跡内のある特定の場所が、耳飾に関して何らかの意味合いや役割を持ち続けていたのかもしれない。

　ここで、上述した出土状況を形成した耳飾の型式について、今回分析した38遺跡の出土品3,109点をもって装飾や大きさの特徴を検討したい。

　まず挙げるのが、大宮台地の遺跡と下総台地の遺跡で保有数に差がある型式がみられることである。大宮台地に位置する遺跡の出土品は、美しい透かし彫りF類が施されたⅥ$_1$F類やⅥ$_2$F類の多さが目をひく。とくにⅥ$_1$F類は今回141点が確認できたが、うち大宮台地からの出土分が90％と、下総台地出土分との差が歴然だった。一方Ⅵ$_1$F類ほどの大差はつかないものの、E$_3$類の文様をもつ諸型式（Ⅲ$_1$E$_3$類、Ⅲ$_2$E$_3$類、ⅣE$_3$類、ⅤE$_3$類）は、下総台地出土品の方が大宮台地出土品に比べて約2倍かそれを上回る保有数となっている。弧線

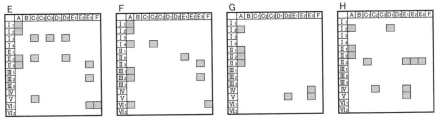

図6　集中出土地点における耳飾の組成（E：後谷　F：高井東　G：内野第1　H：吉見台）

文のIII_2C_1類の出土も目立つ。また、ボタン状の瘤状突起D_1類およびD_2類の文様をもつ諸型式は、吉岡が千葉県に主要な分布があると指摘しており（吉岡2010）、実際にI_2D_1類やVD_2類は下総台地の方が出土数が多かった。このように地域によって特定の文様保有率に多寡がみられる様は、出土数が多い地域と少ない地域の双方に共存する型式があると言い換えることもできる。

　土器型式が独自の文化圏をもって展開する様子と耳飾の文様における地域色がおおむね重なると述べた設楽（設楽2002）や、耳飾の一型式を複数の文様タイプで分けたものを「さらに細分された各地域の部族集団の表示」（吉田2008）とみなして当時の社会的ネットワークを指摘した吉田に倣えば、耳飾の文様の違いは着装者の出自の違いを表すと考えられる。また、本論で示した地域差は、土器型式の分布圏よりも狭い範囲で生じているといえるだろう。

　次に挙げるのはサイズ構成である。着装者の耳たぶと接触する部分の直径をサイズとみなすと、型式によってはある特定の数値に集中するものが存在する。先ほど地域性を指摘した型式でみてみると、VI_1F類とVI_2F類は大半が直径2〜4cm台におさまる小型の部類で、今回それ以上大きく作られた例は見当たらなかった。対して小型品が確認できなかったのがIII_1E_3類、III_2E_3類、IVE_3類、VE_3類およびIII_2C_1類であり、これらは総じて直径4〜7cm台にサイズが集中している。I_2D_1類は直径2〜5cm台と小型品から中型品が揃い、VD_2類は直径4〜6cm台と中型品から大型品が多数を占めていた。こうしたサイズ構成は大宮台地と下総台地のどちらで出土したものにも共通しており、各型式における装飾とサイズの相関関係が地域間で保たれているといえよう。

　最初に耳たぶに突孔したときは小型品をつけ、その後加齢とともに孔が伸長するのに合わせて徐々に大型品へ付け替えたとする渡辺誠のとらえ方（渡辺1973）が学史上基本的に変わっていないことをふまえると、大小の違いはおそらく着装者の年齢の違いを反映している。さらに、各型式の該当時期も考慮すると、これらが後〜晩期に並行して使用された状況が推測できる。耳飾の発達期とした後期から晩期において着装者が多世代化していたことの現れだといえるだろう。

　以上二点の特徴を個々の多量出土遺跡に還元すると、大宮台地の遺跡の耳飾の組成には下総台地に特徴的な文様をもつ型式が含まれており、逆もまた然り

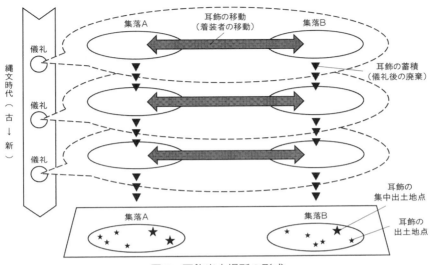

図7　耳飾出土場所の形成

である。これらの型式が一定の大きさに収まる様子も両台地の多量出土遺跡で共通している。こうした現象から、耳飾は製作の自由度よりも、文様、形態、サイズに関する規制が地域間で共有され続けたことが想定される。また、製作方法の規範を同じくするのであれば、使用に際しての目的や場面も共有化された可能性が高い。多量出土遺跡内の出土場所がいずれも当時の居住域に重なっていたことから、使用後の扱いにも共通認識があったかもしれない。多量出土遺跡における集中出土地点の形成はそのことを裏付ける証拠であろう。

　耳飾の装飾、大きさ、使用状況における規制が地域間で維持された背景として考えられるのが、耳飾着装者による儀礼行為に伴って発生した、集団間での着装者の往来である。「変化に富んだ各形状が無節操に生み出されたわけではなく、つよい規制のもと、必要量だけが複雑化した儀礼とのかかわりから製作・使用された点は間違いない」（樋口1998）とは樋口の指摘だが、土製耳飾はその発達期を抜歯風習と同じくすることもあり、集団儀礼との関係が言及されてきた。儀礼の内容は、成人式あるいは婚姻といった通過儀礼や、集団での労働など社会的活動への参画を認めるような生産儀礼が挙げられる。年長者ほど大きな耳飾を身に着けていたと前提すると、小型品のⅥ$_1$F類やⅥ$_2$F類の

着装対象は若者となり、その使途は前者の儀礼と思われる。一方、III$_2$E$_3$類や
IVE$_3$類をはじめとする大型品は年長者が着装し、後者の儀礼のような集団同
士の結びつきを強化する場に臨んだ可能性がある。そしていずれの儀礼後も、
耳飾はまとめてその場に廃棄されるか、着装者が自分の集落に帰るなどして製
作場所から移動していったに違いない。このような儀礼に応じて発生した耳飾
着装者の一時的な離合集散や儀礼後に行われた耳飾の廃棄行為が、多量出土遺
跡において多世代にわたり行われ、集中出土地点を形成したのである（図7）。

4. 土製耳飾の多様化と縄文社会

　土製耳飾は、土偶や人面装飾付土器など女性とつながりがある遺物に着装状
況が表現され、人骨共伴例の研究でも女性との関連性が指摘されるなど（吉田
2008）、着装者は女性であったと想定される。前項の言及にあてはめると、小
型品であるVI$_1$F類やVI$_2$F類は若い女性が、III$_2$E$_3$類やIVE$_3$類をはじめとする
大型品はそれよりも年長の女性が身に着けたといえる。さらに、一遺跡に所属
する男女の構成比が均等だったという前提に立てば、耳飾を用いた儀礼が集落
間で執り行われ、それに伴って着装者である女性が地域間を往来し、一時的に
離合集散していたことになる。

　耳飾の発達期における装飾やサイズの多様化を考慮すると、儀礼の内容は単
一であったとは言い難い。小型品は若い女性を対象とした婚姻に関わる儀礼、
大型品は年長の女性を対象とした集団間の関係強化を図る儀礼でそれぞれ使用
されたとみられる。大宮台地と下総台地の各多量出土遺跡出土品には両者の型
式が含まれることから、地域間で複数の交流と儀礼が行われていたことがうか
がえる。さらに本文では扱えなかったが、赤城遺跡の耳飾には、長野県大花遺
跡や静岡県清水天王山遺跡など中部地方に多くみられる雲形文を施されたもの
が存在する。耳飾を伴う儀礼は、今回分析対象とした地域以上に広い範囲で、
参加対象年齢や目的を異にするものが複雑に入り組んだ形で行われていたのだ
ろう。各集落に居住する女性は、そうした儀礼のために集落という一つの単位
を超えて参集し、儀礼が終了すると耳飾をその場に廃棄するか身に着けたまま
別の集落に移動したとみられる。縄文時代後〜晩期には、この一連の流れが多
世代にわたり繰り返されるような社会構造があったのだろう。

今回分析した多量出土遺跡は、複数の時期の居住域をもつ複合遺跡も含まれるが、縄文時代の居住域に限定するならば、中央窪地を囲む環状の集落構成を形成している。さらに土器型式の炭素年代を参考にすると、1,000 年以上の長きにわたって営まれた点でも共通する。たとえば宮内井戸作遺跡は、加曽利 E 式期後半に集落形成が始まり、その終焉は前浦式期である。後谷遺跡は、安行 2〜3d 式期主体の遺物が出土した窪地を有する I B 区と、中期後半〜後期末葉の遺構が台地上に展開する II 区があり、両区を包括して長期継続型の集落だったと考えられる。雅楽谷遺跡では堀之内式期に「盛土遺構」が築かれ、継続して形成された集落は拡大と縮小を経て晩期安行式期まで続いた。耳飾の多様化は後期後葉頃からと考えられるので、いずれの遺跡も集落形成後に耳飾の発達期をむかえ、遺跡の継続期間中、耳飾を伴う儀礼とその後の廃棄行為が長期にわたって繰り返されたことになる。同様の傾向は中部地方で最多の出土数を誇るエリ穴遺跡でも共通しており、興味深い。

　後〜晩期の土偶の多量化なども考慮すると、縄文時代当時の女性が社会組織の中で果たす役割は、子供を産み集団の子孫を維持させることだったと推測される。耳飾を伴う儀礼が加齢に伴う立場や役割の変化に準じるものならば、参加者にとっては近隣地域の人々との新たなつながりを得る場であったという見方ができる。出産には男性の存在も不可欠だが、こうした儀礼の主役が女性であったとすると、当時の女性には人口支持力の維持と増大が求められていたのではないだろうか。そうした期待を反映した儀礼が機能したことで複数の集落をつなぐ巨大な社会組織が生じ、集団同士の関係が強化され、結果として、多量出土遺跡のように長期間にわたって維持される集落が形成される一因となったのかもしれない。

引用・参考文献（発掘報告書などは多数にのぼるため主要なものに限定している）

　青木義脩・岩井重雄ほか　1982『馬場（小室山）遺跡（第 5 次）』浦和市東部遺跡群発掘調査報告書 第 3 集、浦和市教育委員会

　阿部芳郎　1996「縄文のムラと「盛土遺構」」『歴史手帳』24 ― 8、pp.9-19

　上野真由美編　2005『埼玉県蓮田市 雅楽谷遺跡 II 独立行政法人国立病院機構東埼玉病院 筋ジス病棟更新築整備事業地内埋蔵文化財発掘調査報告書』埼玉県埋蔵文化財調査事業団発掘調査報告書 第 307 集、埼玉県埋蔵文化財調査事業団

江原　英　1999「寺野東遺跡環状盛土遺構の類例」『研究紀要』7、pp.1-56

金成南海子・宮尾　亨　1996「土製耳飾りの直径」『國學院大学考古学資料館紀要』12、pp.49-88

埼玉県教育委員会編　1974『高井東遺跡』埼玉県埋蔵文化財調査報告 第4集、埼玉県教育委員会

設楽博己　1983「土製耳飾」加藤晋平・小林達雄・藤本　強編『縄文文化の研究』9、pp.206-217

設楽博己　2002「縄文人はなぜ大きな耳飾りをつけたのか」『伊奈』50―6、pp.3-14

設楽博己　2013「群馬県前橋市上沖町西新井遺跡の土製耳飾り」『日本先史学考古学論集　市原壽文先生傘壽記念』六一書房

滝口　宏・後藤和民ほか　1977『加曽利北貝塚』中央公論美術出版

樋口清之　1941「滑車形耳飾考」『考古学評論』4、pp.57-80

樋口昇一　1998「縄文後・晩期の土製耳飾小考」『國學院大学考古学資料館紀要』19、pp.115-125

藤森栄一・武藤雄六　1962「信濃境大花第二・第三号竪穴調査概報」『信濃』14―7、pp.458-469

古谷　渉・田中英世ほか編　2001『千葉市内野第1遺跡発掘調査報告書』千葉市文化財協会

三浦　綾　2016「土製耳飾からみる縄文時代後～晩期の社会」『考古学集刊』12、pp.23-43

村田章人・藤沼昌泰編　2007『後谷遺跡 第4次発掘調査報告書 第3分冊』桶川市教育委員会

百瀬長秀　1979「土製耳飾りに関する諸問題」『信濃』31―4、pp.316-332

山田貴久・田島　新ほか　1998『千葉東南部ニュータウン19―有吉北貝塚1（旧石器・縄文時代）―第1分冊』千葉県文化財センター調査報告 第324集、千葉県文化財センター

吉岡卓真　2010「関東地方における縄文時代後期後葉耳飾りの研究」『千葉縄文研究』4、pp.21-38

吉田泰幸　2008「土製耳飾の装身原理」『縄文時代の考古学』10、pp.180-193

吉野健一　2006『東関東自動車道（木更津・富津線）埋蔵文化財調査報告書7―君津市三直貝塚―』千葉県教育振興財団調査報告 第533集、千葉県教育振興財団

渡辺　誠　1973「装身具の変遷」『古代史発掘』2、pp.147-151

第 *3* 節

後晩期の勾玉の広域性と地域性

森　山　　高

はじめに

　後晩期の玉類は秋田岩手以北の北日本で出土量が多く、かつ、遺構などから出土し、共伴遺物から時期が特定しやすい事例が多い。また、管玉や丸玉と比べて、勾玉や垂飾と呼ばれるものは形態に多様性があり、型式学的な検討を加える資料として有効である。本論は、北日本の後晩期の垂飾、勾玉について、形態と石材から広域性と地域性について検討するものである。

1.　研究史

　縄文時代の玉類の流通については、高橋浩二（2005）、大坪志子（2015）らにより研究史がまとめられている。近年は、長田友也（2008）などにより、後晩期については、ヒスイ原産地の攻玉遺跡と北日本などの消費地域の中間に、拠点的な集落が中継、分配するシステムが基軸にあり、各地において在地系石材を用いた玉製作が行われたとする流通論が展開されている。また、鈴木克彦（2008）は、道央で蛇紋岩、滑石、橄欖岩、東北北部で凝灰岩製の玉類が多いことから、「在地攻玉」を積極的に肯定している。

　一方、大坪志子（2015）は、九州独自の形態、石材の玉類を「九州ブランド」と呼称し、九州全体に展開、西日本へと広がっていく様相を示した。とくに石材について、報文の同定ではヒスイと蛇紋岩がともに 20％ を占めていたが、大坪の自然科学分析により、クロム白雲母が 67％、ヒスイが 4％、滑石が 13％、蛇紋岩が 0％ であることが明らかとなった。大坪は埼玉県でもクロム白雲母製の小玉を同定しており、自然科学分析による石材同定が進めば、東日本の玉類

205

についても、生産と流通について再考を要することになるであろう。しかし、その出土量は夥しく、すべてを分析することは難しい。現状として、報文の石材をもとに検討せざるを得ない。

　ただ、大坪が「九州ブランド」とした玉は、九州独自の石材であるクロム白雲母を用いた規格性の強い形態である。北日本においても、特定の石材で、形態的に規格性の強い玉類が、一定範囲で分布する様相が認められる可能性はある。したがって、鈴木の言うとおり、東日本の玉類の流通について検討する際には、型式学的な検討が端緒となる。

2.　北日本の垂飾、勾玉

　ここでは、先論（森山2012・2015）をふまえ、北日本の後晩期の垂飾、勾玉を形態や時期を基に再整理してみる[1]。全体が曲がるものと曲がらないものに大別し、前者を勾玉系統、後者を垂飾系統とし、下記のとおり細分した。
　①垂飾系統（図2）
　　　楕円形・長方形・三角形：縦長で背と腹の区別がないもの
　　　弓形・「D」字形：一側辺が直線的で、他の一辺が膨らむもの
　②勾玉系統（図3）
　　　「く」・「へ」字形：背が「く」、「へ」字状に屈曲するもの
　　　「C」字形：背が丸く湾曲するもの
　　　「）」字形：細身で、緩く湾曲するもの
　　　「ノ」字形：上半が直線的で、下半が湾曲し、下端が窄まるもの
　　　「J」・「L」字形：上半が直線的で、下半が屈曲するもの
　　　「9」字形：頭部が大きく、小さな尾部が垂れ下がるもの

（1）垂飾、勾玉の変遷

　北日本全体では後期中葉から晩期中葉に点数のピークがある。しかし、垂飾は後期前半から晩期初頭に多く、晩期後半に激減する。一方、勾玉は後期前半に少なく、後期末葉〜晩期初頭に急増して、晩期後半へと続いている。後期末葉〜晩期初頭を境に、垂飾から勾玉へと主体が変わっている。

　垂飾系統のルーツは中期の大珠であり、後期前半までは長さ6cm程度の大型品が多く、後期中葉以降は2cm前後の小型品が主流となる。後期末葉〜晩期初

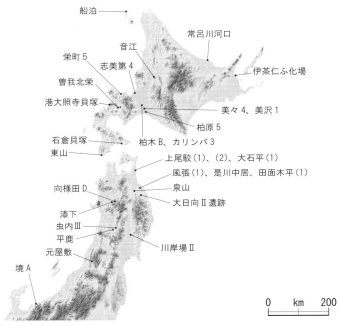

図1　遺跡位置図（国土地理院色別標高図を基に作成）

頭には、美々4遺跡や柏木B遺跡、カリンバ3遺跡で細身のものが多い。

　勾玉系統については、後期中葉に美々4遺跡で「く」・「ノ」・「J」・「9」字形が、後期後葉に是川中居遺跡で「く」字形が出現する。漆下遺跡の事例は後期前葉〜後葉と時間幅が広いが、上記2遺跡と前後するものであろう。勾玉系統が急増した後期末葉〜晩期初頭には、「L」字形が出現する。とくに、柏木B遺跡、美々4遺跡、カリンバ3遺跡などの石狩低地帯南部では「く」・「へ」・「C」字形が多く、腹の抉りが「コ」字状のものなど、特徴的である。しかし、晩期中葉以降は「L」字形以外の勾玉は激減する。代わりに、「L」字形は下膨れ化したものや、腹の抉りが簡略化されたものなど、形態が多様化する。

(2) 分布（表1）

　各遺跡の形態別点数を集計してみると、垂飾系統や「L」字形は広域に、「く」・「へ」・「C」・「9」字形は石狩低地帯や秋田県などに分布する。晩期中葉以降は、垂飾系統に代わり「L」字形が広域に分布する。

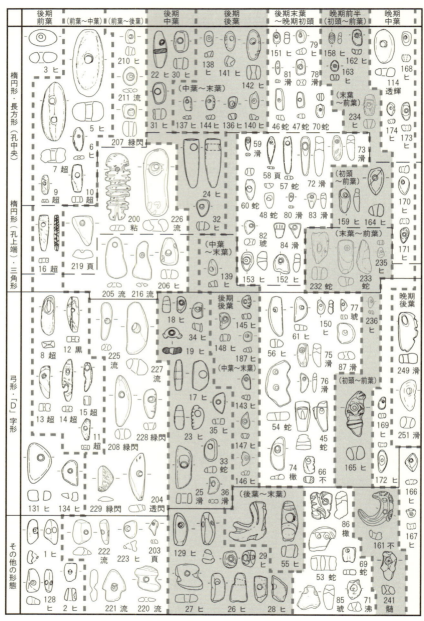

図2　北日本の垂飾系統（S=1/4）（凡例は次頁）

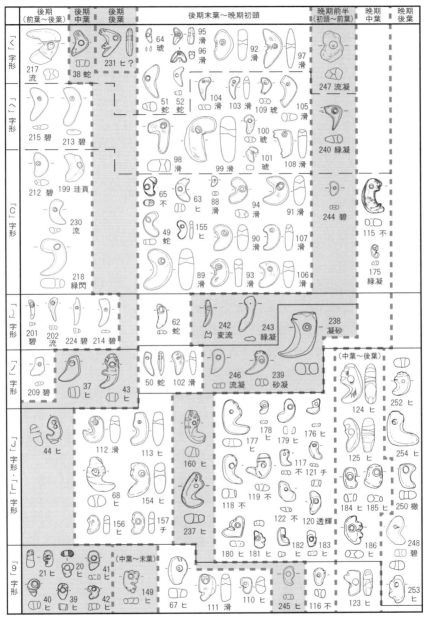

図3　北日本の勾玉系統（S=1/4）（凡例は次頁）

図2・3　凡例

1〜4：石倉貝塚（函館市）	5〜16：船泊遺跡（礼文町）
17〜21：音江環状列石（深川市）	22〜23：曽我北栄遺跡（ニセコ町）
24〜44、56〜71：美々4遺跡（千歳市）	45〜54：柏木B遺跡（恵庭市）
55：美沢1遺跡（千歳市）	72〜113：カリンバ3遺跡（恵庭市）
114〜122：志美第4遺跡（石狩市）	123〜125：港大照寺貝塚（蘭越町）
128：大石平（1）遺跡（六ケ所村）	129：田面木平（1）遺跡（八戸市）
130〜135：上尾駮（2）遺跡（六ケ所村）	136〜149、187：風張（1）遺跡（八戸市）
150〜157：大日向Ⅱ遺跡（軽米町）	158〜161：虫内Ⅲ遺跡（横手市）
162〜165：泉山遺跡（三戸町）	166〜183：上尾駮（1）遺跡（六ケ所村）
184〜186：川岸場Ⅱ遺跡（奥州市）	199〜230：漆下遺跡（大仙市）
231：是川中居遺跡（八戸市）	232〜236：東山遺跡（松前町）
237〜247：向様田D遺跡（北秋田市）	248：平鹿遺跡（横手市）
249〜250：栄町5遺跡（余市町）	251〜253：常呂川河口遺跡（北見市）
254：伊茶仁ふ化場第1竪穴群遺跡（標津町）	

ヒ：ヒスイ（硬玉）　滑：滑石　蛇：蛇紋岩　碧：碧玉　橄：橄欖岩　琥：琥珀
流：流紋岩　頁：頁岩　粘：粘板岩　透輝：透輝石　髄：玉髄　沸：沸石
チ：チャート　緑閃：緑閃石岩　透閃：透閃石岩　緑凝：緑色凝灰岩
砂凝：砂質凝灰岩　流凝：変質流紋岩質凝灰岩　変流：変質流紋岩
凝砂：凝灰質砂岩　珪頁：珪質頁岩　超：超塩基性岩　黒：黒色岩　不：不明

　一方、石材についてみてみると、最多はヒスイであり、広域に分布する。しかも、「へ」・「）」字形を除くすべての形態に用いられ、垂飾系統と「9」・「L」字形で多用される。2番目に多用される滑石も様々な形態でみられるが、大半はカリンバ3遺跡の「く」・「へ」・「C」字形である。そのほかの石材についても、美々4遺跡や柏木B遺跡では蛇紋岩、漆下遺跡では流紋岩、碧玉、緑閃石岩、向様田D遺跡では緑色凝灰岩を多用しており、遺跡ごとに石材の偏りがある。

　このように、広域的な垂飾系統や「L」字形はヒスイが、局所的な「）」・「ノ」・「く」・「へ」・「C」字形には他の石材が多用されており、石材と形態、分布に関連性がうかがわれる。しかし、「9」字形は局所的な分布であっても大半がヒスイ製であり、「へ」・「）」字形を除くすべての形態にヒスイが用いられていることから、石材と形態の関連が明確とは言い難い。そこで、攻玉遺跡と北日本の垂飾、勾玉を比較し、攻玉遺跡で作られた玉類が北日本に展開する様相を確認してみよう。

表1　垂飾・勾玉の出土数

地域	遺跡名	時期	楕円形・長方形〈孔中央〉大	小	楕円形・三角形〈孔上端〉大	小	弓形・D字形 大	小	)字形	ノ字形	く・へ字形	C字形	J・L字形	9字形	その他	計	ヒスイ	滑石	蛇紋岩	橄欖岩	琥珀	流紋岩	碧玉	緑閃石岩	緑色凝灰岩	その他
北陸	境A	後晩期	1	39	3	35	3	14			2	6	23		4	130	51	47	20							12
	元屋敷	後晩期		18	4	17	1	13					12		2	67	43	5	1				5			13
秋田	漆下	後期前葉～後葉		3	4	2	4	2	4	1	3	4			5	32	3					12	7	5		5
	向様田D	晩期前半							2	3	2	1	1	1	1	11	2						1		2	6
	虫内III	晩期初頭～前葉		1		1							1		1	4	3									1
	平鹿	晩期後葉											1			1							1			
青森	大石平(1)	後期前葉													1	1	1									
	上尾駁(2)	後期前葉	2	2			1	1								6	6									
	田面木平(1)	後期中葉													1	1	1									
	風張(1)	後期中葉～末葉				7	1	6					1			15	15									
	是川中居	後期後葉										1				1	1									
	泉山	晩期初頭～前葉				2	1	1								4	4									
	上尾駁(1)	晩期中葉				6	1					1	8			18	17									1
岩手	大日向II	後期末葉～晩期初頭			1		2	1				1	3			8	7									1
	川岸場II	晩期中葉～後葉											3			3	3									
道南	石倉貝塚	後期前葉			2			1							1	4	3	1								
	東山	後期末葉～晩期前半			1		3								1	5	5									
後志	曽我北栄	後期中葉	1					1								2	2									
	港大照寺貝塚	晩期中葉～後葉											2	1		3										3
	栄町5	晩期後葉						1					1			2							1		1	
石狩低地帯	美々4	後期中葉			2	1	1	1	4	2	1	1	4		4	21	17	2	2							
	美沢1	後期後葉～末葉										1				1	1									
	柏木B	後期末葉			2		1	1		1	1	2	1	1		10			10							
	美々4	後期末葉～晩期初頭			1		4	1	2	1	1	2	2	1	1	16	5	1	5		1					4
	カリンバ3	後期末葉～晩期初頭			3		6		5	1	13	8	2	2	2	42	3	31		2	6					
	志美第4	晩期中葉									1	6	1		1	9										9
	柏原5	後期後葉～晩期中葉	1	5	3	5	2	4				6	3		6	36	2	1	8	17			2			6
空知	音江環状列石	後期中葉						3							2	5	5									
道北	船泊	後期前葉～中葉	2	3	1		2	4								12	2									10
道東	常呂川河口	晩期後半						1					2			3	2	1								
	伊茶仁ふ化場	晩期後半											1			1	1									
	計		7	99	13	62	19	64	7	8	26	31	71	13	33	474	206	90	48	20	9	12	14	5	3	67

※石倉貝塚、上尾駁(2) 遺跡は本論不掲載のものを含む

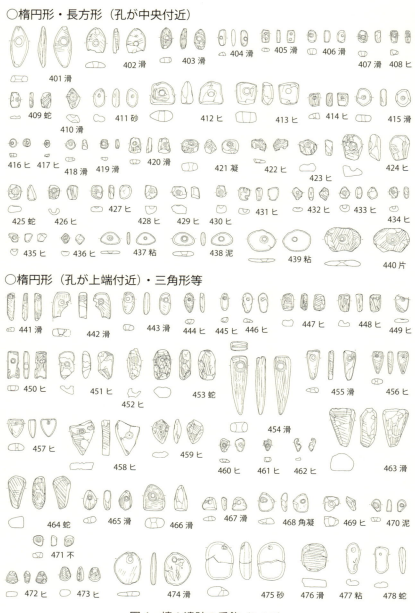

図4　境A遺跡の垂飾 (S=1/3)

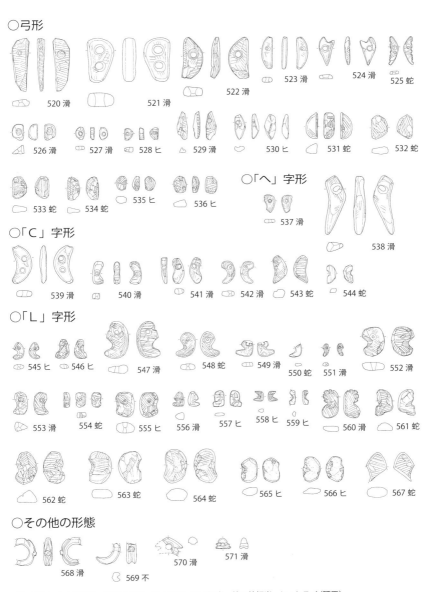

図5 境A遺跡の垂飾・勾玉 (S=1/3)

第3節 後晩期の勾玉の広域性と地域性

3. 垂飾、勾玉の広域性と地域性

(1) 境Ａ遺跡と北日本の比較（図４・５）

　境Ａ遺跡は、富山県東部にある中期から晩期の攻玉遺跡であり、住居跡群の北方からは、主体となる後期中葉から晩期の土器群とととともに、勾玉や垂飾が多く出土している。図４・５は大珠を除く垂飾、勾玉を抽出したもので、未成品を含む（以下、数字は図内番号を示す）。形態的には、垂飾系統の各種、勾玉系統の「ヘ」・「Ｃ」・「Ｌ」字形がみられ、北日本でみられる形態と共通する。とくに、境Ａ遺跡で多い垂飾系統や「Ｌ」字形は、北日本においても多く、かつ広域に分布するものであり、攻玉遺跡の形態が北日本に強く影響をしていたことがうかがえる。

　しかし、形態を詳細にみてみると、地域性が垣間見える。北日本では境Ａ遺跡の454〜457のようにきれいな二等辺三角形は少なく、不整な三角形や下端が窄まる楕円形が多い。「Ｃ」字形については、境Ａ遺跡のものは細身で湾曲が弱いが、カリンバ３遺跡のものは肉厚で、湾曲が強い。「Ｌ」字形では546のように下膨れしたものはあっても、上尾駮（1）遺跡180のように腹の抉りが省略されたものはない。

　石材については、報文や関雅之（2013）も指摘しているように、産地といえどもヒスイの割合は小さく、楕円形、長方形、三角形で半数程度、「Ｌ」字形で３分の１程度、弓形で４分の１弱に止まり、滑石や蛇紋岩が多用されている[2]。長楕円形の401〜411には滑石が、縦長でない412〜436にはヒスイが多用されるが、北日本では曽我北栄遺跡の22、美々４遺跡の30、31、風張（1）遺跡の141、142など、長楕円形であってもヒスイ製である。「Ｌ」字形については、境Ａ遺跡では２cm以下にヒスイ製が多く、２cm超は滑石製、蛇紋岩製であるが、北日本では大きさに関わらずヒスイ製がほとんどである。

　このように、攻玉遺跡と北日本では、形態、石材ともに必ずしも一致しない。他地域への供出を意図して玉類を製作しているのならば（長田 2008）、北日本で需要の大きいヒスイ製玉類は、攻玉遺跡に残りにくいためであろう。そこで、ヒスイ原産地と北日本の中間にある遺跡についてみてみよう。

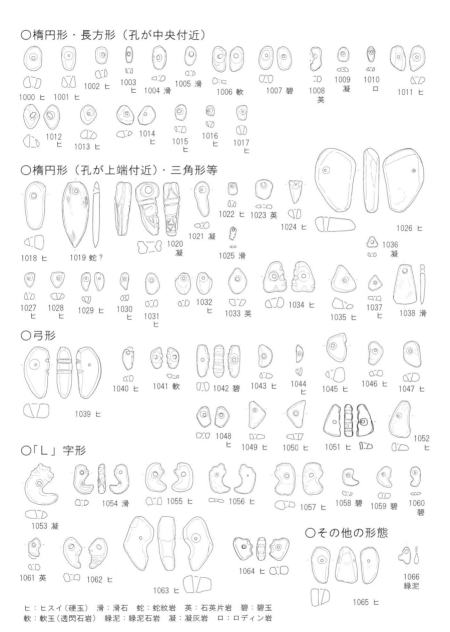

図6　元屋敷遺跡の垂飾・勾玉 (S=1/3)

第3節　後晩期の勾玉の広域性と地域性　215

（2）元屋敷遺跡の垂飾、勾玉（図6）

　新潟県北部の元屋敷遺跡はヒスイ原産地と北日本の中間にあり、垂飾系統の各種や「Ｌ」字形がみられる。これは北日本で広域的かつ多量に出土する形態であり、境Ａ遺跡でも多くみられる形態である。また、石材については、関も指摘しているように、境Ａ遺跡がヒスイだけでなく滑石、蛇紋岩を多用しているのに対し、元屋敷遺跡ではヒスイ製が顕著である。むしろ、境Ａ遺跡よりも北日本、とくに美々４遺跡や風張（1）遺跡に形態、石材が一致する。元屋敷遺跡はヒスイ製玉類の流通に深く関わり、攻玉遺跡からはヒスイが選択的に北日本へもたらされたことがうかがえる。

　ただし、ヒスイ以外の石材をみてみると、蛇紋岩は１点と少なく、滑石、碧玉、凝灰岩が５点ずつ、石英片岩が４点、軟玉（透閃石岩）が２点あり、境Ａ遺跡より多様である。漆下遺跡では碧玉や流紋岩、緑閃石岩、透閃石岩が多用されていることを鑑みると、元屋敷遺跡にもたらされる玉類は、単純に糸魚川市を中心とするヒスイ原産地からだけではなさそうである。

　先述の境Ａ遺跡にも、秋田県域でみられる形態がある。石材は異なるが、「ヘ」字形の538は屈曲が弱い点では漆下遺跡213とも共通し、欠損している570、571は、漆下遺跡の200と同様のものと思われる。環状の568、569は虫内Ⅲ遺跡の161と同様の形態である。ヒスイ原産地から秋田県にかけて、地域的な玉文化が存在した可能性がある。

（3）柏原５遺跡の垂飾、勾玉（図7）

　最後に、形態、石材ともに地域性が顕著な事例をみてみよう。報文や鈴木（前掲）などにより「在地攻玉」の可能性が指摘されている柏原５遺跡では、晩期を主体とするＡ区2B層、後期後葉から晩期中葉を主体とするＣ・Ｄ区2B層から垂飾、勾玉が出土した。

　形態的には、垂飾系統の各種、勾玉系統の「く」・「Ｃ」・「Ｌ」字形がみられるが、境Ａ遺跡や北日本に多い楕円形の垂飾は少ない。その一方で、「Ｃ」字形の324〜326は腹の抉りが「コ」字状を呈し、カリンバ３遺跡の106、107と共通する。330は頭が大きく、末端が窄まり、孔位置が頭部にあることから「Ｌ」字形としたが、腹の抉りが緩く、地域色がみられる。

　石材については、平玉は琥珀が、垂飾、勾玉は橄欖岩が多く、形態的には石

216　第Ⅲ章　各種装身具の流通と着装方法

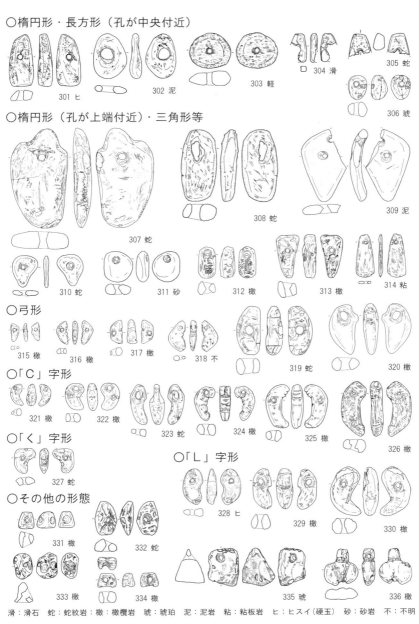

図7　柏原5遺跡2B層出土の垂飾・勾玉 (S=1/3)

第3節　後晩期の勾玉の広域性と地域性　217

狩低地帯の遺跡と共通するものの、遺跡独自の石材を用いている。断面が三角形となる橄欖岩製の331、333、蛇紋岩製の332は、ヒスイ製の石倉貝塚の1、大石平（1）遺跡の128、漆下遺跡の223、流紋岩製の222と同形態である。

　柏原5遺跡の垂飾、勾玉は、石狩低地帯でみられる地域的な形態が多く、広域的な形態であっても地域色が強く表れている。さらに、橄欖岩や琥珀を多用しており、近隣のカリンバ3遺跡で滑石、柏木B遺跡で蛇紋岩が多いことを鑑みれば、石狩低地帯南部は、遺跡ごとに石材の独自性が強い。ヒスイ原産地からの影響を受けつつも、形態や石材に独自性が強い遺跡が複数存在することで、北日本のなかでも石狩低地帯は地域性が顕著になったと考えられる。

（4）小結

　このように、垂飾系統の各種と「L」字形は、攻玉遺跡から北日本にかけて広域にかつ多量に分布する。また、玉類を多量に消費する石狩低地帯では、「く」・「へ」・「C」・「9」字形などの局所的な形態がみられる。しかし、詳細に観察すると、広域的な形態にも地域性がみられ、在地攻玉の可能性をうかがわせる。

　石材は形態よりも細かく地域性が現れ、攻玉遺跡と北日本の遺跡では形態的に同じものであっても、石材が異なる状況が生じている。さらに、形態的には一つのまとまりとなっている地域内においても、遺跡ごとで石材が異なっている。原産地が1ヶ所に限定されるヒスイが広範囲に流通する原理と、地域ごと、遺跡ごとで独自の石材を使用する原理の二重構造がみてとれる。

4．まとめ（図8）

　少なくともヒスイ製大珠が広まった中期には、縄文人はヒスイを嗜好し、それが後晩期においても継続していたと考えられる。境A遺跡などの攻玉遺跡で多量に作られる垂飾系統の各種が各地へ流通し、それを受容した北日本では、バリエーションを加え、地域特有の形態を生み出した。

　しかし、後期中葉から晩期初頭の北海道美々4遺跡のヒスイ計158点の重量は495.9gで、中期の青森県三内丸山遺跡の根付形大珠1点の重量497.4gとほぼ等しいとの指摘もある（高橋2005）。後期中葉以降、北日本のヒスイは点数的に増加しても、搬入された総量が増加したとは言い難い。しかも、美々4遺跡では後期中葉の垂飾・勾玉はヒスイ製が8割を占めるが、後期末葉～晩期初

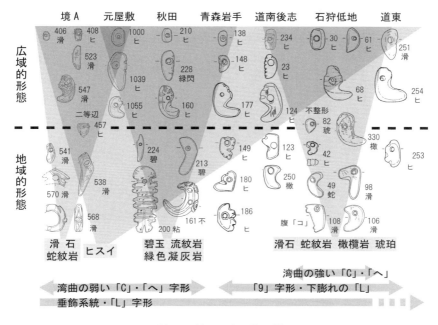

図8 形態と石材の分布の複層性 (S=1/4)

頭はヒスイ製は３割程度に止まっている。北日本では玉類に対する需要を満たすため、多様な石材の利用が必須となったのであろう。そのことが、広域的な形態、石材と、地域的な形態、石材が複層的に分布する結果を生み出したと考えられる。

註
1) 図２・３に掲載した資料の番号は先論のままである。また、先論で楕円形、長方形、三角形、逆三角形としたものは、本論では一つにまとめ、孔位置で細別した。なお、一部の資料については、先論と異なる分類としており、今後、類例の追加によってはさらなる変更の余地を残している。未だ研究の途上ということで、ご容赦願いたい。
2) 図５・６のとおり分類した場合の割合であり、報文とは異なっている。未成品の分類については確定的なものではない。

第３節　後晩期の勾玉の広域性と地域性　219

引用・参考文献

大坪志子　2015『縄文玉文化の研究―九州ブランドから縄文文化の多様性を探る―』雄山閣

長田友也　2008「縄文時代後期後半から晩期前半における東北日本の玉について」『玉文化』5、日本玉文化研究会

栗島義明　1985「硬玉製大珠の広大な分布圏」『季刊考古学』12、雄山閣

鈴木克彦　2008「亀ヶ岡文化の玉に関する問題―在地攻玉と厚葬―」『玉文化』5、日本玉文化研究会

関　雅之　2013「新潟県における縄文・弥生時代のヒスイ勾玉の一考察―縄文勾玉の形態と弥生勾玉の生産およびヒスイ産地の玉問題―」『新潟考古』24、新潟県考古学会

高橋浩二　2005『ヒスイ製品の流通と交易形態に関する経済考古学的研究　平成15～平成16年度科学研究費補助金　若手研究（B）研究成果報告書　課題番号：15720180』富山大学人文学部

福田友之　1999「北の道・南の道　津軽海峡をめぐる交流」『海を渡った縄文人　縄文時代の交流と交易』小学館

森山　高　2012「縄文時代後・晩期北日本出土勾玉の系統と傾向」『考古学論攷』Ⅰ、千葉大学文学部考古学研究室

森山　高　2015「縄文時代後・晩期北日本出土勾玉の形態別特徴」『考古学論攷』Ⅱ、千葉大学文学部考古学研究室

発掘調査報告書

石倉貝塚：函館市教育委員会　1999『函館市石倉貝塚』

船泊遺跡：礼文町教育委員会　2000『礼文町船泊遺跡発掘調査報告書』

音江環状列石・曽我北栄遺跡：駒井和愛　1959『音江』慶友社

美々4遺跡：北海道教育委員会　1977『美沢川流域の遺跡群Ⅰ』、財団法人北海道埋蔵文化財センター　1984『美沢川流域の遺跡群Ⅶ』、財団法人北海道埋蔵文化財センター　1985『美沢川流域の遺跡群Ⅷ』

柏木B遺跡：木村英明　1981『北海道恵庭市柏木B遺跡発掘調査報告書』柏木B遺跡発掘調査会

美沢1遺跡：北海道教育委員会　1979『美沢川流域の遺跡群Ⅲ』

カリンバ3遺跡：恵庭市教育委員会　2003『カリンバ3遺跡（1）』

志美第4遺跡：石狩町教育委員会　1979『SHIBISHIUSUⅡ』

港大照寺貝塚：小樽市博物館　1973『港大照寺遺跡調査報告書』、蘭越町教育委員

会　1970『港大照寺遺跡―積石墳墓群の調査概報』

大石平遺跡：青森県埋蔵文化財センター　1987『大石平遺跡発掘調査報告書Ⅲ』

田面木平（1）遺跡：福田友之　1995「本州北端の硬玉（翡翠）製玉飾り」『青森県考古学』第5号、青森県考古学会

上尾駮（2）遺跡：青森県教育委員会　1988『上尾駮（2）遺跡Ⅱ（B・C地区）発掘調査報告書』

風張（1）遺跡：八戸市教育委員会　2008『風張（1）遺跡Ⅵ』

大日向Ⅱ遺跡：財団法人岩手県文化振興事業団埋蔵文化財センター　1995『大日向Ⅱ遺跡発掘調査報告書―第2次～第5次調査―』

虫内Ⅲ遺跡：秋田県埋蔵文化財センター　1994『東北横断自動車道秋田線発掘調査報告書ⅩⅦ―虫内Ⅲ遺跡―』

泉山遺跡：青森県埋蔵文化財調査センター　1994『泉山遺跡発掘調査報告書』、青森県埋蔵文化財調査センター　1996『泉山遺跡発掘調査報告書Ⅲ（第4分冊）』

上尾駮（1）遺跡：青森県教育委員会　1988『上尾駮（1）遺跡C地区発掘調査報告書』

川岸場Ⅱ遺跡：財団法人岩手県文化振興事業団埋蔵文化財センター　2000『川岸場Ⅱ遺跡発掘調査報告書』

漆下遺跡：秋田県埋蔵文化財センター　2011『漆下遺跡』

向様田D遺跡：秋田県埋蔵文化財センター　2005『向様田D遺跡』、秋田県埋蔵文化財センター　2010『向様田D遺跡（第2次）』

東山遺跡：松前町教育委員会　2005『東山遺跡』

平鹿遺跡：秋田県教育委員会　1983『平鹿遺跡』

伊茶仁ふ化場第1竪穴群遺跡：標津町教育委員会　2013『伊茶仁ふ化場第1竪穴群遺跡』

常呂川河口遺跡：常呂町教育委員会　1996『常呂川河口遺跡（1）』

栄町5遺跡：財団法人北海道埋蔵文化財センター　1990『栄町5遺跡』

是川中居遺跡：八戸遺跡調査会　2004『是川中居遺跡 中居地区G・L・M』

境A遺跡：富山県教育委員会　1989『北陸自動車道遺跡調査報告―朝日町編4―境A遺跡遺構編』、同　1990『北陸自動車道遺跡調査報告―朝日町編5―境A遺跡石器編』、同　1991『北陸自動車道遺跡調査報告―朝日町編6―境A遺跡土器編』

元屋敷遺跡：朝日村教育委員会　2002『元屋敷遺跡Ⅲ（上段）』

柏原5遺跡：苫小牧市埋蔵文化財調査センター　1997『柏原5遺跡』

コラム②

巨大遺跡に残された副葬品
― 長野県岡谷市梨久保遺跡 ―

山田 武文

はじめに

　長野県岡谷市の北部長地山地山麓には、数多くの遺跡が連なるように存在している。梨久保遺跡はそれらの遺跡群の中央付近に位置し、尾根上および遺跡中央を南北に流れる常現寺沢川の作った小扇状地上にあり、標高約820〜860m、東西約300×南北約300mのやや不整の平行四辺形を呈した広大な遺跡である。扇状地上に形成された遺跡は北側の標高がたかく、南側にゆくに従って低くなる独特の景観を有しているが、中央部に墓域を挟んだ南北の区域には多数の住居跡群が形成されており、この地域における拠点的な遺跡と理解されている。

　2018（平成30）年の現在に至るまで梨久保遺跡では57次にわたる発掘調査が実施され、竪穴住居跡203棟、小竪穴[1]（以後〇Pと略す）1391基、地下式横穴3基など縄文時代草創期から中世に至る膨大な量の遺構・遺物が発見されている。遺構は常現寺沢川の両岸に存在するが、右岸の西向き尾根斜面に遺構はない。小竪穴は標高840m前後の東面に東西約60×南北約50mに群を形成している。遺跡南端部には平安時代の集落があり、縄文時代の遺構は標高約835m以上に確認されている。竪穴住居跡は縄文時代早期初頭段階から認められており、中期後葉に最多となる。小竪穴群は、遺跡の中央やや南にあたり、周囲を竪穴住居が囲む。

1. 梨久保遺跡の土壙[2]

　諏訪地方に限らず酸性土壌の列島では人骨が発見されることはまれであるが、密封状況や湿度など特殊な条件が揃うとわずかな骨片や焼成骨が残存することもある。また、小竪穴の大きさによって土壙と認定することは困難である

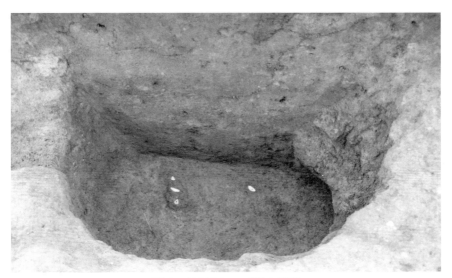

図1 1091P ヒスイ出土状況

為に、小口径の小竪穴の大多数についてその性格が不詳であることとなるが、小竪穴(約930基)が明瞭な群構成を持っていること、住居と土壙の集落構造、土壙と考えられる副葬品を有する小竪穴が多数あることなどから、これらを土壙群と考えている。副葬品と考えられる遺物には多種類があり(甕被り葬は除く)、装身具を出土する11例、土器が埋納される15例、石器が出土する43例、骨片が残存する27例、集石がある33例などで、このほかに甕被り葬12例がある。土器副葬例はそのほとんどが中期初頭の所産であり、石器は石匙・大型粗製石匙13例、石鏃8例、石棒7例、石斧類6例、石皿6例、砥石1例、磨石類1例、切れ目石錘1例などとなっており、石匙や石鏃、石斧、石棒の多いことが注視される。

梨久保遺跡の墓壙内から出土した装身具は例外なくその坑底近くから発見され、そこにはヒスイ・コハク・滑石製の垂飾り類が含まれており、その出土状況や組合せ、形態などの点において全国的にも注目される資料と言える。とくに296Pからはコハク製装身具5点[3]・滑石製管玉1点が出土し、1091Pではコハク製装身具1点・ヒスイ製装身具5点と、ここ梨久保遺跡のそれぞれの墓に葬られた人物が希に見る豪華な装飾品を副葬されていたことが判明した。

コラム② 巨大遺跡に残された副葬品

図2　梨久保296P（コハク4点、滑石1点）

図3　梨久保1091P（コハク1点、ヒスイ5点）

　言うまでも無くヒスイ・コハクは遠隔地からもたらされた希少財で、ヒスイは新潟県姫川産、コハクについては千葉県銚子産ではなくて岩手県久慈産と考えられる[4]、(財)元興寺文化財研究所2009)が、コハクは質変化が著しく産地同定が困難であるともいわれている。今後の再検討が望まれるところではある。岡谷市内ではほかの遺跡からもヒスイ・コハク製品の発見は相次いでいるものの、ここ梨久保遺跡からの出土数は突出しており、ヒスイ9点、コハク10点が土壙の10基（255、257、296、307、331、481、608、1090、1091、1110P）から出土し、しかもそうしたヒスイ・コハク製装身具の検出された土壙群の分布は興味深いことに集落中央の墓域内およそ20×15mの範囲に集中しているのである（481Pを除く）。ここの空間には甕被り葬も数基みられ、コハク・ヒスイの副葬および甕被り葬の集中箇所であり、墓壙群内の北西部にあたる。

　諏訪地方の縄文時代遺跡から出土したコハク製品について瞥見してみると、郡内全部では2007年の相京和茂の集成（相京2007）以後に発見された資料を含めて14遺跡からコハク製品が発見されており、遺構別に見ると住居跡出土

は3遺跡、小竪穴出土が11遺跡、小竪穴周辺が1遺跡となっている[5]。これらコハク製品が出土した遺構群の詳細な時期決定は困難ではあるが、おおよそ住居跡出土は中期初頭から中葉、小竪穴出土は中期後葉と後期と考えられ、諏訪地域においてコハク製品は中期後半を中心に盛んに土壙に副葬された、すなわちその時期の人々によってコハク製品を身に着けるような風習がピークに達していたと考えられるのである。

　このように梨久保遺跡およびその周辺地域は、ヒスイやコハクなど稀少石材を用いて製作された装身具類が数多く発見されている、全国的にこれらの装身具が最も集中した地域であると言えるであろう。その中でも中核的な大規模遺跡である梨久保遺跡では当該ヒスイ・コハク製品のほかにも遠隔地の土器が多数発見されている。では、なぜそれらの装身具や異系統の土器群がここ梨久保遺跡にもたらされたのであろうか？それを解く鍵がこの地域特産とも言うべき「黒曜石」にあったと理解している。諏訪・星ヶ塔、和田・鷹山などの大規模な黒曜石原産地を後背山地に有する梨久保遺跡は、黒曜石供給の基地的な存在であったものと推察されるのである。次にそうした梨久保遺跡一帯の黒曜石の様相をみてみることとしよう。

2. 梨久保遺跡と黒曜石原産地

　梨久保遺跡および長地山麓に展開する遺跡では、多量の黒曜石が発見されている。これらの黒曜石は、石器、原石・石核、剥片、細片などで、黒曜石集中箇所も多数発見されており[6]（会田ほか 2005・2006）、梨久保遺跡を拠点として各地に黒曜石が流通していったと考えられる。ではこれらの黒曜石はどこから持ってきたのであろうか？

　諏訪地方には複数の黒曜石現産地があり、和田峠、西霧ヶ峰、男女倉、鷹山、冷山などが知られている。梨久保遺跡から北東約10kmに和田峠の原産地があり、そこから南におよそ2kmに西霧ヶ峰星ヶ塔原産地がある。明治大学杉原重夫の分析によると（杉原 2009・2011）、梨久保遺跡［和田産11.8％西霧ヶ峰産86.9％］、清水田遺跡［和田産2.4％西霧ヶ峰産97.6％］、目切遺跡［和田産4.9％西霧ヶ峰産93.8％］であり、西霧ヶ峰産が圧倒的に多い。西霧ヶ峰原産地には和田峠経由か、または砥川を渡河する必要があるが、労苦をいとわず西霧ヶ峰

コラム② 巨大遺跡に残された副葬品　225

へも採集に出かけていたことを示している。また、目切遺跡では静岡県恩馳島系の黒曜石が1点確認されていることが特筆される。コハクの原産地遺跡である千葉県粟島台遺跡の報告書（寺村 2000）では、出土した 52 点の黒曜石について産地同定がされ、そのうちの 50 点が神津島産、2 点が西霧ヶ峰産と同定された。出土した黒曜石のほとんどが神津島産であって、諏訪産の黒曜石がほとんど確認されていない事実からは、双方向的と理解されがちな銚子産コハクの諏訪への流通・交易についてどのような関係が想定されるのであろうか。

3. まとめ

梨久保遺跡では、ヒスイ・コハクなどの希少財や関西・北陸・関東などの遠隔地に由来する異系統の土器群が発見されている。当該遺跡の位置や立地を考えると、日本海沿岸に産するヒスイと太平洋側に産地を持つコハクなどが、縄文時代の広範な「ネットワーク」によりここ梨久保遺跡へともたらされたと考えている。遠隔地に由来するこうした装身具や異系統の土器群が本州中央の諏訪湖近くの梨久保遺跡にもたらされた最大の要因は黒曜石にあったと考えており、関東や北陸ばかりでなく遠く東北や東海、近畿地方にまで至る広範な範囲から黒曜石が出土している。和田・霧ヶ峰産を中心とした黒曜石の集積地として原産地直下に位置する拠点遺跡である梨久保遺跡は、そうした特産品とも言える黒曜石の広範な物流拠点として栄え、そのなかでヒスイ・コハクや遠隔地の土器群も運ばれてきたものと考えている。

註

1) ＝土坑、岡谷市では「土坑」を使用せず「小竪穴」と呼称している。
2) 「壙」は墓穴の意味がある。「墓壙」は意味が重なるため、「墓穴」は「土壙」を使用する。
3) 296P 出土のコハク製品は報文中では 5 点となっているが、1 点は破砕されて復原が叶わず、そのため提示できない。
4) 上向 B 並びに志平遺跡出土のコハク大珠は㈶元興寺文化財研究所分析報告書（琥珀玉の産地同定）により岩手県久慈産の可能性が高いとされている。
5) 諏訪市荒神山遺跡は住居跡、小竪穴両方に出土例がある。
6) 梨久保遺跡でも多くの黒曜石集中箇所が発見されているが、東に隣接する清

水田遺跡では黒曜石の集中個所が 12 ヶ所発見されていて、時期も前期末〜中期初頭に限られる。中には 500g を超えるような大型の黒曜石の集中もみられる。また、重量 6.5kg という超大形の黒曜石が遺跡から発見されている。

引用・参考文献

相京和成　2007「縄文時代におけるコハクの流通（上）（下）」『考古学雑誌』第 91 巻第 2・3 号、日本考古學會

会田　進ほか　1986「梨久保遺跡―中部山岳地の縄文時代集落―梨久保遺跡第 5 次〜第 11 次発掘調査報告書（本編）」岡谷市教育委員会

会田　進ほか　2005『「目切・清水田遺跡」岡谷市長地山の手土地区画整理事業に伴う遺跡発掘調査報告書―縄文時代「壺を持つ妊婦土偶」を出土した集落址―』郷土の文化財 26、長野県岡谷市教育委員会

会田　進ほか　2006「国道 20 号バイパス関連遺跡発掘調査報告書」郷土の文化財 27、長野県岡谷市教育委員会

市沢英利ほか　1987「中央自動車道長野線埋蔵文化財発掘調査報告書 1―岡谷市内―」日本道路公団名古屋建設局・長野県教育委員会・㈶長野県埋蔵文化財センター

㈶元興寺文化財研究所　2009「分析報告書（琥珀玉の産地同定）」

杉原重夫　2009・2011「蛍光 X 線分析装置による黒曜石製遺物の原産地推定―基礎データ集（1）（2）―」明治大学古文化財研究所

寺村光晴ほか　2000「粟島台遺跡―銚子市粟島台遺跡 1973・75 の発掘調査報告書」千葉県銚子市教育委員会

宮坂　清　2014「星ヶ塔黒曜石原産地遺跡―総括報告書―」長野県下諏訪町教育委員会

山田武文　2007「上向 B・扇平遺跡発掘調査報告書（概報）」長野県岡谷市教育委員会

大竹憲昭ほか　2018「平成 30 年度秋季企画展　最古の信州ブランド黒曜石　先史時代の石材獲得と流通」長野県立歴史館

コラム③

吉胡貝塚
― 人骨と装飾品：腰飾り ―

栗島 義明

はじめに

　吉胡貝塚は愛知県渥美郡田原町吉胡矢崎に所在する縄文時代晩期を中心とした貝塚で、渥美湾を望む知多半島の中ほどの場所に位置している。遺跡付近では西方にある蔵王山から延びる緩やかな斜面が平坦な段丘を形成しており、住居など吉胡貝塚遺跡の居住域はここに存在すると考えられている。段丘から平坦な沖積地への変換点は緩やかな斜面地となっており、ランドマークであるチャートの巨岩「矢崎岩」周辺を中心とした標高約6mの緩斜面からハマグリ、オキシジミ、アサリ、マガキを含む貝塚と350体近くの人骨群が埋葬された集団墓が発見されたのであった。これが吉胡貝塚である。

　吉胡貝塚は明治時代からその存在が知られていたが、本格的な調査が実施されたのは人類学者の清野謙次による1922（大正11）年と翌23年の調査であった。清野は自らの混血説による石器時代人＝原日本人説の検証を一つの目的としてこの調査に望み、この折りに実に308体にも及ぶ縄文時代人骨を収集したのであった。その後、1976（昭和51）年に実施された文化庁による発掘調査でも33体の人骨が発掘され、ここ吉胡貝塚は最も多くの縄文人骨が発見された遺跡として、全国的にも知られ現在に至っている。そして当該

図1　吉胡貝塚の位置

遺跡の重要性は出土した大量の縄文人骨の形質人類学的な点に留まらず、そこに残された抜歯や人骨に伴出した腰飾りや耳飾りなど多数の装身具類など、考古学的に見ても第一級の資料群が発見された点にあり、現在に至ってもなお吉胡貝塚の資料群は斬新で魅力的な研究テーマを提供し続けていると言うことができるのである。

1. 吉胡貝塚の腰飾り

　縄文時代の装身具については吉胡貝塚の調査以前、大阪府国府遺跡（1917年）や岡山県津雲貝塚（1919年）の発掘で耳飾りや腰飾りが確認されており、いずれもが出土人骨に伴って出土したことから装身具の装着部位が明瞭なことから、研究の初期の段階で装身具形態とその機能が特定された点は大いに評価されてよいだろう。清野はこれらいずれの調査にも関わっており、その直後に自らが主導するかたちで吉胡貝塚を調

図2　吉胡貝塚今昔（上写真の人物は清野氏）

コラム③　吉胡貝塚　229

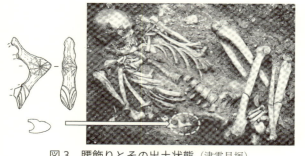

図3　腰飾りとその出土状態 （津雲貝塚）
（京都帝国大学 1920）

査し、それまでにない規模の調査で膨大な縄文人骨とそれに伴う多くの装身具類、とりわけ腰飾りが数多く発見されされたのであった。清野は1949年の著書でそれまでに発見された人骨伴出の装身具に関する全国集成をおこなうと共に、そのなかで吉胡貝塚から出土した腰飾りをA～Iまでの9種に分類し、一覧表を作成したうえで伴出人骨の様々な属性との対応関係についても分析を進めた。この先駆的な清野の研究以後で特筆されるのが春成秀爾の研究であり、春成は腰飾りをその形態から4つに区分し直し、抜歯や叉状研歯の施された人骨などとの関連性およびその空間的配置性から、腰飾りが集団内における氏族長などの標章性を帯びた副葬品であったとの斬新な研究成果を披瀝したのであった（春成1985）。

　春成が形態的特徴からL形、Y形、I形、J形に区分しているように、腰飾りの形態的変位巾は極めて大きい。素材については鹿角が一般的であるが、吉胡貝塚ではイノシシの牙や動物の脊椎骨を用いた事例も認めることができる。腰飾りの基本的形態は、鹿角の主幹から第1枝角の叉状分岐部を用いて屈曲部を持った「く」の字型を保持させたもので、鹿角表面の緻密質を部分的に残して海綿体部を除去することで短剣、棒状の木製品などを吊り下げる部品であったと考えられている。そして腰に下げられるように端部側に穿孔が施されており、その箇所は紐ズレと考えられる摩耗痕が著しいことから、生前に利用人物によっての恒常的な装着についても指摘される場合も多い。

　吉胡貝塚で発見された350体程の人骨のなかで、腰飾りを佩用した例は28体発見されている。全体の1割にも満たない低い装着率であるように思われるが、全国に目を向けても腰飾りが装着されたまま発見された人骨はわずかに45例ほどしかないことを考えると、ここ吉胡貝塚の突出した装着率が際立っていると言えようか。人骨腰部に薄く研磨した枝角部やイノシシ牙部製の腰飾

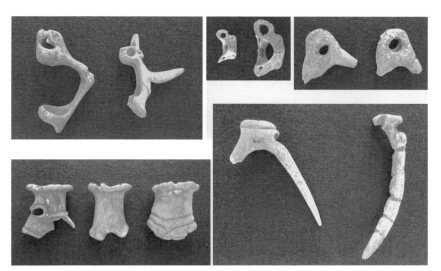

図4　腰飾り各種（筆者撮影）

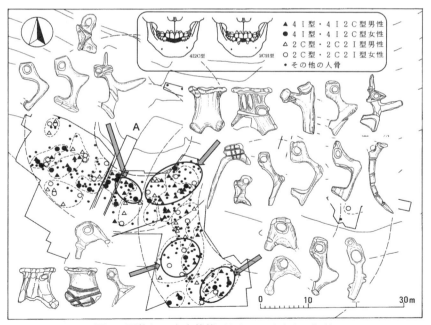

図5　腰飾りの出土状態（春成2013をもとに作成）

コラム③　吉胡貝塚

りが残っているのにもかかわらず、そこに挿入された筈の本体が残っていないのはやはり木製の短剣・棒状製品の類いであったと推察される。腰飾り自体ではその全面が赤彩されたものも多く、形態のみならず色彩から判断してもその携帯と第三者への周知が主目的であった点は間違いないと言えよう。

　吉胡貝塚出土の腰飾りを分析した春成によれば、装着の性差は男性23例、女性2例、不明が2例とされており、岡山県津雲貝塚の例を引用するまでもなく女性佩用の腰飾りも存在したようである。注視すべきは複数の腰飾りの佩用が1例も見られないことで、それぞれの形態が何らかの機能なり社会的な佩用原理が働いていた可能性も捨てきれない。また、集団墓とされる吉胡貝塚の空間的な構成と腰飾りを佩用する人骨の出土位置を見極めてゆくと（図5）、腰飾りが特定の空間に集中する傾向を認めることができそうである。とくに二つの環状を呈する墓域空間の重複箇所からは11点もの腰飾りが集中し、またその西側の空間にも集中が認められている。調査区の南端の区域からも腰飾りの集中が見い出せ、全体的には偏在的に幾つかの空間に分布はするものの、特定空間にのみ集中するような顕著な分布傾向を見出すことは困難である。これは氏族のリーダー的な役割を負ったとされる叉状研歯を持つ人骨分布とも共通するようで、集中という点ではこちらの叉状研歯の施された埋葬人骨の方がその傾向が顕著であると言えようか。

2. まとめ

　吉胡貝塚では、紹介したように350体にも及ぶ縄文時代人骨が出土しており、しかもそれらは一定の社会的規制の基に墓域内で明瞭な空間的配置を持っているように見える。調査から100年近くも経過しつつも当該資料が抜きん出た資料であることに変りはなく、集落と人骨の残った墓地との一体的な関係性の伺われる列島内でも希有な遺跡、そして研究の基準資料と評価される遺跡ある所以と言える。恐らく、日本列島の数万ヶ所を数える縄文時代遺跡のなかで、この吉胡貝塚が最も多量の人骨を残す遺跡であることは間違いないと思われるが、実は吉胡貝塚を残した人々の居住域は蔵王山から東方に伸びた丘陵上のわずかな平坦面に形成されていたことが判明している（田原町教育委員会2008）。しかし、そこには拠点的集落が残されていた形跡はなく、せいぜい同時に数軒

の住居からなる小規模な集落でしかない。残された人骨からすると集落の規模はそれに釣り合わないようにも思われるが、実は集落の継続性と時間幅を考えるとむしろ350体という出土人骨の数値は妥当であるのかも知れない。列島各地の縄文集落に見る住居数と墓壙数との関係こそ異常であり、吉胡貝塚を基準とすれば多くの縄文人は集落内の墓地へと埋葬されていない可能性がたかいのである。

　縄文時代の多様な装身具については、その形態的特徴と共に人骨伴出事例への注目を抜きにしては研究の進展を望むことはできない。加えて重要な研究課題はそれを佩用した人物が集団墓のどのような場所に埋葬されているのか、その詳細な空間的分析が必須となる。集落内における住居設営に関する社会的規制と同様に、埋葬に際してはその人物が生前にどのような社会的地位にあり、集団内で負っていた役割が何であったのかなどと言った様々な要因に従って、死後の埋葬空間が決定されていた可能性はたかい。吉胡貝塚の腰飾り研究は、装身具が個別形態の分類や製作技術の解明に留まるのではなく、それを佩用した人物を通じた社会研究へと進むダイナミックな研究をそこに内包していることは決して忘れることはできないし、今後もそのような研究にとって吉胡貝塚の資料がかけがえのない第一級の資料であることは間違いないであろう。

引用・参考文献
　清野謙次ほか　1949『古代人骨の研究に基づく日本人種論』岩波書店
　清野謙次　1969『日本貝塚の研究』岩波書店
　京都帝国大学　1920『備中津雲貝塚發掘報告　肥後轟貝塚発掘報告』京都帝国大
　　　学文学部考古学研究報告第五冊
　春成秀爾　1985「鉤と霊—有鉤短剣の研究—」『国立歴史民俗博物館研究報告』第6集
　春成秀爾　2013「腰飾り・抜歯と氏族・双分組織」『国立歴史民俗博物館研究報告』
　　　第175集
　田原町教育委員会　2007『国指定史跡吉胡貝塚（1）田原市埋蔵文化財調査報告
　　　書第1集』

コラム④
ヒスイとコハクの出会い

栗島 義明

　長野県から山梨県にかけての地域は、日本海側（糸魚川）に産するヒスイと太平洋側（銚子）に産出するコハク、それぞれを用いた装飾品が出会う場所であった。その為に諏訪湖周辺から八ヶ岳山麓にかけての遺跡からは、一つの集落の墓のなかからヒスイ、コハクそれぞれの貴石を用いた装身具が発見されることが多い。岡谷市の梨久保遺跡や上向B遺跡、茅野市の中ツ原遺跡や棚畑遺跡などが代表的な遺跡で、ヒスイ大珠は正面から穿孔されているが、コハク製のものは縦や側面方向に穴の開けられたものが多く、装着方法などの違いがあったのかも知れない。

　日本で最大のコハク製大珠は梨久保遺跡から出土したものであり、また日本最古のヒスイ製大珠は山梨県天神遺跡出土品で縄文時代前期の墓の中から出土している。いずれにしてもこの地域が中部地方と関東地方を結ぶ、物流の大動脈であったことは間違いなく、ヒスイやコハク製の装身具だけでなく多くの物資がこのルートを頻繁に往来していたことは間違いなさそうである。

図1　ヒスイ・コハク製の装身具（筆者撮影、縮尺不同）
（左）上向B遺跡出土 装身具、（中央）天神遺跡出土 日本最古のヒスイ製大珠、
（右）梨久保遺跡出土 コハク製大珠

第IV章

副葬品と縄文社会

第1節

古人骨から見た装身具と着装者

谷 畑 美 帆

はじめに

　現代社会において、いわゆる「装身具」は、美的装飾という面が強く出る品々となっている。そこでの「装身具」は、保有者の美的センスをあらわすと同時に、時代に合わせた流行が反映されており、集団内における美の表現形態の一つと見ることも可能である。

　しかし、それを身にまとうことで装着者がそれを楽しむモノではなく、歴史的に考えるなら考古で扱う装身具は第三者からの「見た目」を強く意識した品であり、場合によっては、狩猟での成功を祈願した豊穣信仰の表現などとみなされる場合もあった（春成 1997）。このような様相は、縄文時代においても見てとることができ、時期や地域によって、あるいは性差や年齢によって、着装する装身具は変わってくることも明らかになっている。

1. 装身具と縄文社会

　それがよくわかるのが、墓に埋葬されている被葬者とその装身具の関係である。山田康弘はかつて、埋葬者と彼らが保有する装身具について、年齢によって異なるバリエーションが存在し、これは社会における貢献度を示していると説明している（山田 2008）。着装される装身具に、性差とも言える傾向性が確認されることがある。

　例えば貝輪装着は圧倒的に女性の被葬者に偏り、他方、腰飾りは男性被葬者に偏ることが明らかになっている。春成秀爾はこれを性による相違を示しているとみなした（春成 2013）。また、大珠のように、その保有と分配に制限があ

ると考えられる装身具もあり（栗島 2014）、こうした装身具とそれを佩用した人物との関連性を突き詰めてゆくことで、縄文の社会制度に係わる取り決めなどを垣間見ることも可能である。

　縄文時代はこれまで狩猟採集を生業の基盤とした、エガリテリアン（＝平等）な社会と考えられてきた。しかし、当時、本当に等質な社会が構築されていたのかどうかについては、昨今の研究では疑問や否定的な見解も呈示されている。世襲化された階層社会が構成されるのは弥生時代以降だとしても、ある程度の人数が保持されている社会で、すべての人間が同じ生活条件におかれていたとは考えにくいことは確かであろう。

　実際、一つの集団における装身具の保有者は集団墓に葬られた全員ではない。出土状況をみるまでもなく限定的な装着であることは明らかである。すなわち、装身具は集団の誰もが保有していたわけではないのである。以下、装身具を身に着けた人物は集団内でどのような扱いを受けていたのかを、古人骨が内包する情報とあわせて検討していきたい。

2. 装身具を身に着けた人たち

　最初に貝輪について考えてみたい。縄文時代で貝輪を多く装着して葬られた女性としては、福岡県山鹿貝塚出土例が有名である。

　山鹿貝塚からは合計 18 体（2002 年段階）の人骨が出土しているが、装身具の保有率は女性に偏っている。中でも墓域の中心に埋葬されている 2 体の女性は、ほかの個体より装身具保有率が高いことから集団内でも特別な存在とみなされている。貝輪の着脱に関してはすでに詳細な考察がなされており（阿部・金田 2013）、これは計測値からも裏付けることができる。すなわち、左右の上肢骨の計測を実施した結果、貝輪を着装している側の腕が極端に細くなっているというわけではないことが明らかになった。この背景には、複数の貝輪を装着したままで暮らしていると腕を用いた作業に支障をきたし、その結果、腕輪を装着し続けた腕は細くなるという事実がある。しかし、そのような数値は確認されておらず、生前、彼女たちは適宜、貝輪の着脱を繰り返していたとみなされるのである。

　またこれら 2 体の女性人骨では、重労働の結果、骨に生じる骨棘などの形

成はゆるやかであるため、四肢骨や背骨などに負荷がかかった痕跡は見てとれず、骨病変として観察される所見は、総じて多くないとみなされる（谷畑2012）。

　興味深いのは山鹿貝塚出土例において、顔面が遺存している個体について、その計測結果から、男性個体と女性個体とでは形態的特徴が異なることがわかったことである。すなわち男性の個体では低顔の様相（＝縄文的な顔立ち）を呈しているが、これに対し女性個体では、高顔（＝渡来系弥生人の顔立ち）となっている。これらのことから、山鹿貝塚は縄文時代の遺跡ではあるものの、地理的な条件より比較的早い後期段階から大陸との交流があった蓋然性の高いことがわかる。また、在来的な様相とは異なる高顔の顔面形態を保持している個体が、副葬品からみる限りではここ山鹿集団内で重要な地位についていたものと推察されるのである。

　そして装身具の保有率が極端に高い２体の女性は、埋葬という行為においても特殊である点は見過ごすことができない。すなわち２号人骨は肋骨と腰椎が原位置をうごかされて３号人骨の足元に置かれており、３号人骨では胸郭部の骨が抜き取られてしまっている。２号人骨の体幹骨は連なっていることから、靭帯などの軟組織が遺存している段階で抜き取られていたようだ。

　３号人骨の胸郭部は抜き取られてほかの場所に安置されたのか、その詳細は不明と言わざるを得ないものの、ごっそり体幹の骨だけが抜き取られているのは異常である。タフォノミー研究の視点から判断してみても、３号人骨では遺存率の悪い中手骨などがほぼ完全な状態で残っているにもかかわらず、体幹の骨が存在しない。このことは人為的な抜き取り行為を裏付けると見做して間違いないであろう。また、２号人骨および３号人骨は、並列し、頭位がほぼそろった状態で出土している。しかし、このうち、全体の骨の遺体率の高い２号人骨のほうが３号人骨よりも多様な装身具を身に着けている。

　この２人の女性の年齢はほとんど同じであり、彼女たちの相互の関係性についてはとくに明記すべきものが見当たらないため、ここではこれ以上述べることができないが、２号人骨のほうが装身具の着装という点ではエラボレート（＝手がかけられている）されているということは言えるだろう。

　このように装身具は、エラボレートされていることを提示する遺物でもあ

る。そして着装には明瞭な地域差を認めることができ、東海地方以西では首飾の出土は少なく、腰飾と腕輪が多くなっていることが指摘されている（山田 2008）。また、第三者的に見た場合、目立ちにくい場所ということによるのかもしれないが、装身具の中でも足飾は出土事例が極端に少なくなっている。

　時代を追って考えてみると、縄文後期では装身具の着装年齢に相違があり、社会的に大きな役割を担っていた年齢層で豊富な着装が確認できている。しかし後期においては、千葉県権現原貝塚や茨城県中妻貝塚のような、一つの土壙内に多数の遺体を埋葬した形態（設楽 2001）では副葬品が伴わない事例も確認されている。

　また、晩期の一部の地域において確認される複数個体を埋葬した「盤状集積埋葬」も装身具を伴わない。埋葬されている個体は、約 10 個体以上となる場合もあり、靱帯などの軟組織が遺存している段階で部位を解体し、墓地に配置するという行為もなされている。また、埋葬されている大腿骨などの四肢骨を観察するとかなりがっしりした形態を呈している（水嶋・坂上・諏訪 2004）が、基本的に著しい骨病変は残されていない。

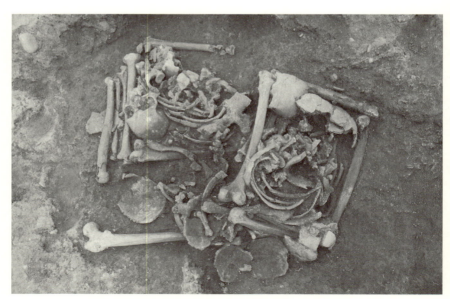

図 1　愛知県保美貝塚の盤状集積埋葬（保美貝塚発掘調査団提供）

中世ヨーロッパを震撼させたペストも骨に病気の所見を残しにくく、骨病変のみの観察では病気の所見は確認できない。そのため、観察個体がペストに罹患していたかどうかを鑑別診断するためには、骨に残された病原菌を取り出し、罹患していた病気を認識するという方法をとる（Twigg 2003）。

盤状集積埋葬における各々の個体は言うまでもなく死亡してしまっているため、彼らが健康であったとは言い難い。そのため、これらに骨病変が少ないのは、急性の疾患により罹患後即座に死亡したことから、骨に病気の痕跡は残されなかったためとみなされる。多遺体を集積埋葬した個体の疾患にせまるためにはこうした手法も今後有効となってくるであろう。

3. 身体装飾

縄文時代の人々が刺青を施していたかどうかは、現段階では明らかにすることはできない。これはこうした装飾をしていたとみなすための痕跡が、具体的に確認できないからである。また刺青が骨に何かの痕跡を残すとは考え難いため、ここでは刺青は保留し、歯に施された装飾的な所見から考察を進めていくこととしたい。

上顎の中切歯の咬合面に2～3条の切れ目を入れて加工した歯のことを「叉状研歯」と呼んでいる（鈴木1940）。叉状研歯は大阪府国府遺跡KG9号人骨において最初に報告されたのち、愛知県稲荷山貝塚・吉胡貝塚などでも報告されるようになる（浜田1918、清野1932）。このように歯に装飾を施す個体は、個体数が限定されていること、および極めて地域性の強い事例であることから、長い間、限定された特定の人物に施されるものと考えられてきた。ではどのような個体に施されているのかを人骨の所見から見ていくことにする。

叉状研歯を施している個体の男女比はほぼ同じと考えられているが、年齢は現段階では成年から熟年においてのみ確認されており、未成人個体や老年個体では確認できていない。年齢にこのような偏りがあるのは、前述したように社会貢献度の高い個体において施される装飾だからかもしれない。

この装飾にどのような意味があったのかについては、これまでに様々な考察がなされているが、叉状研歯を持つ個体（＝人）は、集団における有力者というには事例が多すぎると考えられる。そのため、叉状研歯を持つ個体は、一つ

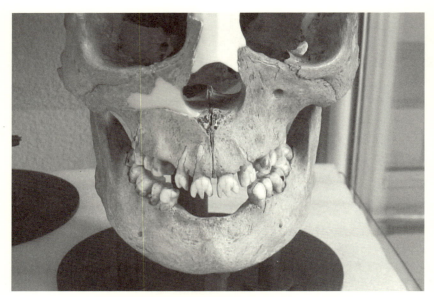

図2 大阪府国府遺跡の叉状研歯（東京大学総合研究博物館所蔵）

の集団に複数存在し、特定の世帯の構成員として複数いたとの考え方がなされている（春成 2013）。

　例えば、吉胡貝塚などでは、叉状研歯を持つ個体は、全体の10％程度の個体で確認できる。また、発掘調査区から考察すると、叉状研歯を持つ個体が特定の場所に集中していたことも指摘されている（浜田 1918）。そのため、彼らが集団内における特別な人物であったとは推測できるが、その総数は前述のようにやや多めであり、集団における有力者というわけではないだろう。また、こうした個体の健康状態はどうかというと、骨に特定の病気の所見が残されているというわけでもない。近年では、骨に病気の痕跡が残されていない個体の場合、感染症の罹患を想定し、病原菌のDNA分析を実施することによって。その個体の罹患歴や死因を示すことができるようになってきた。

　しかし縄文人骨の場合、感染症の種類がいまだ不明であり、この種のDNA分析などの結果が現段階では提示されていない。そのため、わからない点が多く、叉状研歯の事例において骨病変が多いとか少ないとかいった特性を、現段階では見出すことはできていない。

4. 人骨の所見からの考察

人骨に残されている所見は様々であり、年齢や性別などの情報のほか、病気の所見を得ることができる場合もある。しかし、実際は、当時どのような病気が多かったのかを詳細に述べることはやはり難しいのが実情である。それはこれまでも述べてきたことであるが、骨病変として残された所見がその人物の病歴すべてをかたるというわけではないからだ。

これは、骨が体の組織の数％にすぎないこと、そして観察個体である人骨にその人物が生前罹患した病気のすべてが骨病変として残されているわけではないことなどによる。そのため、とくに急性疾患などである場合、脚気などのように、軟組織には著しい所見が呈されるにもかかわらず、骨には所見が残されていないケースでは、骨病変の観察はできないことになる。

また骨組織に観察される所見と歯牙に観察される所見では、提示する内容も異なってくる。頭蓋骨外板や眼窩上板骨に観察される多孔性変化などの場合は、提示される所見の程度がそれほど著しくない場合（グレード1など）には、リモデリングによって治癒してしまうことがある。これに対して、歯牙に観察されるエナメル質減形成などの場合には、形成された所見は生涯を通じて治癒することなく残される。

例えば、歯牙に観察されるエナメル質減形成を有する個体は、最も出現しやすいとされる犬歯では全体の30％程度の出現頻度である場合、骨に所見が観察される骨膜炎の出現頻度が15％程度となっている縄文後期の集団も確認されている。エナメル質減形成は幼少期の健康不良を示す病気であり、リモデリングにより治癒の可能性がある骨膜炎は、その個体が死亡にいたる数年前の健康状態を呈するものである。そのため、エナメル質減形成が観察される成人個体がある集団に一定数含まれている場合、彼らは幼少期の栄養不良などを乗り越えた上で成人し、死亡したことがわかる。

5. エガリテリアン社会におけるエラボレーション

前述したように、縄文時代はエガリテリアン社会と想定され、階層化社会は弥生時代からとの一般的には考察がなされてきたが、装身具の保有率から見る

と、特定個体には明らかなエラボレーションを見て取ることができる。

　例えば北海道のカリンバ遺跡（縄文後期末から晩期初め）では、10体近いエラボレートされた被葬者が埋葬されている（上屋・木村2016）。ベンガラがまかれ楕円形を呈する土壙は約30基確認されているが、このうち、とくにエラボレートされた土壙は4基ある。こうした土壙では、櫛・腕輪などの漆製品が大量に出土しており、漆製品の約80％がこれらから出土している。4基の土壙には、2人（119号土壙）、4人（118号土壙）、5人（123号土壙）、8人以上（30号土壙）の被葬者が埋葬されており、頭位を西にとり、手足を折り曲げて埋葬されていたと考えられる。しかし、被葬者である人骨の残りは不良であり、歯牙のみの出土となっている。歯牙のみでは性別についての議論を行うことは難しい（瀬田・吉野1990）。

　装身具として出土しているものは櫛・髪飾などの頭部を装飾するもの、および、胸飾・腕飾・腰飾などがある。足に飾りがないのは前述したようにこの部位が見えにくい箇所であるため、装飾しないということによるのかもしれない。いずれにせよ、これら4基の土壙に埋葬されていた被葬者は副葬品の豊富さから特化された人々であり、その地位は世襲化されていないまでも、ここでは集団内における特定の個人は存在していたとみなしてよいだろう。

6.　まとめ

　出土する縄文の装身具の保有状況に、性差や年齢差があることについては、すでに指摘されている。しかし、こうした人骨に関する基本的な情報は一体、どのようにして抽出されたのだろうか。

　カリンバ遺跡から出土している人骨は、歯牙のみの出土であるが、被葬者は女性とほぼ断定されるような記載がなされている。しかし、歯牙のみを用いて性別を判定することは人類学者の間でも大変困難であり、正解率も低い（瀬田・吉野1990）。

　性別判定を実施する際に用いられる部位は、寛骨のように男女の特性が明瞭に観察されるものある。場合によっては、頭蓋骨や四肢骨の筋付着面の発達度合も観察部位とされることもあるが、判定精度はやはり低くなる。これはこれらの部位が性差を必ずしも顕著に示すわけではないからである。しかし、こう

表1　歯（歯胚・歯冠・歯根）の形成時期（赤井 1990 一部改変）

	歯種	歯冠形成	歯根完成
乳歯	中切歯	生後 16 週	生後 1.5 年～ 2 年
	側切歯	生後 20 週	生後 1.5～2 年
	犬歯	生後 36 週	生後 2.5～3 年
	第一臼歯	生後 24 週	生後 2～2.5 年
	第二臼歯	生後 40～44 週	生後 3 年
永久歯	中切歯	生後 4～5 年	生後 9～10 年
	側切歯	生後 4～5 年	生後 10～11 年
	犬歯	生後 6～7 年	生後 12～15 年
	第一大臼歯	生後 2.5～3 年	生後 9～10 年
	第一小臼歯	生後 5～6 年	生後 12～13 年
	第二小臼歯	生後 6～7 年	生後 12～14 年
	第二大臼歯	生後 7～8 年	生後 14～16 年
	第三大臼歯	生後 12～16 年	生後 18～25 年

した状況にあるにもかかわらず、性別判定に適していない部位を用いて結果を記載している報告が散見される。

　統計手法を用いて可能な限りのデータを駆使すれば、装身具の保有率は男性の可能性が高いと指摘することはできる（池田・片山 1993）が、やはり 100％ではない。これは鑑定した研究者の責任ではなく、鑑定結果を用いてさらなる検討を加える研究者の問題である。そのため、実際にデータを使用する際にはどの部位で性別判定がなされているのか、人骨の鑑定ができる研究者がきちんと資料を観察しているかどうかを確認しておく必要がある。

　以上、縄文時代の装身具を伴う人骨と、それらに観察される骨病変の関係を考えてきた。結論からいうと、装身具を多く副葬する個体に、ある特徴的な病気がみられるかというと、2019 年現在、いまだ有意な差は認められない。このことは、縄文社会において、ある一定の格差が存在したとしても、彼らをめぐる生活環境は、病気の差として顕現するほどのものではなかったことを示唆する。いまだ確認されていないが、感染症などの場合、階層差による罹患率の違いなどはほとんどなかったとの推測も立てられつつある。すなわち十分な医療技術が成立していなかった当時においては、ある意味、疾患は平等にすべての人にふりかかっていたとも考えられるのである。

　例えば、時期は下るが、江戸時代の未成人個体に観察されるエナメル質減形成を観察した結果、階層差は認められていない（中山 2015）。古人骨の場合、

乳歯にエナメル質減形成が観察されることはほとんどなく、本所見の観察結果は永久歯（切歯や犬歯が主）におけるものが中心となっている。未成人個体は老年個体同様、病に侵されるリスクが高いが、本所見の観察結果から健康管理は貴賤を問わず難しかったことが提示されている。エナメル質減形成は、歯冠形成期に栄養障害や健康状態に問題があった場合、歯の形成に問題が生じるという所見である。本所見は、骨疾患とは異なり、いったん形成されると生涯を通じて歯牙に残される。そのため、どの時期に形成不全にかかわるイベントがあったかを認識することができるため（桜井・新谷2014）、考察対象とする個体の健康状態を把握するには有効な所見である。

　また縄文人の死亡年齢の平均値についても様々な考察がなされており、30歳をはるかに超え、老年期を迎えることができた個体も確認されている（長岡2010）。しかし、歯科疾患の一つである虫歯などでも命を落とす一因となることがあった。気候変動に伴う食糧不足を生き抜いても死は身近な存在であった可能性が高く、こうしたことが精神文化の発達へとつながっていったとも考えられる。

引用・参考文献

赤井三千男　1990『歯の解剖学入門』医歯薬出版

阿部芳郎・金田奈々　2013「子供の貝輪大人の貝輪」『考古学集刊』第9号、pp.43-56

池田次郎・片山一道　1993「Ⅶ人骨」『斑鳩藤ノ木古墳 第二・三次調査報告』分析と技術編、奈良県立橿原考古学研究所、pp.110-135

上屋真一・木村英明　2016『国指定遺跡カリンバ遺跡と柏木B遺跡—縄文時代の後期　石棒集団から赤い漆塗り帯集団へ』同成社

清野謙次　1932『清野研究室人類学論文集』第3冊、京都帝国大学医学部清野研究室編

栗島義明　2014「ヒスイ製大珠の分配」『副葬品から見た縄文社会—財の生産・流通・副葬』公開シンポジウム資料集、pp.28-37、科学研究費助成事業 基盤研究C「威信財から見た縄文社会の構成と交易」（研究代表者：栗島義明、課題番号 23520933）

桜井敦朗・新谷誠康　2014「エナメル質形成不全—わが国におけるMIH発症に関する大規模調査から」『J Health care dent』、No.14、pp.6-12

設楽博己　2001「多人数集骨葬の検討」『シンポジウム縄文人と貝塚』学生社、pp.50-64

鈴木　尚　1940「叉状研歯の新資料とその埋葬状態について」『人類学雑誌』55 巻 11 号、pp.11-19

瀬田季茂・吉野峰生　1990『白骨死体の鑑定』令文社

谷畑美帆　2012「古病理学的所見から見た縄文後期の一様相—福岡県山鹿貝塚出土人骨を中心として—」『人類史と時間情報—過去の形成過程と先史考古学』雄山閣、pp.67-80

Twigg G. 2003.The Black death and DNA. *The Lancet Infectious Diseases* 3（1）, p.11

中山なな　2015「近世江戸の子どもの墓：心性・身体・環境から読み解く子どもの生死」江戸遺跡研究会編『江戸遺跡研究』臨時増刊 2 号、pp.33-38

浜田耕作　1918『河内国府石器時代遺跡発掘 京都帝国大学文科大学考古学研究報告』

春成秀爾　1997『古代の装い』講談社

春成秀爾　2013「腰飾り・抜歯と氏族・双分組織」『国立歴史民俗博物館研究報告』第 175 集、pp.77-128

水嶋崇一郎・坂上和弘・諏訪　元　2004「保美貝塚（縄文時代晩期）の盤状集積人骨—骨構成と形態特徴の視点から」『Anthropological science. Japanese series』第 112 巻 2 号、pp.113-125

山田康弘　2008『人骨出土例にみる縄文の墓制と社会』同成社

コラム①

着飾った縄文女性
― 山鹿貝塚 2 号人骨から ―

栗島 義明

1. 山鹿貝塚と 2 号人骨

　「日本で最も有名な縄文人」。山鹿貝塚の 2 号女性人骨はこのように形容するに
最も相応しい考古資料と言ってよいだろう。残された人骨から想定される 20 代
のうら若き女性はその両耳にサメの歯の耳飾り、胸部には長崎ヒスイ（軟玉）製
大珠と磨き上げた鹿角 2 本、そして右腕に 5 個、左腕には 14 個の貝輪を装着す
るという、過剰なまでに豪華な装飾品でその身を飾っていたことが判明してい
る。研究者ならずとも多くの人々が様々な雑誌・本を通じてこの縄文人骨を目に
したことがあるに違いない、まさに彼女は最も有名な縄文人と言えるのである。

　九州北部地域は有明沿岸とならぶ縄文時代の貝塚密集地帯であり、有名な遠
賀川の河口から 15km ほど遡った前期の天神橋貝塚の存在から、海進時に一帯
に広大な内湾が形成されていたことが判明している。福岡県芦屋町に位置する
山鹿貝塚は遠賀川水系に形成された内海に面して形成されたものではなく、玄
界灘に面した丘阜と呼ばれる東西方向に形成された砂丘上に残された縄文時代
後期の遺跡である。現在でも海岸線までは 100m 程しかなく、遺跡から出土し
たハマグリやシオフキなどは沿海性の貝であり、現在の山鹿貝塚に見る遺跡環
境は縄文時代から大きく変わっていないと考えて良いだろう。

　山鹿貝塚周辺は長く防風林として保護されてきたが、1953（昭和 28）年に地
元研究者によって縄文時代遺跡であることが確認されて以後、第一次から三次
に至る調査（1962・1965・1968）が実施され副葬品を持つ多くの人骨が発見さ
れたことで全国的にも有名となった。とくに 1965 年に実施された第二次調査
では墓域中央部に女性人骨が合葬された状態で発見され、しかも両者はその両
腕に多数の貝製腕輪を装着しているうえに、髪飾りや耳飾り、胸飾りなどの見
事な装身具を佩用した稀有な縄文人骨であった。この人骨群は事前にその存在

248

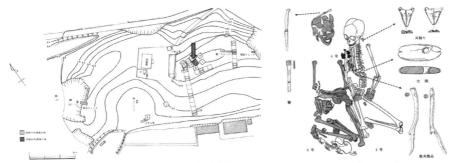

図1　山鹿貝塚の墓域と合葬墓（2〜4号人骨）（山鹿貝塚調査団 1972）

が確認されていたことから細心の注意を払いつつ発掘調査が進められ、結果的に実測図や写真に見られるように、各装身具類は埋葬時の装着状態を良好に反映している貴重な資料となった。

2．2号人骨と装身具

　山鹿貝塚は東西150m、南北70mの略ひょうたん形を呈する独立砂丘上に形成されており、調査された集団墓は東側丘陵頂部から鞍部にかけての緩斜面に構築されている。山鹿貝塚からは住居跡などの遺構検出には至っていないものの、後期段階を中心に土器の散布や石鏃・石錘・削器・磨製石斧など安定した石器組成が見られることから、この丘陵上に居住空間が確保されていたことは間違いないであろう。ハマグリ・シオフキなどの貝層ブロックの存在もそうした理解を強く支持している。

　2号人骨については各種装身具の装着が注目されるだけでなく、隣接して埋葬された女性人骨との関係や特異な遺存状態も看過できない。その概要については報告書中にて簡潔且つ的確にその特徴がまとめられている。すなわち「2号成年女性人骨はサメ歯製耳飾、鹿角製叉状垂飾品、鰹節形大珠、多数の貝輪を、また3号成年女性人骨は骨製笄と多数の貝輪を装着していて……4号人骨は乳児であった。この2号、3号人骨はいずれも仰臥屈葬で、抜歯はなく、特異な点は鎖骨、胸骨、肋骨等が無いことで、埋葬後のある時期に、これらの骨を抜き去った」（山鹿貝塚調査団 1972）ものと判断されている。人骨の腐食が始まった時点で特定部位のみ遺体から選択的に除去したものの、装身具類はそ

コラム①　着飾った縄文女性　249

のまま残した背景と理由については不明であるが、2号人骨は縄文人に特有な扁平な顔ではなく面長の弥生人に近い顔貌であったとされている。ただし身長は150cmほどで取り立てて大柄な女性ではなかったようである。

　2号人骨が佩用していた装身具については前述したとおりであるが、これらの装身具についてはそれぞれが注視すべき特徴を備えている。長崎ヒスイと呼称される軟玉製の大珠については緑色を保つ優品であり、長軸端に切り込みを入れた特異な形態を有している。肋骨を取り除かれた後に並ぶように置かれた2本の鹿角の上に、軸方向が交差するように添えられたのは何らかの意味、或いは本例が鹿角と組み合わせるように佩用された可能性も示唆している。2本の鹿角は形態、大きさを同じくしており、対をなすものと考えるべきであろうか。第一枝直上から切り取り、その全面がきれいに研磨されている。加工部位としては基部近くの表裏面に貫通しない凹状のくぼみが刻られているが、胸部に下げる為の何らかの意味があったのかも知れない。

　頭蓋骨の左右外耳孔下で発見された耳飾りはサメの歯を用いたものであるが、単体の歯を素材としたものではなく歯の側縁を磨って平坦にし、研磨面を合わせて略三角形状の耳飾りを作り出しているのである。接着面が離れないよ

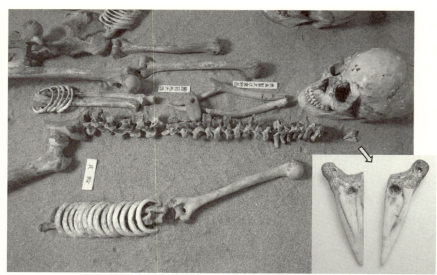

図2　山鹿貝塚2号人骨とサメ歯を合わせた耳飾り（筆者撮影）

うに二つの歯のエナメル質を穿孔して繋ぎ留めた痕跡が残っている。装着用として突起部に孔を開けており、ここに糸を通したうえで耳朶に結びつけたものと考えられる極めて珍しい耳飾りと言えよう。

最後に貝輪についても触れておこう。2号人骨では左右の腕にそれぞれ14個、5個の貝輪装着が見られ、3号では同じく15個、11個の貝輪が確認されている。山鹿貝塚ではほかにも1号（11個、1個）、5号（5個、6個）、9号（右3個）、16号（13個、2個）、17号（左20個）と多くの人骨で装着が確認されが、注目すべきはそのいずれもが女性人骨に伴っているということである。1号と17号は熟年女性とされており、個数の多さは或いは年齢とも関連するかも知れないが、左腕への偏重的装着と共にその社会的な意味を探ることは困難であり傾向を指摘するに留めざるを得ない。いずれにしても貝輪が女性に付随した装身具とした場合、2号人骨のみが複数の装飾品を身に付けていることは改めて注目されるのである。

3．装身具の社会的意味

山鹿貝塚では遺跡全体の1割も調査が及んでいないと考えられる為、その全容を知ることは不可能に近い。しかし、多数の装身具を佩用した2号女性の特異性については看過することはできないが、上記した人骨自体に観察された形質学的特徴と共に注視したいのは埋葬空間についてである。2〜4号の合葬人骨は頭位方向を北に揃えているが、その北側に埋葬された人骨は西側へと一律に頭位が向けられている。一方、西側の人骨群の頭位は西北方向に統一されている。いずれの人骨群も2〜4号の合葬人骨を基点として埋葬方位や姿勢に統一的な様相を認めることが出来そうである。南側および東側では出土人骨が不鮮明であるが、ほかの空間とは頭位方向や埋葬形態が相違していた蓋然性がたかいと判断される。

関東中部地方の縄文時代中期に見られる環状集落内に構築された集団墓では、円環状に展開する墓壙群の中央部に空白部が形成されその中心に単独墓が設けられることが多い。その中心の墓壙内からはヒスイ・コハク製の大珠が副葬品として検出される事例が極めて多い。この背景には集団を統率する始祖的な人物を象徴する財として貴石製の大珠が位置付けられており、集団内で唯一

コラム①　着飾った縄文女性　*251*

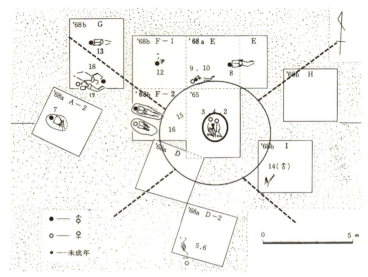

図3　山鹿貝塚の墓域構成

無二の人物表象が希少石材であるヒスイ・コハク製品と結びついていたと考えられる。山鹿貝塚は西日本地域の後期段階の集団墓であるが、同様な埋葬原理が働いていたのであろう。2号女性が集団墓の中心に埋葬されていること、見方を変えれば2号の埋葬空間を基点として人々が一定の規則の基に埋葬され集団墓が形成されていったと捉えることもできるであろう。果たしてそれが風貌と関連した異系統に由来した人物であったかどうかは不明であるが、いずれにしても2号女性が集団の中でも特別な地域・役割を担った人物であった蓋然性はたかい。うら若き女性が外見上着飾ったように見える多種多様な装身具を佩用していた背景は、まさに彼女が集団内での位階表示を果たしていたからにほかならないのである。

引用・参考文献

　　栗島義明　2010「ヒスイとコハク〜翠と紅が織りなす社会関係〜」『移動と流通の考古学』雄山閣

　　谷畑美帆　2015「北部九州の墓制を縄文人骨から探る—山鹿貝塚出土例を中心として—」『季刊　考古学』第130号

　　山鹿貝塚調査団　1972『山鹿貝塚—福岡県遠賀郡芦谷町山鹿貝塚の調査—』

第2節

大珠(たいしゅ)の佩用とその社会的意義を探る

栗島義明

はじめに

　大珠と呼ばれる装身具が縄文時代の中期に存在する。大珠は埋葬人骨との伴出状況からはいずれも胸部付近から発見され、穿孔の痕跡を考えれば垂飾りとしての用途を担った装身具であった可能性はたかい。新潟県の糸魚川周辺を原産地とするヒスイと千葉県銚子市犬吠埼産のコハクを素材とした大珠は、広範囲な分布圏が形成されており、とくにヒスイに至っては東北から北海道にまで至る広い分布域の形成が認められる、縄文時代を代表する石製装身具と言うことができる。ヒスイもコハクも縄文時代中期にのみ限定的に利用された貴石ではなく、それ以前にも以後にも継続的に様々な装身具の素材とされてきたが、その大きさや形態的特徴、そして何よりも中期段階の資料には良質石材が選択された傾向が強く、ヒスイ製大珠に至っては単独・一括を含み全国で7例が重要文化財に指定されている事実もある。

　先ず大珠の特徴として最初に挙げられるのがその希少性であり、通常では一つの集落からほぼ1〜2点の出土数に留まる傾向が強く、この点からもこの装身具がほかの装身具とは相違した機能を有していたことが頷けよう。こうした希少性を理由として、

図1　ヒスイ製大珠（重文）
伝：岩手県和井内（15.2cm）
（東北歴史博物館提供）

大珠が集落を統率する人物が身に着けていたとの見解は研究の初期から指摘されてきたところである。だが1980年代以後の大規模調査に伴って多くの縄文時代集落が調査されるなかで、一つの遺跡でも複数のヒスイ製大珠が出土する遺跡も発見され、また同じ遺跡内の複数墓壙でヒスイ製大珠の副葬が確認された例など、地域内での保有格差や列島規模での分布の濃淡についても新たな知見が浮上してきた。また、少数事例とも理解されてきたコハク製大珠の出土事例も、2000年以後には関東南部に留まるものでなくて中部地方にこそその分布が集中する状況が明らかとなりつつある。こうした資料蓄積とそれに伴う研究展開を経て、それぞれの貴石製大珠が特定された原産地でどのような形態での採取・加工を経て、いずれのルートを用いて広範囲に運び出されて行ったという交易ルートの解明も研究視野に加えられるようになったと言うことができる。

　本論ではこうした問題と共に、最も重要な点として何故に硬度が7にも及ぶ加工が困難なヒスイと、硬度が2程度の極めて軟質のコハクとが同じ形態の装身具素材として利用され、それらがどんな背景から関東・中部地域間で相互に交換されるようになったのか、その装身具としての社会的な特質・意味について研究課題として取り上げつつ、この遺物に関する総括的な問題へのアプローチを試みておきたいと考えている。

1. 大珠の属性と問題点

　大珠については樋口清之（1948）や江坂輝弥（1958）に拠る優れた先行研究を引き継ぎつつ、それ以後は製作技術や広域分布に関する分析・検討が主流であったと言える。こうした学問的背景としては糸魚川市長者ケ原遺跡や富山県境A遺跡などと言った、原産地での生産・加工遺跡の調査成果が大きく影響している点については間違いないであろう。結果的に大珠研究については、縄文時代の資源管理に関する原産地生産と完成品の広域的流通に関する交易モデルの典型として取り上げられるのが常態となった。

　さてヒスイ製大珠については大規模な生産遺跡が現出することに呼応したように、長野県や山梨県を中心とした中部地方や関東地方全域にわたった広範囲な地域で大珠製品が発見されるようになる。これは縄文時代中期初頭から顕

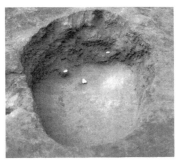
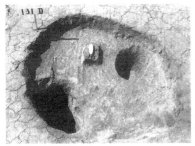

図2　墓壙内から出土するヒスイ製大珠
（左：山梨県甲ツ原遺跡、上：茨城県坪井上遺跡）
（大泉町歴史民俗資料館2001、大宮町教育委員会1999）
中部地方では墓の中から複数が出土する場合もあるが、関東では基本的に1点のみの出土である。

在化する考古学的現象でもある。原産地を除く各地の縄文時代遺跡からはヒスイ製大珠の発見が相次いだことを背景として、1980年代以後は考古学の研究で重要な位置を占めるその形態学的な特徴についての地域性が明確となると共に、型式学的な変遷についても議論が及ぶようにもなった。コハク製大珠に関する研究に関しては、同様な研究動向は一定の資料蓄積が果たされた2000年以後に活性化したと見ることができようか（相京2007a・b）。

　ところでヒスイ製大珠の基本的形態は長楕円形の鰹節形にあり、そのほかに緒締形、根付形を呈するものがほとんどで、鰹節形のものがほぼ全国的に分布するのに対して緒締形は関東地方、根付形が東北北部域に偏在した分布傾向を読み取ることが可能である。各々の大珠形態内での変位については誰の目にも明らかではあるが、それが型式学的に有意なものかは疑問も多く、著者はそれらが原石・素材形状や個体差などへと収斂されてしまう蓋然性がたかいと理解しており、そもそも大珠研究における型式学検討については、未だに分析するに足る客観的な属性抽出が十分に成し遂げられていないとの立場にある。これは単純に原材の硬度に起因した加工難易度に規定されたものではないようで、硬度の低いコハク製品についても原石形状を大きく損なうことなく製品化している事実も十分に考慮しなくてはならない。

第2節　大珠の佩用とその社会的意義を探る　255

大珠の定義については最初に明確とする必要があろうが、その多様な形態を念頭に置く限りは未だに困難な部分が多いと言わざるを得ず、著者は楕円形や円形を基調とした形態的特徴と共にその時代性、一定の大きさ（大凡5㎝以上）を持つ垂飾りと認識している。上記したように大珠は地域的にその主体的形態を異にしており、より細かな定義については今後の資料蓄積を経て再認定すべきとの立場を保持しておこうと思う。

　地域的に異なる大珠形態と関連して、これまでの原産地からの一括的な製品化への関わりについては再考すべき点が多いことも指摘しておきたい。ヒスイ製大珠の代名詞とも言い得る鰹節形製品は中部日本地域に広く分布するが、南関東地域にあっては楕円形や長方形などの形態を持つヒスイ原石を縦方向に穿孔したいわゆる緒締型の大珠製品が圧倒的に多い。同様な大珠形態は原産地遺跡からの交易ルート（長野・山梨）上のみならず北関東にも見出すことができない。これは南関東の需要に答えるかたちで原石形状のままヒスイが流通していた事実を物語っており、東北地方における根付形製品の存在についても同様に捉えることが可能で、原石獲得後の各地での製品化が通有であったとすれば、原産地での製品化というヒスイ製大珠研究における基本的理解については再考を迫られることになるであろう。いずれにしても原石・未製品の圧倒的数量から、一極的な生産や流通は言うに及ばず社会的優位性などと言った実態の伴わない幻想を、原産地遺跡および地域に抱くことが無意味である点については多言を要しない。

2. 大珠の広域分布

　大珠製作を担った素材原石となったヒスイとコハクについては科学的分析が進み、とくにヒスイについては東日本地域に広範に分布するもの総てが糸魚川周辺（小滝・橋立）産であることが明瞭となっている（藁科1992）。コハク製品についても中部日本に分布した製品については千葉県銚子産と判断して間違いはないであろう。それにしても何故、大珠という考古遺物が糸魚川産周辺に産出するヒスイや銚子産のコハクという特定の貴石と結びつき、その一体的関係を継続的に保持し続けていたのか、この点はこれまで追研されることがなかったが極めて重要な研究テーマと認識される。確かにヒスイは一般的に美しい緑色を呈するものとのイメージがあるが、実際は遺跡出土の大珠資料の大半が緑色ではなくて白

色を呈しており、我々が抱くヒスイのイメージとはかけ離れている。またもう一つの素材となった貴石であるコハクに関しても、艶やかな赤色という印象では各地に産地を持つメノウの方がより優れていることは間違いない。しかもヒスイは硬度が7と硬く加工が困難であるが、一方のコハクはわずかに硬度2を測る非常に柔らかい石材である。このように石質属性も正反対とも言える二つの石材が、同一の胸飾りへと仕上げられている不可解な現象は早急には理解できないものの、二つの石材には唯一共通した特徴を見出すことができる。それは他でもないその希少性

図3　青梅川橋立ヒスイ原産地
（中央がヒスイ原石）（筆者撮影）

にある。著者は原産地が限定され産出・採取量も限られたその希少性こそがヒスイとコハクをして、大珠素材として選別・加工されて広域に流通した最大の要因と考えている。それは貝製腕輪の素材となった南海産のオオツタノハとも相通じるものがあり、希少資源を素材として希少製品を製作し遠位地へと流通させる社会的なシステムが、すでに縄文中期社会の中には成立していたと判断される。この点については大珠の社会的意義の中で再論することにしよう。

　ところで、ヒスイ製大珠は縄文時代の広範囲に及ぶ物資流通・交易網の存在を知るうえでの最良の考古資料として評価されてきた。素材となった石材産地が特定されたうえに原産地（製作）遺跡が存在し、製品が広域的に分布している状況は確かに縄文時代交易の実態的側面を反映している点は疑いようのない事実であり、今後もそうした視点からヒスイ製品の広域分布について注意を払っていくことは不可欠となろう。製品のみならず原石や未製品など様々な状態で、ヒスイが原産地から拡散的に周辺地域へともたらされていった点は間違いない。中部日本地域におけるヒスイ製品の集成を通じて作成された分布図も

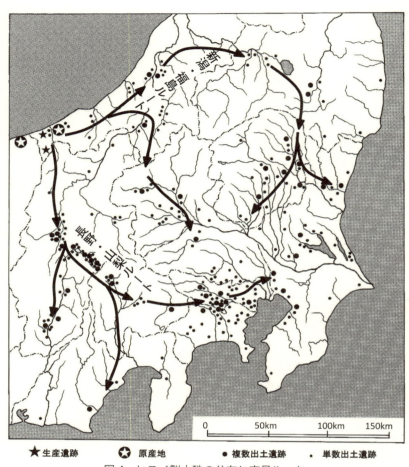

★ 生産遺跡　　✪ 原産地　　● 複数出土遺跡　　. 単数出土遺跡
図4　ヒスイ製大珠の分布と交易ルート

とに、現在では「ジェイド・ロード」の軌跡を浮かび上がらせあることも可能となっている。著者はそこから「長野・山梨ルート」、「新潟・福島ルート」と呼称する交易の大動脈ともいうべき物資流通経路と共に、前者には松本平から南下するルート（伊那ルート）、後者には新潟から上越国境を越えて南下するルート（群馬ルート）など、いくつかの分岐ルートの存在が指摘できることを示した（栗島 2012）。糸魚川周辺から西側の富山・石川県側へと延びるルートや、さらに飛騨地方へと南下する分岐ルートなどの存在、また日本海側の沿岸

258　第Ⅳ章　副葬品と縄文社会

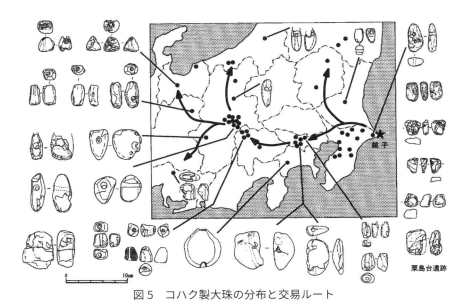

図5 コハク製大珠の分布と交易ルート

部を北上する海上ルート（日本海沿岸ルート）などが存在した蓋然性もたかく、分布域とその濃淡を通じて今後も追研すべき重要な研究課題の一つと言える。ヒスイ製品と比較して発見事例の少ないコハク製大珠の分布からその交易ルートを描き出すことは困難であるが、それでも南関東から山梨を経由して長野（南信）へと延びるルートの存在は明らかである。

　このような大珠交易ルートの存在に関して、出土遺跡を丹念に地図上に落して見ると従来の原産地を中心とした同心円的な姿が認められないことに気づく。原産地からその周辺地域へと稀少財が順次流通してゆくという、資源流通に関する古典的モデルはもはや通用せず、むしろ原産地周辺でのヒスイ製大珠の分布は希薄で松本盆地や諏訪湖周辺、八ヶ岳西南麓、多摩丘陵などの特定空間域に集中した様相が明瞭で、各々が遺跡集中に見る地域社会を形成している点を勘案すれば、大珠が集落ではなくて地域社会を単位として流通していた可能性を示唆していよう。その入手や流通が地域社会を単位として遂行されたことを裏付けるように、大珠は集落群内の特定集落へと偏在化せずに均一的に各集落へ分配されていた可能性も指摘されている（栗島2012）。需要と供給のバランスを地域社会内で保持しつつ、その一方で隣接した地域社会レベルでも相

互に大珠の入手・流通を推進していたのであろう。その結果として原産地からの距離に関係なく均一的で、むしろ離れるに従ってその分布がより濃密になるような現象が表出していることを知る。

　この問題と関連し大珠の広域分布を考える場合、注目すべき様相として原産地を含めた50km圏内での製品分布は希薄である一方で、100km以上の距離を隔てた地域から大珠の密集した分布圏が構成されてゆくという奇妙な事実がある。例えばヒスイ製大珠の分布は諏訪（150km）、多摩（200km）そして那須（300km）などの地域に集中し、しかも原産地から離れたこれらの地域では何故かヒスイ製大珠の大型品・優品が多い。同様な分布傾向がコハク製大珠でも確認され、原産地から約150km離れた八王子市周辺や200〜250kmの距離を隔てた八ヶ岳西南麓、諏訪湖周辺にその分布が集中している。銚子から離れた山梨県や長野県にコハク製大珠の大型品や優品が多いことも見落とすことができず、最大の大きさを誇るコハク製大珠は諏訪地域の梨久保遺跡から出土している。

　このようなヒスイ・コハク製大珠に見る分布実態は、既成の交換・交易論で解釈することは困難である点については多言を要しない。原産地から同心円的にその分布が密→疎となるのではなく、まったく逆の分布状況が確認され、さらに価値のたかいであろう大型品や優品は原産地から200〜300kmもの距離を隔てた遠い場所へと動く傾向がある。こうした動かし難い事実関係を総合的に判断し、著者は大珠については**価値ある財はより遠くへと動き、また原産地から遠く離れるに従い財そのものに対する社会的価値が増大する**という、縄文社会で共有されていた装身具に対する価値体系をその背景・要因と捉えている。ヒスイとコハクはそれぞれが関東、中部でその価値を最も増大させたと推察されるが、その理由はそれぞれの地域社会の人々にとってヒスイとコハクは最も獲得難易度のたかい、人々にとっては代用のきかない最高位の財（稀少財）として認知されていたからなのであろう。

3.　大珠佩用の意味するもの

　近年の大珠研究における新たな潮流として注目されているのは、遺物自体の形態学的研究に留まらずにその出土位置の検討を通して遺構研究や機能研究へのアプローチを試みようとする方向性にある。前記したように原石形状を保持

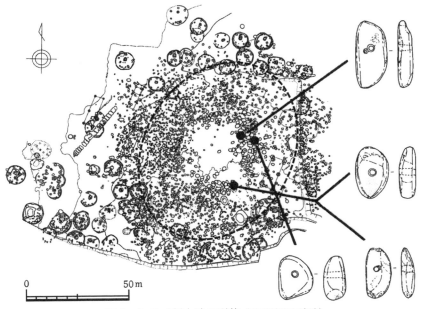

図6 ヒスイ製大珠の副葬（長野県聖石遺跡）

する大珠の個別形態学的な研究には自ずと限界があり、分類やその型式学的な分析については意識的に追求されるべき課題ではあるが、資料的に鑑みて有意性を抽出出来る状況ではないと考えている。

　大珠の出土に関わる特徴として看過できない点は、ほかの装身具と比較して副葬された状態での墓壙内出土例が極めて多いこと、そして大珠出土はほぼ例外なく小規模な集落ではなく環状集落とされる地域の拠点的集落に限られていることにある。石製であるが故に内陸部の遺跡でも検出される利点から、貝・骨製の装身具のように貝塚遺跡分布に重複するような偏在的分布は認められず、広範に定量的な分布様相を看取できるメリットがある。

　さて、地域の拠点（環状）集落からの出土傾向が顕著な大珠であるが、大珠副葬土壙の集落内における空間的関係を検討してゆくと極めて興味深い傾向を見出すことができる。大珠を出土した埼玉県北塚屋遺跡や群馬県三原田遺跡、茨城県坪井上遺跡、東京都滑川遺跡などの拠点的集落では、ヒスイ製大珠が環状集落の中央部に展開する墓壙群のなかでもとくにその中心部に構築され

第2節　大珠の佩用とその社会的意義を探る　*261*

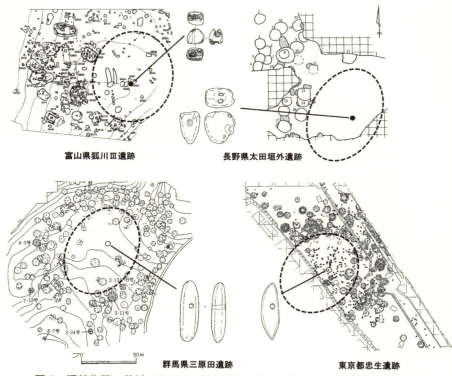

図7　環状集落の墓域（点線）と大珠副葬土壙の位置（上：コハク、下：ヒスイ）

た土壙内から発見されている。環状集落が全掘される事例は稀であり、しかも墓壙検出や大珠発見までに至る調査事例は決して多くはないものの、それらの条件の揃った少数遺跡の場合にはほとんどの事例でヒスイ製大珠が該当空間から検出されている。

　こうした空間分布から類推される副葬品としての社会的認知は全国一律であったのではなく、集落中央の墓域中心部からヒスイ製大珠が発見されるのは関東地方に限定されている。一方の中部地方では墓壙中心部から外れた墓壙内にヒスイ製大珠が副葬、しかも複数の墓壙であったり一つの墓壙内に複数見出される傾向が強い。これは中部地方が原産地からの距離が近く、その供給が比較的容易であったという獲得難易度のハードルが関東に比べて低かったことを背景とするものであったのだろう。実際に長野県下だけでも一基の墓壙内から

複数の大珠出土例（上木戸遺跡5点、立石遺跡・的場遺跡3点、聖石遺跡・淀の内遺跡2点）が確認されており、それらの墓壙は例外なく関東のように中心に埋葬される人物に結び付いた財としての装身具ではないことから、それよりも社会的な価値の認知程度が低かったと考えている。では、中部地方において関東地方のヒスイ製大珠に匹敵する最高位ランクの財、それは集落の墓域群の中央部に埋葬される人物が身に着ける財は存在しなかったのか？　実は、それこそがコハク製の大珠であった蓋然性がたかいのである。

　従来からコハク製装身具の存在は認識されてはいたものの、発掘調査時では土壌と同化して見分けづらく、しかも検出後に外気に晒されると直ちに水分を失い脆弱となるコハク製品を検出することは極めて困難で、その為に資料蓄積も遅々として進まなかった現実がある。近年に至り中部日本での資料増加が叶って、関東西南部から南信地域を中心とした濃密な分布状況も分かってきた。上記したようにコハク製品はヒスイ製大珠と酷似した分布状況、即ち、原産地周辺での資料が少ない一方で濃密な分布状況は150km以上離れた地域で認められること、大型品や優品も南信や木曽、飛騨など原産地から遠く離れた地域へと運ばれた事実が指摘できる。そして何よりも注目されるのは、当該地域のコハク製大珠を出土する墓壙は環状集落内に構築された墓域中心部に位置していることが判明しつつあることで、長野県棚畑遺跡や太田垣外、富山県開ケ丘狐谷Ⅲ遺跡、新潟県馬高遺跡などがそれに該当する。中部地方にあって集落内の最高ランクの財がコハク製品であったこと、それが集団墓の中央部に埋葬される人物が佩用する装身具であったと評価できる点については間違いないであろう。

　同一の石材を用いて同一形態に仕上げられたヒスイ製大珠、関東地方では環状集落内の墓域中央部の土壙に副葬されるが、中部地方ではそれを取り囲む土壙に副葬されている事実から、ヒスイ製大珠の社会的な価値というものが普遍ではなく、地域社会によって相違したことが指摘できる。装身具を、それを装着した人物の社会的地域を表示する道具と解する視点からは、原産地から離れるに従って希少性を増すヒスイ製大珠は、関東地方では集落（＝社会集団）での最高位階と結びつき、尚且つそれを表示する装身具の役割を果たしていた。一方の原産地に近い中部日本地域では、ヒスイがたかい希少性を帯びていないことからその製品は集団内の最高位階ではなく、それよりも下位の位階表示具と

して地域社会が認知せざるを得なかったのであろう。反面で、中部地域の最高位階はこの地域で最も獲得難易度のたかい希少財であったコハク製品と結び付き、集団墓の中央に埋葬されるような最高位階の人物にコハクが保有されその人物の墓へと副葬されることとなったのである。

4. まとめ

　縄文時代の環状集落形成に関わる厳格な規範と同様、言わば終生の居住空間とも認識される墓域形成も集団の管理下に在ったと考えるべきである。特定家系あるいは親族は近接・隣接した空間に葬られるのが通例であっただろうし、意図的に空白とされる墓域中央域に単独埋葬される人物が集落での唯一無二の地位・位階に在ったことは想像に難くない。そのような集団内での地位についての可視化手段の一つが装身具の装着であり、集団や地域社会での共通認識が形成されることによって、その社会的なランクが認知・追認されることとなる。大珠の墓群への副葬状況の微視的分析からは、こうした装身具それ自体の特徴ではなくその佩用に関する集団内での取り決め、すなわち大珠という装身具に付与された社会的価値が具体的に浮かび上がってくると言えようか。とくにここで強調しておきたい点は、大珠の形態的な特徴もさることながら地域社会がその材質（ヒスイ：コハク）によって表示位階を違えているという事実にあり、同様な分析視点をもって今後は縄文時代各種の装身具類は再検討される余地があろう。

　大珠の形態は鰹節形、緒締形、根付形を基本形としており、鰹節形が全国的に認められるのに対して緒締形は関東で、根付形は東北北部を中心に分布し鰹節形と共伴する場合が多い。地域的に相違した形態を有することは各地域で大珠に関する形態認知の食い違いがあったことを明示しており、それは同時に加工や穿孔などの製作工程も各地の集団が実質的に担っていたこと意味している。とくに略楕円形や棒状に近い素材礫の長軸方向に穿孔する南関東地域の緒締形は、その穿孔技術や労力には多大なものがあっただろうし、それが中部地域に見出せない点は採取・加工に関する「原産地地域の優位性」なる従来の知見が成立し得ないことを示唆していよう。

　新潟県西部の糸魚川周辺から産出するヒスイは関東地方では最高位ランクの位階表示装身具として認識されているが、長野県や新潟県東部地域などの中部

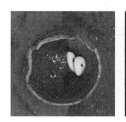

図9　土器に収納された大珠
（岩手県大向上平遺跡、(公財)岩手県文化振興事業団埋蔵文化財センター提供）

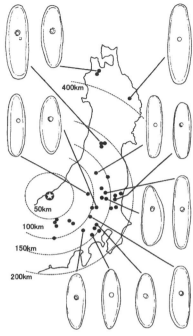

図8　ヒスイ製大珠（10cm〜）の
　　　分布と原産地からの距離

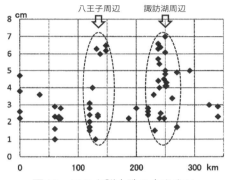

図10　コハク製大珠の大きさと
　　　 原産地からの距離

地方では特定の位階や役割を負う人物に付随したものであったらしい。中部地方でヒスイ製大珠よりも高位位階を表示する財として認識されたのが千葉県銚子に産出するコハクを用いた大珠であった。出土した数量（＝保有数）ばかりでなく、副葬品として集団墓に葬られた位置関係から人物の位階表示機能を担った人物の集団内での位置関係を類推することが可能で、コハク製大珠が集落内の唯一無二の人物（＝位階）と結びついていたことは間違いない。こうした同一形態の装身具である大珠が、ヒスイとコハクという貴石を素材としている点は看過すべきでない。硬度や色調について決して無関係ではないであろうが、硬度が7の岩石と2の岩石を素材としている点や色調が赤と白・翠という対照的なそれぞれが素材として選択された背景と理由は何であったのか。ヒスイと同様に硬く緑色を呈する碧玉やコハクよりも深く光沢のある真紅の色調を持つメノウなどは、大珠原石として選択対象にもなっておらずより一層不可解

第2節　大珠の佩用とその社会的意義を探る　265

である。両者が共通する属性はただ一つ、原産地（糸魚川小滝・橋立と銚子犬吠埼）が特定されており、しかも産出量が限定的という点にある。すなわち碧玉やメノウなどのように硬くて色調が緑や赤であっても数ヶ所の産地があり、産出・採集される数量が多いこと、すなわち縄文人にとって獲得難易度が低いということは高位ランクに位置づける財素材としての要件を満たすものではなかったのである。ヒスイ製大珠が原産地から200km以上離れた地域でその価値を増大させ、コハク製のものも150kmからその頻繁な交易対象となり大型品や優品が銚子から250km以上の距離を隔てて出現している事実は、そうした背景を物語っているのであろう。コハク製大珠よりも出土数が圧倒的に多いヒスイ製品では、10cm以上の大型の優品が原産地を離れて分布している様子が明瞭に捉えられている。大型品や優品は渇望する遠隔地へと動いてゆき、その価値を増大させて集落の最高位階に相当する人物表示の装身具として位置づけられてゆく。代用のきかない遠く離れた原産地で少量しか産出しない貴石、色調や硬度ではなく縄文時代の社会経済学的な条件に見合った貴石石材こそがヒスイであり、コハクであったと考えるべきであろう。そうした獲得難易度の極めてたかい希少性こそが、ヒスイとコハクをして大珠という集団内での最高位の位階と結びついた装身具を生み出した要因であったと考えておきたいのである。

引用・参考文献

青森県立郷土館　2001『火炎土器と翡翠の大珠』

青森県埋蔵文化財調査センター 2000『大向上平遺跡発掘調査報告書』、（財）岩手県文化振興事業団埋蔵文化財センター

相京和茂　2007「縄文時代に於けるコハクの流通（上）」『考古学雑誌』第91巻第2号

相京和茂　2007「縄文時代に於けるコハクの流通（下）」『考古学雑誌』第91巻第3号

大泉村歴史民俗資料館　2001『遠い記憶Ⅰ』

大宮町教育委員会　1999『坪井上遺跡』

樋口清之　1948「日本の硬玉問題」『上代文化』18

江坂輝弥　1957「いわゆる硬玉製大珠について」『銅鐸』13

栗島義明　2010「ヒスイとコハク～翠（みどり）と紅（あか）がおりなす社会関係～」『移動と流通の縄文社会史』雄山閣

栗島義明編　2012『縄文時代のヒスイ大珠を巡る研究』

藁科哲男　1992「ヒスイ製玉類の原産地を探る」『考古学ジャーナル』348

第 *3* 節

縄文時代の墓制と装身具・副葬品の関係

山 田 康 弘

はじめに

　縄文時代の墓から出土する資料としては、被葬者の遺体である人骨、墓や遺体に添えられた副葬品、遺体が着装していた装身具などがある。これらの資料とともに、墓の位置・規模・構造などを比較検討することによって当時の墓制、ひいては精神文化の一端を復元する訳だが、以下に述べるように、生前付加属性Ⅰ類としての人骨が遺存しない事例を検討しても、そこから引き出すことのできる情報は、死後付加属性において特別な状況が見られるもの以外は、限られたものとなる。そこで本稿では、人骨出土例を中心として、副葬品と装身具、とくに着装された装身具のあり方とほかの埋葬属性がいかなる関係性を有するのか概観し、ひいてはそれがどのような社会的な意味を持つものであるのか、考察を行うこととしたい。

1. 埋葬属性における装身具・副葬品の位相

　はじめに、副葬品と装身具は墓制論的にはどのように位置づけることができるのか、理論的な側面から検討しておきたい（山田 2008）。

（1）埋葬属性の分類

　墓から得ることのできる様々な考古学的情報のことを埋葬属性と呼ぶ。埋葬属性は、付加される契機によって分類が可能である。被葬者がまだ生きている時に付加されたものと、死後に「殯」などが行われているときに付加されたもの、また遺体埋葬時に付加されたものでは、それぞれ性格が異なると想定される。これらの属性をそれぞれ、生前付加属性・死後付加属性と呼ぶことにしよ

267

う。このような視点をとれば、考古学的に観察可能な属性は、次項以下のように分類可能である。

（2）生前付加属性

これは、大きく二つに分類できる。

Ⅰ類：身体に直接行い、不可逆的なもの。たとえば、抜歯、頭蓋変形、創傷、入れ墨・文身、部位切断などの身体変工がこれに相当する。また、同位体比による食性分析、古病理学的分析など、人骨そのものを資料とし、そこから得られた様々な人類学的情報もここに分類できる。

Ⅱ類：時と場合において、脱着可能あるいは可逆的なもの。たとえば、装身具類、染髪、ボディペインティングなどがこれに相当する。

生前付加属性の中には、一見分類し難いものも存在する。たとえば、耳飾りやラブレット（口唇飾り）などの着装については、耳朶や下唇を次第に変形させていく行為が伴う。そのため、通常これらの装身具を着装していなくても、可視的には身体変工と同等であり、着装可能であることがわかってしまう。このような事例も想定できるが、埋葬例から考古学的に観察することは非常に難しいだろう。

（3）死後付加属性

これは大きく三つに分類できる。

Ⅰ類：墓の構造そのものに付加されるもの。たとえば墓の位置、土壙の形態・規模・軸方向、墓の上部構造、棺などがこれに相当する。

Ⅱ類：遺体そのものに付加されるもの。埋葬姿勢、頭位方向、顔の向き、遺体破損などがこれに含まれる。

Ⅲ類：葬送儀礼の中で付加されるもの。副葬品、土器被覆、抱石、装身具の一部、ベンガラなどの赤色顔料・石器剥片・貝小玉・砂などの散布などが相当する。

生前付加属性は、他者ばかりではなく当然本人も認知していたはずのものであり、帰属集団中での個人の立場（地位、出自など）・状態（性別、年齢、疾病の有無など）を明確に指し示す属性である。とくに生前付加属性Ⅰ類は、生存中を通して本人、他者を問わず常に意識される。しかし、脱着可能なⅡ類も

基本的には視覚的であり、Ⅰ類と同様の性格をもつが、これは必ずしも常時着装、塗布あるいは身につけていたとは限らず、特定の時期にのみ付加されていたものが墓に持ち込まれた可能性もある。たとえば、装身具類が墓に持ち込まれる場合には大きく分けて次の三つの類型が考えられるだろう。

　　類型1：生まれてから後、ある時期に装身具をつけ、通常は着装しており、そのまま死に至り、外されることなく埋葬される場合。たとえば、愛知県保美貝塚の土坑墓から出土した人骨に伴っていた腰飾りは磨滅が激しく、常時着装されていたものと考えられる。これなどは、類型1の典型的な事例と考えてよいだろう。

　　類型2：生まれてから後、ある時期に装身具をつけ、その後特定の時期にのみ脱着を繰り返し、装着時に死に至り、外されることなく埋葬される場合。

　　類型3：死後、埋葬されるまでに装着される場合。いわゆる死装束がこれに相当する。

　装身具はこの三つの場合のいずれか、あるいはこれらの組み合わせによって墓に持ち込まれたと考えることができる。それぞれの場合が意味するところは異なると想定できるが、装身具類が生前から装着されていたものか、それとも死後になって装着されたものかの判断は、遺物そのものと出土状況の検討、たとえば遺物の摩滅状況などの検討なくしては困難である。しかし、実際問題として遺体に伴ってこれらの装身具類が出土した場合、この三パターンを峻別するのはほぼ不可能に近い場合が多い。したがって、墓から出土する装身具類の量が全体的に少ない場合には、装身具の有無のみから社会構造の復元を行うことは極めて危険であると想定される。社会構造の復元を行うには、まず、第一にこれら生前に付加される属性のうち不可逆的なものを検討し、これがそのほかの属性の何と対応するのか見極めた上で結論付けるという方法論が必要不可欠となってくる。

　また、死後付加属性は被葬者以外の人によって付加されたものである。これらは被葬者の生前の立場、出自、地位、能力などによって規定される場合もあるが、死因や他界観へ呪術的対応であった場合もありうるだろう。

第3節　縄文時代の墓制と装身具・副葬品の関係　*269*

（4）可視属性と不可視属性

　次に死後付加属性を、埋葬を行った側（埋葬者と呼ぶ）の視点から検討してみよう。この属性は大きくわけて以下の二種類に分類できる。

　　　可視属性　　：埋葬後、埋葬者やほかの人々が目にすることのできるもの。埋葬位置、頭位方向（ただし何らかの上部構造物が必要）、立石、土盛、墓標、地上に置かれた副葬品など。遺体に対して直接付加する属性ではないものが多い。

　　　不可視属性：埋葬後、生きている人々が目にすることができないもの。埋葬姿勢、頭位方向（上部構造がない場合）、装身具、土壙内への副葬品、ベンガラ・貝小玉・石剥片・白砂の散布、遺体を包むもの（棺や袋など）、遺体破損など。遺体に対して直接付加されるものが多い。

　これら大きく二つに分けた属性は遺体の性別、年齢、死因、出自、血縁関係、地位・身分、能力によってその表現形が異なる場合があると考えられる。たとえば、可視属性は埋葬後もそれをみることによって、死者への記憶が反復できる。したがって一般的傾向として、可視属性には出自や地位・身分など、故人が有していた社会的な要素がより強く表現される可能性が高いと想像できる。

　これとは逆に、個別の死因や他界観への呪術的対応などは、遺体そのものに対して行われ、不可視属性として表わされた可能性が高い。たとえば、福岡県山鹿貝塚出土人骨に見られたような肋骨や脊椎の除去といった遺体破損などは、その最たるものであろう。

（5）埋葬属性の組み合わせによる方法論的モデルの設定

　以上の属性を組み合わせることによって、いくつかの墓制研究の方法論的モデルが設定できる。また、上記の属性から考えることができる仮説に従えば、それぞれの方法論での限界点を明確にできる。たとえば、次のような両極端なモデルを設定することが可能であろう。

　　　最上位モデル：生前付加属性＋死後付加属性（可視属性＋不可視属性）による分析。すべての埋葬属性を利用できる場合がこれに相当する。もしこの方法論をとることができた場合、各遺体にみることのできる個別事象から、出自や階層などといった社会構造や他界観などの精神文

270　第Ⅳ章　副葬品と縄文社会

化の分析までを射程に入れることが可能であろう。

　　最下位モデル：死後不可属性のうち1種類の属性のみによる分析。墓の位
　　　　置や形状だけ、あるいは副葬品・装身具だけで議論を行う場合が、こ
　　　　れに相当する。さまざまな解釈は可能であろうが、その妥当性は決し
　　　　て高いものとは想定できない。

　当然ながら、多くの事例分析ではこの二つのモデルの中間的な状況で分析を
行うことになるはずである。この場合、できるだけ多数の埋葬属性を組み合わ
せて用いることで、結論の蓋然性を引き上げることが望ましい。このことは、
人骨が遺存しなかった墓にもあてはまる。

（6）装身具・副葬品の埋葬属性における位相

　上述してきた見地からすれば、副葬品は死後不可属性Ⅲ類ということにな
る。しかしながら、副葬品が墓のどこにおかれたのかという点がわからない限
り、それらが可視属性であるのか、あるいは不可視属性であるのかという判断
は一律にはできない。一方で、土壙内より出土し副葬品として捉えることので
きる遺物のほとんどは、埋葬施設内において埋葬人骨に近接して伴う事例であ
るから、これらは不可視属性としても間違いではないであろう。

　装身具に関しても、先の類型1〜3のどれにあたるのか峻別することが本来
必要であろう。しかし、実際の見極めは難しいと思われるため、ここでは仮に
類型1ないしは2であったとして議論を進めることとしたい。このように考え
るならば、装身具は生前付加属性Ⅱ類であり、それがそのまま埋葬施設内に持
ちこまれているということは、死後付加属性のうち、不可視属性であるという
ことになる。ただし、この場合、装身具・副葬品は個別墓に持ち込まれるとい
う点で、私有が許されるものであったということはおさえておきたい。

　したがって、人骨にともなう副葬品・装身具は、以下のように捉えることが
できるだろう。

　　　副葬品→死後付加属性Ⅲ類＋不可視属性

　　　装身具→生前付加属性Ⅱ類＋不可視属性

　上述した方法論的モデルにあてはめるのであれば、装身具・副葬品のみだけ
では当然ながら高位モデルにはなり得ず、語ることのできる事象はかなり限定
されてしまうことになる。繰り返すが、この場合、ほかの埋葬属性との関係性

をできるだけ多く検討しておくことが重要である。

　ところで、筆者が集成した埋葬属性がある程度判明した事例（2904例）からみたところ[1]、確実な副葬品を伴っていた人骨出土例は273例で、これは埋葬形態が判明する事例の9.4％を占めるにすぎない。また、これらのうち、土器あるいは石鏃などの石器といった日常生活用具が1〜2点に限られる事例は、201例（副葬品伴出例の79.1％）にものぼる。したがって、全体論的な観点から副葬品の数量的研究を行ったとしても、現状ではあまり有効なデータが出てくるとは思われない。ちなみに、呪術具の出土状況をみると石棒を伴うものが4例（北海道美沢1・長野県北村）、破片を含めて土偶を伴うものが5例（北村）などとなっている。しかしながら、北村遺跡の事例は確実に副葬品かどうか判断するのが難しい事例も含まれており、実際の数はさらに少なくなるだろう。このようにみてくると、ことに人骨出土例に関していえば、副葬品に関しては個別具体的な事例をあげながら議論するのが最善ということになるだろう。

　これらの点をふまえて、まずは装身具のありかたについて検討をしてみよう。

2. 人骨出土例に伴った装身具・副葬品と
　ほかの埋葬属性との検討

　人骨出土例からは、年齢・性別・体格・既往症歴など、被葬者個人に関する様々な情報を得ることができる。これは埋葬属性でいえば、生前付加属性にほかならず、人骨出土例から墓制研究を行う最大のメリットはここにある。図1は、人骨出土例にともなった装身具類である。ここでは、はじめに生前付加属性Ⅰ類である年齢段階と性別に関して、装身具がどのようなあり方をするか検討した上で、ほかの属性との関連をみてみよう（山田2004）。

（1）年齢段階ごとの装身具のあり方

　ここでは事例数の多い後期と晩期を取り上げることにする。

　表1は、後期における年齢段階別の装身具着装状況を示したものである。これをみると着装している装身具の種類は、小児期以前では首飾りのみであるが、思春期以降にその種類を増すことがわかる。また、最も種類が多いのは壮年期と熟年期であり、老年期になると激減する。

　表2は晩期における年齢段階別装身具着装状況を示したものである。これを

272　第Ⅳ章　副葬品と縄文社会

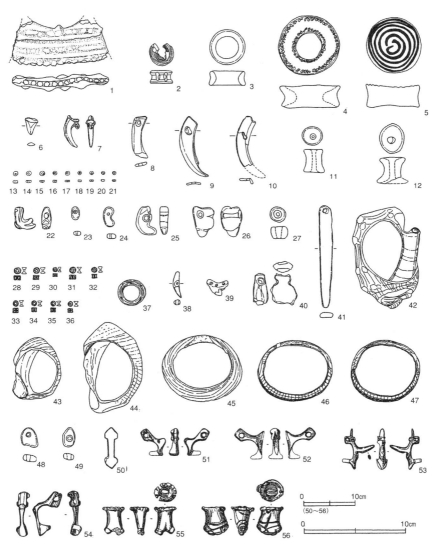

図1 人骨出土例にともなった装身具類（山田2004に加筆）

1：頭飾　2〜12：耳飾　13〜42：首飾・胸飾　43〜47：腕飾　48〜56：腰飾

1・4・26：初田牛20遺跡2号墓出土人骨　2：宮崎遺跡5号人骨　3：大畑貝塚4号　5：宮崎遺跡3号石棺墓出土人骨　6・8：山鹿貝塚16号　7：山鹿貝塚13号　9・10：山鹿貝塚7号　11：草刈貝塚480号住居跡出土人骨　12：泉山遺跡第5号墓坑人骨　13〜21：初田牛20遺跡1号墓出土人骨　22：美沢遺跡JX-4・P-108出土人骨　23・24・48・49：大日向II遺跡SD99出土人骨　25：明戸遺跡17号土壙出土人骨　27：明戸遺跡29号土壙出土人骨　28〜36：コタン温泉遺跡8号　37：子和清水貝塚1号　38：中妻貝塚1992年度1号　39：堂の貝塚6号　40：田柄貝塚2号　41：倉輪遺跡1985年度出土人骨1号　42：大畑貝塚1号　43・44：吉胡貝塚文化財保護委員会19号　45：貝の花貝塚3号　46・47：伊川津貝塚17号　50：保美貝塚1921年度小金井6号　51：吉胡貝塚293号人骨　53：吉胡貝塚232号人骨　53：吉胡貝塚85号人骨　54：吉胡貝塚120号人骨　55：吉胡貝塚103号人骨　56：吉胡貝塚238号人骨

第3節　縄文時代の墓制と装身具・副葬品の関係　273

表1　縄文時代後期における年齢段階別装身具着装状況（山田2004より）

年齢段階	装身具	副葬品
新生児期		石鏃
乳児期		
幼児期	首飾（狸犬歯製）	土器 石鏃・石錐 打製石斧
小児期		石鏃 磨石
思春期	腰飾（猪犬歯製） 腕飾（貝輪） 管玉（ヒスイ製）	土器 石鏃 石皿・磨石　磨製石斧
青年期	耳飾（鮫歯製） 胸飾（ヒスイ大珠） 腕飾（貝輪）	石鏃・石製鏃頭・削器 石皿・磨石 鹿角製加工品
壮年期	腕飾（貝輪・猪犬歯製） 耳飾（猪犬歯製・鮫歯製） 頭飾（笄） 首飾（ヒスイ製） 腰飾（ヒスイ製）	土器・土製円盤・土偶 石鏃・削器・刃器 打製石斧・磨製石斧 磨石 漆器
熟年期	腕飾（貝輪） 首飾（猿骨製・鯛骨製・海亀骨製・鹿角製・鮫椎骨製・狸椎骨製・兎椎骨製） 胸飾（猪犬歯製・ヒスイ製） 耳飾（鷲骨製） 足飾（貝小玉） 頭飾（笄）　管玉（ヒスイ製）	土器・土偶・土錘 石鏃・剥片・削器・石錐 打製石斧・磨製石斧 磨石・台石 石棒 オニサザエ
老年期		土器 石鏃 打製石斧 磨石

みると小児期以前には、腕飾りや首飾りといった種類しかないが、青年期を越えるとその種類が多くなることがわかる。最も装身具の種類が多いのは壮年期と熟年期であり、老年期になるとその種類は減少する。また、壮年期以降の事例に首飾りがみられなくなることも興味深い。表3は性別の判明した事例を対象にして、装身具の着装状況を示したものである。当然ながら骨格に性差が発現した年齢以降の事例が対象となる。これをみると、男性の方が若干装身具の着装の開始が早いようであるが、青年期以降装身具の種類が次第に増え、老年期になって減少するという傾向は変わらない。このような傾向は晩期にもみることができる。

　表4はこのような動向を視覚的に示したものである。これをみると後期、晩期ともに青年期以降に装身具の種類が多くなることがよくわかる。これは、年齢によって着装されている装身具の種類に差があったことを示すものであろ

表2　縄文時代晩期における年齢段階別装身具着装状況（山田2004より）

年齢段階	装身具	副葬品
新生児期	腕飾（貝輪）	剥片
乳児期		ホタテ貝
幼児期	小玉 腕飾（貝輪） 首飾（蛇紋岩製小玉）	土器 貝輪
小児期	小玉 首飾（ヒスイ製管玉） 頭飾（石製小玉）	土器 石鏃 骨針 ベンガラ塊
思春期		土器
青年期	腕飾（小玉） 首飾（臼玉） 耳飾（土製） 頭飾　腰飾	土器 剥片 釣針・根挟・骨匕・角器 鹿角
壮年期	腕飾（貝輪・猪犬歯製） 耳飾（猪犬歯製・鮫椎骨製・猿橈 骨製・土製） 腰飾（鹿角製） 頭飾 足飾（猪犬歯製） 勾玉（ヒスイ製） 垂飾（巻貝製）	土器・土製品 石鏃・削器・剥片 打製石斧 敲石 刺突具（鹿角製）・角器 獣骨（シカ）
熟年期	腕飾（貝輪・鹿角製） 耳飾（鹿角製・猪犬歯製・魚椎骨 製・獣骨製） 腰飾（鹿角製・獣椎骨製） 足飾（鳥骨製）	土器・土製品 石鏃・石槍・剥片 石冠 骨器
老年期	腕飾（貝輪） 腰飾（鹿角製） 耳飾	

う。しかし、年齢が上がれば上がるほど装身具を多く着装しているのでもな
く、壮年期や熟年期に多く、老年期に入ると減少する傾向がみられる。かつて
筆者は大人と子供では着装している装身具の種類に差があることを指摘したが
（山田1997a）、大人の中においてはさらに細かな差異が存在したようである。
壮年期や熟年期の人々は、おそらく集落構成員の中核をなしたことであろう。
その意味では、集落内あるいはグループ内において彼らの社会的な立場はそれ
なりに重要であったはずである。そのように考えると社会的立場が重要であっ
た年齢層に装身具の着装例が多いと判断することができる。ここから類推し
て、社会的な立場によっても装着できる装身具が異なり、そこから社会的立場
が年齢によって変化したとも推定できるだろう。そこに何らかの通過儀礼が
存在したことは想像に難くない。また、老年期の事例に装身具が少ないという
点については、いわゆる「老人」の存在とも関連する重要な問題である。民族

第3節　縄文時代の墓制と装身具・副葬品の関係　275

表3　年齢・性別からみた着装装身具の種類（山田 2004 より）

年齢段階	後期 男性	後期 女性	晩期 男性	晩期 女性
新生児期			腕飾（貝輪）	
乳児期				
幼児期	首飾（狸犬歯製）		首飾（蛇紋岩製小玉） 腕飾（貝輪） 小玉	
小児期			頭飾？（石製小玉） 首飾（ヒスイ製管玉） 小玉	
思春期	腕飾（貝輪） 腰飾（猪犬歯製） 管玉（ヒスイ製）			
青年期		耳飾（鮫歯製） 首飾（ヒスイ大珠） 腕飾（貝輪）	頭飾（骨製） 腕飾（小玉） 腰飾（鹿角製）	耳飾（土製） 首飾（臼玉）
壮年期	耳飾（猪犬歯製） 腕飾（猪犬歯製）	頭飾（鹿角製笄） 耳飾（猪犬歯製・鮫歯製） 腕飾（貝輪）	頭飾（骨製） 耳飾（鮫椎骨製・紫撓骨製） 腕飾（猪犬歯製） 腰飾（鹿角製） 足飾（猪犬歯製） 垂飾（巻貝製）	耳飾（土製） 腕飾（貝輪） 腰飾（鹿角製） 勾玉（ヒスイ製）
熟年期	耳飾（鷲骨製） 首飾（狼骨製・鯛骨製・海亀骨製・鹿角製・猪犬歯製・ヒスイ製）	頭飾（鹿角製笄） 首飾（鮫歯製・狸骨製・兎骨製） 腕飾（貝輪） 足飾（貝小玉） 管玉（ヒスイ製）	耳飾（猪犬歯製・魚椎骨製） 腕飾（貝輪） 腰飾（鹿角製） 足飾（鳥長骨製）	耳飾（鹿角製） 腕飾（貝輪・鹿角製） 腰飾（獣椎骨製）
老年期			腕飾（貝輪） 腰飾（鹿角製）	耳飾（鹿角製） 腕飾（貝輪） 腰飾（鹿角製）

表4　年齢段階別装身具着装状況（後・晩期）（山田 2004 より）

後期

	新生児期	乳児期	幼児期	小児期	思春期	青年期	壮年期	熟年期	老年期
頭飾							■	■	
耳飾						■	■	■	
首飾			■			■		■	
胸飾									
腕飾					■	■	■	■	
腰飾					■				
足飾								■	

晩期

	新生児期	乳児期	幼児期	小児期	思春期	青年期	壮年期	熟年期	老年期
頭飾				■		■	■		
耳飾						■	■	■	■
首飾			■	■		■			
胸飾									
腕飾	■		■			■	■	■	■
腰飾						■	■	■	■
足飾							■	■	

誌を渉猟すると、このような「老人」の存在は、私有財産の有無や社会の複雑化とリンクすることが多い（山田 2006a）。と、するならば縄文社会はこれらの人物が析出するほどには複雑化していなかった可能性が指摘できよう。

（2）性別による装身具・副葬品のあり方

　次に全体論的な観点から、性別による装身具のあり方を見ておこう。表5は、性別ごとに見た時期別・地域別の装身具着装状況である。早期には性別が確定できる確実な資料が存在しないのでこれを除いている。これをみると、装身具の着装例は、前期には女性が多く、中期以降に男性例が女性例より多くなることがわかる。また、男女共に晩期に増加することも指摘できる。装身具の種類では、男性の頭飾り着装例、腰飾り着装例が相対的に多く、女性では腕飾りの着装例が多いといえるだろう。このほか、耳飾り着装例は男女とも存在するがやや女性が多いこと、首飾りや胸飾りの着装例は男性の方が多いことが指摘できるだろう。これらの点からみても、従来から主張されているように、装身具のあり方には、なんらかの性差による区分があることが推定できる。ただし、このような性差は時期によっても異なるようである。たとえば、耳飾りの場合、男性例は中期以前には確認されていないのに対して、女性例はすでに前期段階から存在する。これらの人骨に着装されていた耳飾りがすべて玦状耳飾りであることは興味深い。

　性別によって装着される装身具が異なる傾向がある以上、そこにはなんらかの性別原理が存在していたと見てよいであろう。ただし、どちらかの性に特有の装身具というものは存在しないようだ。これは、装身具のみから被葬者の性別を断定することは難しいということを意味する。かつて春成秀爾は、装身具の保有率には性差があり、その性差のあり方には地域差が存在することを指摘したが（春成 1980）、先の地域ごとの傾向と合わせて検討してもその指摘は正しいということができるだろう。

　一方、性別と副葬品の相関はどれくらい追えるものなのであろうか。たとえば、性別分業の観点から、植物加工具である石皿の確実な副葬例は8例が確認できるが、その性別内訳は男性4、女性1、遺存状態が悪く鑑定不能が3例である。また、代表的な狩猟具である石鏃は、モノが小さいだけに混ざり込みの可能性は排除しきれないものの、87例が確認でき、その性別内訳は男性

表5　時期別・地域別にみた性別による装身具の着装状況（山田2004より）

	北海道		北東北		南東北		関　東		中　部		東　海		北　陸		近　畿		中国・四国		九　州	
	男性	女性	男性	女性	男性	女性	男性	女性	男性	女性	男性	女性	男性	女性	男性	女性	男性	女性	男性	女性
前　期	首1						頭1									耳4 首1				首1 腕4 腰1
中　期			首1 腰1		首1	耳1	首1	耳1 首1	頭1 腕1				首1 腰1					腕1		腕1
後　期	頭1 首1		首1 腰1		首2		首1 腰1 足1	腕1	首2 腕2	頭1	首1								耳2 首1	耳1 腕3 足1
晩　期	頭1 耳1 首1 腕1 腰1 足1		耳1		頭2 腰2		首1 耳1			耳1	頭2 耳4 首1 腕2 腰18	耳2 腕8 腰4			耳1 腰3		腕1 腰2	耳3 腕12 腰1		
事例数	3	0	8	4	7	4	5	3	7	1	27	15	2	0	4	5	3	17	4	11

23、女性36、遺存状態が悪く鑑定不能が20例である。この状況を見る限り、多くの考古学研究者が想定する性別分業のあり方（石皿→植物加工具→女性、石鏃→狩猟具→男性という思考）と、実際の人骨に伴う副葬品のあり方とは乖離が存在することになる。このことは、想定された性別分業のあり方に対し、実際のあり方は、より複雑なものであったことを意味するのかもしれない。

（3）素材別にみた装身具のあり方

　表6は、装身具の素材としてどのようなものが利用されているか、判明した事例を性別および時期別に表にしたものである。全体的にみると、材料が不明なものも多いが、男性の方がより多様であるらしいことがわかる。男性の場合、装身具にはシカ（角）、イノシシ（犬歯）の利用が多く、女性の場合、貝類の利用が多いといえるだろう。装身具の種類による影響も推定されるが、装身具の材料に性差が関与していると判断できるだろう。この点は、当時の人々が男性と女性に対してどのようなイメージを付与していたのかということを考える上で重要である。

（4）抜歯と装身具のあり方

　抜歯と装身具との関係については、すでに春成秀爾の一連の研究があるが（春成1973・1979・1980など）、一応ここでも若干の検討をしておこう。装身具着装事例149例のうち、抜歯が確認できたものは46例であり、これは全体の約30.9％にあたる。確実に抜歯があるものは、筆者が集成した人骨出土例の

表6　性別でみた装身具の素材による相違（山田 2004 より）

男性

	前　期	中　期	後　期	晩　期	合計（%）
土製品		胸1	腰1	耳2・首1・腰1	6（ 9.1）
石製品	頭1		耳1	首1・腕1	4（ 6.1）
木製品（漆塗）		腰1			1（ 1.5）
イノシシ（犬歯）		頭1・首1・腕1	耳1・首2・腕2・足1	頭1・耳1・腕1	12（18.2）
シカ（角）		首1・腰1	首1	腰22	25（37.9）
貝類		首1・腕1		腕3	5（ 7.6）
魚類（椎骨）	首1		首1	耳1・首1	4（ 6.1）
（サメの歯）			耳1	耳1	2（ 3.0）
海獣類（歯牙）		首1			1（ 1.5）
鳥類				足1	1（ 1.5）
（ワシ距骨）			耳1		1（ 1.5）
カメ			首1		1（ 1.5）
オオカミ			首1		1（ 1.5）
サル				耳2	2（ 3.0）

女性

	前　期	中　期	後　期	晩　期	合計（%）
土製品		耳2		耳1	3（ 5.3）
石製品	耳4・首1		首1・腰1	耳1・首1	9（16.1）
イノシシ（犬歯）		首1	耳1	腕1	3（ 5.3）
シカ（角）				耳1・腰5	6（10.7）
貝類	首1・腕3・腰1	首1・腕2	腕5・足1	腕17	31（55.3）
魚類（椎骨）			首1		1（ 1.8）
（サメの歯）			耳2		2（ 3.6）
タヌキ			首1		1（ 1.8）
ウサギ			首1		1（ 1.8）

中では 331 例が確認されており、これと比較すると装身具を着装し、かつ抜歯が確認できる事例は、約 13.9％ を占めることになる。筆者が集成した人骨出土例全データにおける一般的な装身具の保有率が、上述したように約 6.1％ であることからすれば、その率は非常に高い。岡村道雄が算出した装身具の着装率が 0％ から 20％ であり（岡村 1993）、晩期の事例が多いことを勘案したとしても、抜歯人骨の装身具保有率は高いといえるだろう。これをみる限り、抜歯という生前付加属性と装身具にはなんらかの相関があるらしいことがわかる。しかし、これらの事例の多くは腰飾りや腕飾り、首飾りを 1 点のみ着装しているという状況であり、決して多数の装身具を伴っているようなものではない。その意味では、抜歯をしており、装身具を着装していた事例がほかに対して隔絶性を持っていたとも思えない。

　複数種類の装身具を着装した事例は、東日本ではほとんどみられず、東海地方以西の晩期に集中する。東海地方以西の事例を春成が設定した抜歯型式ごとにみると（春成 1973）、4I2C 型が 2 例（女性 2）、4I 型が 1 例（女性 1）、2C 型が

2例（男女各1）、2C2I型が1例（女性1）で、4I系が3例、2C系が3例となり、両抜歯系統ともに大きな差はない。装身具の種類としては腰飾りと耳飾り（2C型男性1例）、腕飾りと腰飾り（4I2C型女性と4I型女性が各1例）、耳飾りと腕飾り（4I2C型女性、2C型女性、2C2I型女性が各1例）の組合わせが確認できる。また、同一種類の装身具を複数着装するのは、4I2C型が6例、2C型が3例、2C2I型が1例で、いずれも下顎の犬歯が除去された事例であり、4I型が1例も無いことは注意しておく必要があるだろう。装身具のあり方を種類と量という観点からみた場合、春成も指摘しているように、下顎の犬歯を除去している事例にその数が多いという傾向がある（春成1980）。中でも岡山県津雲貝塚34号人骨は、サルボウ製腕飾りを右に7点、左に8点、鹿角製耳飾りを左に1点着装していた。また愛知県吉胡貝塚19号人骨は、ベンケイガイ製腕飾りを右に4点、左に7点着装していた上に周囲をイヌ4頭が取り囲むような形で埋葬されていた（山田1997b）。これらの人骨の抜歯型式は2C型である。確かに装身具を有する人骨の数では4I系の方が多いが、個別事例でみた場合、2C系の方に埋葬属性のエラボレーションが高いと推定される資料が存在する。かつて春成は、抜歯の分析を行う中で4I系の方に装身具着装例が多いことから、2C系に対して4I系が優位な集団であると述べ、縄文時代に恒常的な余剰が存在したとは考えられないとの視点から、縄文時代に身分的な上下関係は存在せず、したがって抜歯型式と装身具の保有状況の差は出自の差として理解すべきであると主張した（春成1980）。しかし、2C系の方に埋葬属性のエラボレーションが高いと推定される資料が存在することは、必ずしも春成の旧説を支持するものではない。

(5) 土壙規模と装身具・副葬品のあり方

　事例数の少なさから、上部構造の形状・規模などは検討できないが、一応下部構造である土壙の規模が上部構造の大きさを反映する可能性があるものとして、装身具・副葬品の保有状況との関係について考えておきたい。

　以前に筆者が行った検討では、全国規模であれば、埋葬姿勢a1（膝のおよび腰の屈曲が鋭角）では装身具を持つ墓の方が土壙規模は大きいということ、埋葬姿勢a1以外では副葬品を持つ墓の方が、わずかではあるが土壙規模が小さい場合があるということが明らかとなっている（山田1999）。しかし、埋葬姿

勢 a1 が全体に対して占める割合は 35％ に過ぎず、装身具を持つ墓の土壙規模がそうでないものに対して一概に大きいということはできない。また、副葬品の有無は土壙が大きくなるという方向性とは直接的には関係がないと考えることができよう。

　全国の晩期の事例について考えた場合、全体的な傾向として、埋葬姿勢 a1、b1（膝の屈曲が鋭角、腰はほぼ直角）については装身具を持つ墓の土壙規模は、そうでないものよりも大きいといえるだろう。また、埋葬姿勢 a1、b1 が晩期の事例全体に対して占める割合は 66％ であり、過半数を上回る。これらの点を総合してみると、あくまでも割合の話ではあるが晩期の場合、大筋において装身具を持つ墓の土壙規模はそうでないものよりも大きい傾向があるといえるだろう。しかしながら、規模が大きいといってもその差は大きくても 10cm 程度のものであり、明確な格差が存在するというようなものではない。

3. 装身具・副葬品のあり方と縄文社会

　装身具や副葬品のあり方は、これまで縄文時代の社会がどのようなものであったのかという点を検討するために、しばしば研究の俎上に載せられてきた。とくに近年では、階層化社会の有無について議論される際の論点の一つとしても取り上げられてきた。その研究史については拙著『老人と子供の考古学』（山田 2010）を参照していただきたいが、ここでは縄文階層化社会論を巡る注目すべき言説をピックアップするとともに、装身具・副葬品のあり方から階層化社会の存在を示唆する事例について指摘しておきたい。

（1）階層化社会論の位相

　1973（昭和 48）年に佐々木藤雄は、『原始共同体序説』を著し、定住性の強化・テリトリーの狭小化・生産性・分業・土地所有といった諸点を問題としながら、「不均等」をキーワードとした社会的な差異の存在に言及した（佐々木 1973）。この佐々木の主張は、「階層」という語こそは使用していないが、縄文時代の社会内において量的な見地から測定可能な、いわばタテ方向の構造が存在することを主張したものであり、現在から見れば非常に重要な視点を提示していたということができよう。また、佐々木は「環状列石と縄文式階層社会」を発表し、「集落中央広場や環状列石に葬られた人と葬られなかった人、その中心部

に葬られた人と外側に葬られた人、さらには明瞭な埋葬施設さえ持つことのなかった人それぞれの意味に対する根本的な検討が必要であろう」と重要な指摘を行うとともに、環状列石をはじめとする大規模記念物や墓地、祭祀施設、あるいは奢多品といった特殊な遺構・遺物のあり方のみに関心を向けるのではなく、経済的・社会的な諸条件を含めた総合的・複合的な視点の必要性を説いている（佐々木2002・2005など）。

中村大は、かねてより秋田県柏子所貝塚における子供の埋葬例のあり方などから、亀ヶ岡文化における階層性の存在を主張していたが（中村1993など）、その論旨を「墓制から読む縄文社会の階層化」の中でまとめている（中村1999）。中村は「特定の地位や集団に属する人々が、他人とは異なる装身具や副葬品を保有するならば、その社会は不平等社会である」と述べ、「縄文社会は不平等社会としたうえで、その社会的不平等が固定化され、個人の地位が世襲的な制度となった段階」を階層化社会と定義した。そして「亀ヶ岡文化圏での子供の副葬品の保有率の高さは『子供への投資』の一環であり、階層化社会の世襲的な側面を示す現象だと解釈することができる」とし、縄文時代晩期には階層化社会が成立していたことを主張した。中村の研究は、子供への投資の有無（子供の厚葬）が社会の階層化過程を考える上で鍵となることを示したという点において重要である。

谷口康浩も2005（平成17）年に『環状集落と縄文社会構造』を発表し、その中で環状集落の成立という動きの中に、分節的部族社会の成立と出自集団の発達を、環状集落の解体という動きの中に、首長制社会を特徴づける特殊化・階層化の要素の増幅、社会構造の変化を捉え、階層の定義や考古学的な証拠の見方だけではなく、階層化を必然的に発生させ助長してゆく要因、とくに経済的な要因に関する考察が重要であると指摘する（谷口2005）。また、2008年にも「縄文社会における祖先祭祀の深まりの中に差異・序列・階層を生み出し助長する要因がすでに胚胎していた」と述べるとともに、「たとえ階層化や複雑性の程度は低くとも、位階や序列を正統化する原理にこそ重要な歴史的意義を読み取りたい」としている（谷口2008）。

高橋龍三郎は2001年に「総論：村落と社会の考古学」、2002年に「縄文後晩期社会の複合化と階層化過程をどう捉えるか──居住構造と墓制よりみた千葉

県遺跡例の分析―」、2003年に「縄文後期社会の特質」を発表し、縄文時代における「階層化社会への傾斜」を強く主張した（高橋2001・2002・2003）。そして2004年の「縄文社会の階層化過程」の中では、社会階層化過程の兆候として10項目の指標を提示している（高橋2004）。しかし、その一方で「縄文時代に（フリードの定義のような）階層社会が存在したかどうかについては、筆者は疑問を持っている。むしろその過程にある社会とみなした方が適切であろう。その意味で筆者はB.ヘイデンの提唱するトランスエガリタリアン社会（階層化過程にある社会）に近似した社会であろうと考える」と述べるとともに、縄文時代が位階社会に含まれるとも述べている。高橋の一連の言説には「階層社会」という言葉が非常に多く用いられており、一見高橋自身が縄文階層化社会論を強く主張している観があるが、実際には高橋自身は縄文時代に階層化社会があったとは明言していない。このあたり、いわゆる縄文階層化社会論者の間でもスタンスに違いがあることを見て取れる。

　上記の4者は、現在における縄文階層化社会論のオピニオンリーダーである。ここで注目したいのは、谷口が縄文時代の社会を首長制社会へと発達していく原型として捉えている点である。非階層化社会論者の意見も含めて考えた場合、研究者個々における縄文時代像には、その社会複雑化のあり方をめぐって相当の隔たりが存在することがわかる。

（2）墓制論からみた縄文階層化社会論

　ではその上で、墓制論からは「縄文階層化社会」についてどのように考えるべきであろうか。以前筆者は、北海道の後期の一部の地域には、階層化社会の存在を肯定的に捉えてもよいのではないかと考えたことがあった（山田2008）。その理由としては、貯蔵穴数の減少（宮路2002・坂口2003ほか）や、独自の海獣狩猟形態の成立（新美1990ほか）、本州各地と噴火湾沿岸の縄文人の間にみられる食性分析の結果の差異（米田2004ほか）、本州と北海道縄文人の間にみられる齲歯率の差（大島1996）といった研究成果から推察される生業形態の独自性、それと連動する社会構造を反映したと考え得る、エラボレーションの高い特徴的な墓制の存在を考慮したからであった。しかし、それらは階層化した社会が残したものなのであろうか。ここで若干の再検討をしておきたい。

　考古学的な手法を用いて社会の階層化プロセスを描いたモデルとしては、

弥生時代における高倉洋彰の研究が有名である（高倉 1973）。高倉が行った個々の事例の解釈などについては、現在では時期比定の相違など問題点も指摘されている。しかしながら、社会が階層化していく過程を描いたモデルとしてはシンプルで理解しやすい。これを縄文社会に適用できるように修正すると、以下のようになる。

Ⅰ段階：単一の埋葬小群で構成される、あるいは埋葬小群が複数存在しても、装身具・副葬品がない、もしくは些少な、等質的な墓地・墓域の段階。

Ⅱ段階：埋葬小群が複数存在し、共同墓地的な様相をもちつつも、特定の個別墓に稀少性や付加価値性の高いものが集中する段階。特定の個人が発現する。

Ⅲ段階：埋葬小群が複数存在し、特定の埋葬小群に埋葬施設に対するエラボレーション（労働力の投下度合い）の高いもの、稀少性や付加価値性の高いものが集中する段階。装身具・副葬品にも大きな差異が存在し、特定の集団が浮上する。

Ⅳ段階：先の状況を踏まえて、墓域内から特定の埋葬小群が外に出る、あるいは特定埋葬小群から特定の個人たちが飛び出す段階。特定集団が突出し、エリート層が析出する。

　社会複雑化における一つのプロセスである社会の階層化は、段階的に生じたはずである。したがって、階層化について議論する場合、単純に階層の有無を論じるのではなく、どの程度まで階層化が進行しているのかを見極めながら検討することが重要である。このようなモデルを各遺跡の状況に当てはめて考えると、たとえば山口県土井ヶ浜遺跡や島根県堀部第一遺跡などの弥生時代前期の墓地を取り上げた場合、右記のモデルのⅢ段階にはまだ達していないと考えられる（山田 2017）。それに対して、北海道南部における後期から晩期初頭には、このモデルのⅢ段階にはすでに達していると考えることのできる状況が存在する。たとえば、北海道カリンバ 3 遺跡の事例などは、階層性の有無を考える上で参考になるだろう。

　図 2 は、カリンバ 3 遺跡の後期末〜晩期初頭の墓から出土した装身具・副葬品（ただし一部のみを提示）とそれを出土した墓の位置である。また、図 3 は

284　第Ⅳ章　副葬品と縄文社会

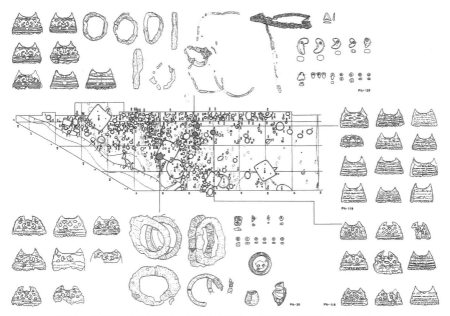

図2　カリンバ3遺跡における装身具・副葬品の出土例（一部）と
その出土位置（上屋編2003を改変）

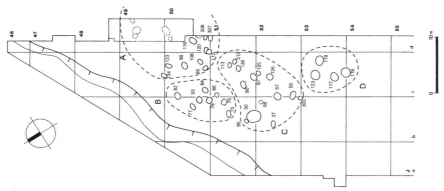

図3　カリンバ3遺跡における埋葬小群の群別（上屋編2003より）

第3節　縄文時代の墓制と装身具・副葬品の関係　285

報告者である上屋真一が区分した埋葬小群のあり方である（上屋編 2003）。これを見ると、埋葬施設（土壙）の規模が大きく、装身具・副葬品を多数有する（土坑墓がDの埋葬小群に含まれ、地点的に偏在することがわかる）これらの土坑墓は、装身具の出土状況などから時差合葬例であった可能性も指摘されているが（青野 2012）、そのほかのほとんどの土坑墓が単独葬例とみてよい規模であることを勘案するならば、その状況はなお特殊であると言わざるを得ないだろう。このように特定の埋葬小群に、ほかとは異なった埋葬形態を示し、多種・多様かつ多量の装身具・副葬品を持つ人々が集中するという状況をどのように理解すればよいのであろうか。

　カリンバ3遺跡でみられた墓制上の差異は、特定の人々がそう葬られるべき社会的立場にカテゴライズされていたことを示すのであろう。そのように区分された人々は、「墓制（葬法）上のエラボレーションが高い」という社会的価値を、「不平等」に分配された人々と捉えることができるかもしれない。特定の人々が集団内から分離し、その状況を墓制という繰り返しのパターンとして捉えることができるのだから、当時の社会には特定集団をそのように分離する制度が存在したと考えることができる。社会的価値が不平等に分配され、それが制度化されていたという点からみた場合、そこには何らかの「成層化」が存在した可能性を指摘できるのではないだろうか。これは、先の階層化過程モデルでいうならば、第Ⅲ段階の状態に相当するだろう。この人々を上位層と捉えるならば、威信財システムは縄文時代においても成立する余地があったということになるだろう。ただし、松木武彦が述べるように、その成層化が常に集団内

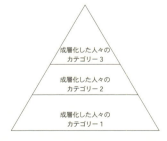
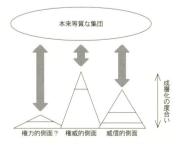

図4　縄文時代における成層性の発現モデル（山田 2010 より）

に常態として存在していた（ヒエラルヒー）のか、あるいは特定の社会的場面によって強く発現するようなものであった（ヘテラルヒー）のかという点については、さらなる検討が必要であろう（松木2007、図4）。

先に階層性の存在を考慮すべきとした北海道においても、晩期に入るとカリンバ3遺跡にみられたような状況、すなわち特定集団の分離という状況は確認できなくなるようだ。このような遺跡のあり方は、北海道南部においては、後期段階において一時的に特殊な社会状況が現出したものの、それが長期にわたって継続・発展しなかったことを物語っている。縄文社会の複雑化という話をする場合、その進展が右肩上がりでかつ直線的となる社会像をイメージしてしまいがちであるが決してそうではなく、時期・地域によって異なるさまざまな文脈のなかで複雑化と単純化を繰り返し、脈動しながら、全体としては次第に複雑化していったというのが実態なのであろう（山田2008・2010）。

4. おわりに

以上、墓制と装身具・副葬品のあり方から始め、縄文社会における階層性の問題にまで立ち入って議論を行ってきた。今回の議論は墓のデータ全体からみた場合、人骨出土例を中心とした不十分なものであることは言うまでもないが、それでも全体的な傾向と今後の研究指針は提示できたと思う。装身具・副葬品を伴う事例は、墓制論・社会論上において、きわめて重要な資料であることは間違いない。今後の研究射程は、人骨出土例のデータを踏まえた上でこれらの資料をどのように歴史的に位置づけていくべきかという方面にシフトしていくことになるだろう。

註
 1）　人骨出土例のデータベースは現在制作中であるが、その一部は科研費報告書（山田2002）や雑誌『縄文時代』第17号（山田2006b）において公開している。

引用・参考文献
青野友哉　2012「縄文後期における多数合葬墓の埋葬過程―北海道カリンバ遺跡を中心に―」『考古学研究』第59巻第3号

上屋真一編　2003『カリンバ3遺跡』苫小牧市教育委員会

大島直行　1996「北海道の古人骨における齲歯頻度の時代的推移」『人類学雑誌』第104巻第5号

岡村道雄　1993「埋葬にかかわる遺物の出土状態からみた縄文時代の墓葬礼」『論苑考古学』天山舎

坂口　隆　2003『縄文時代貯蔵穴の研究』アム・プロモーション

佐々木藤雄　1973『原始共同体論序説』私家本

佐々木藤雄　2002「環状列石と縄文式階層社会」『縄文社会論（下）』同成社

佐々木藤雄　2005「縄文と弥生、階層と階級」『異貌』第23号

髙倉洋彰　1973「墳墓からみた弥生時代社会の発展過程」『考古学研究』第20巻第2号

高橋龍三郎　2001「総論：村落と社会の考古学」『現代の考古学』第6巻、朝倉書店

高橋龍三郎　2002「縄文時代後・晩期社会の複合化と階層化過程をどう捉えるか―居住構造と墓制からみた千葉県の遺跡例の分析―」『早稲田大学大学院文学研究科紀要』第47巻第4号

高橋龍三郎　2003「縄文後期社会の特質」『縄文社会を探る』学生社

高橋龍三郎　2004「縄文社会の階層化過程」『縄文文化研究の最前線』早稲田大学

谷口康浩　2005『環状集落と縄文社会構造』学生社

谷口康浩　2008「縄文時代の環状集落と集団関係」『考古学研究』第55巻第3号

中村　大　1993「秋田県柏子所貝塚からみた亀ヶ岡文化」『考古学ジャーナル』第368号

中村　大　1999「墓制から読む縄文社会の階層化」『最新　縄文学の世界』朝日新聞社

中村慎一　1995「世界のなかの弥生文化」『文明学原論』山川出版社

新美倫子　1990「縄文時代の北海道における海獣狩猟」『東京大学文学部考古学研究室研究紀要』第9号

春成秀爾　1973「抜歯の意義（1）」『考古学研究』第20巻第2号

春成秀爾　1979「縄文晩期の婚後居住規定」『岡山大学法文学部学術紀要』第40号（史学篇）

春成秀爾　1980「縄文晩期の装身原理」『小田原考古学研究会会報』第9号

松木武彦　2007『列島創世記』全集日本の歴史第1巻、小学館

宮路淳子　2002「縄紋時代の貯蔵穴―社会組織との関わりから―」『古代文化』第54巻第3号

山田康弘　1997a「縄文時代の子供の埋葬」『日本考古学』第4号

山田康弘　1997b「縄文家犬用途論」『動物考古学』第8号

山田康弘　1999「縄文人骨の埋葬属性と土壙長」『筑波大学先史学・考古学研究』第 10 号

山田康弘　2002『人骨出土例の検討による縄文時代墓制の基礎的研究（課題番号 12710215)』平成 12・13 年度科学研究費補助金〔奨励研究（A）〕研究成果報告書

山田康弘　2004「縄文時代の装身原理」『古代』第 115 号

山田康弘　2006a「「老人」の考古学―縄文時代の埋葬例を中心に―」『考古学』Ⅳ

山田康弘　2006b「人骨出土例からみた縄文時代墓制の概要」『縄文時代』第 17 号

山田康弘　2008『人骨出土例にみる縄文の墓制と社会』同成社

山田康弘　2009「縄文文化と弥生文化」『弥生時代の考古学』1、同成社

山田康弘　2010「縄文時代における階層性と社会構造」『考古学研究』第 57 巻第 2 号

山田康弘　2017「縄文から弥生へ」藤尾慎一郎編『弥生時代って、どんな時代だったのか?』国立歴史民俗博物館研究叢書 1、朝倉書店

米田　穣　2004「炭素・窒素同位体による古食性復元」『環境考古学ハンドブック』朝倉書店

コラム②

彩り鮮やかな合葬墓
─北海道恵庭市カリンバ遺跡─

木村 英明・上屋眞一

はじめに

　国指定史跡・カリンバ遺跡は、千歳川、石狩川へと合流するかつてのカリンバ川の流れを今に残す標高24mの沼沢地と25〜26.5mの低位段丘にかけて立地する。低位段丘面の調査で、南北35m、東西20mの範囲に墓坑口に御殿山式土器を置く縄文時代後期末の土坑墓36基が発見された（図1）。

　土坑墓は、およそ単葬墓とみられる平面形が楕円形の小型タイプ（浅い1類と深い2類）と、ひと際大きな円形・楕円形の合葬墓（3類）とに大別される。1類の平均的大きさは、110cm×80cm、深さ39cmで20基、2類の平均値は、127cm×83cm、深さ77cmで12基を数える。3類は4基（30号・118号・119号・123号）と少ないが、最大の30号が径246cm、深さ100cm、ほかの3基が165cm×140〜158cm、深さ65〜92cmである。人骨の遺存は良くないが、その痕跡、出土品の様相などから推していずれも手足を折り曲げての「屈葬」と見られる。

　再生を願ってであろう。遺体を包むようにベンガラの撒布された例が36基中26基（72％）、副葬品・装身具類が24基（67％）に認められる。

　注目すべき様相は、赤系の朱色、紅色、緋色、猩々緋、唐紅花、臙脂色、オレンジ系では黄丹、橙色、ピンク系では桜桃色、そして黒色など微妙に異なる色鮮やかな漆塗り製品（図2-2〜11）である。総数122点（破片を除く）を数え、うち94点（77％）が合葬墓に集中する。中でも、女性の装着とみられる櫛の多さが目立つ。総数56点で、やはり38点が合葬墓に集中する。厳密には、装着位置を特定できないものも多いが、環状の腕輪（35点）や頭・額飾り（10点）、耳飾り（7点）、腰飾り帯（2点）など初めて目にするような大量の装身具が彩りを添える。すべてが合葬墓からの出土で、合葬墓の特別な位置を物語る。

　このほか、橄欖岩や滑石、琥珀などを素材とした勾玉や丸玉、管玉など966

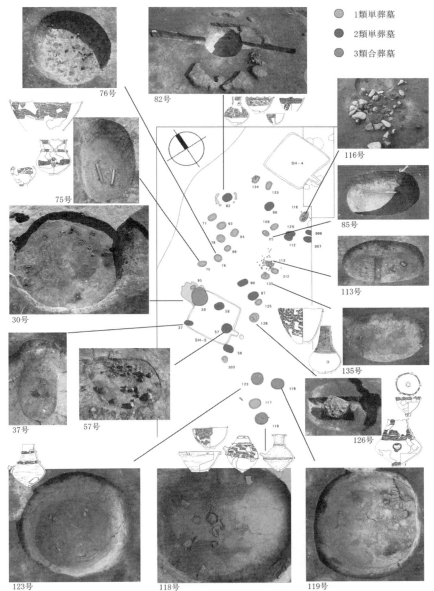

図 1　縄文時代後期末の土坑墓群と配置（上屋・木村 2016 に加筆、恵庭市郷土資料館所蔵）
低位段丘面の縁に沿って 36 基の土坑墓が集中する。ひときわ大きな 3 類合葬墓は、集中域の西側に偏在するが、中でも西端に 118 号、119 号、123 号の 3 基の合葬墓は互いに接近し位置する。

コラム② 　彩り鮮やかな合葬墓　*291*

点が出土。首飾りや腕輪など連珠での使用が多くを占める。単葬墓で403点、合葬墓で563点と互いに近似し、男女両性の装着が関係していると推察される。

1. 装身具・副葬品に彩られた合葬墓の被葬者たち

　紙数の都合もあり、ここでは、118号と123号の合葬墓（図2）をおもに取り上げ、各種の漆塗り装身具に彩られた謎多き色彩世界を覗いてみよう。

　合葬墓の坑底面には、ベンガラ層が厚く堆積する。詳細には、土坑墓の底面とベンガラ層の間に、被葬者の容姿を映し出すかのような粘質に富む遺体層が広がる。とりわけ、歯も含まれる頭部の黒い落ち込みが顕著で、遺体層の広がりを手掛かりに、埋葬時の姿勢や被葬者の数などを特定することができる。

　118号土坑墓では、頭部の痕跡と歯が4ヶ所で確認され、4人の合葬と理解された（図2-11）。詳しくは、西方（上位）に頭を置く3人（A～C）が南から北（左～右）へ並び、東方（下位）に頭を置く1人（D）が最北（右端）に位置する。

　図2-8は西に30度ほど傾くが、遺体Aは、髪に1個の櫛を挿し、環状の飾りとともに頭部を飾る。また遺体Bは、頭部と周辺に6個の櫛とサメ歯が位置し、両腕に赤い腕輪1個と黒い腕輪2個、小玉の腕輪をそれぞれ装着し（図2-9）、胸部に渦巻き模様の飾りを下げる。遺体Cは、頭部に櫛1個と環状の飾り（図2-10）、左腕に2個の赤い腕輪と右腕に3個の黒い腕輪を装着し、環状の飾り2個を胸部に装着。注目すべきは、腰の付近に連なる多数のサメ歯である。設えられていた布帯が消失し、サメ歯のみが残されたとみられる。遺体Dでは、透かし文様のある櫛と透かしのない櫛がセットで頭部を飾る。床面に布目痕が広範囲に残る。編布を床に敷き、遺体を包んでいたとみられる。

　一方、123号土坑墓では、歯の痕跡などから5人の合葬と推定された（図2-7）。頭を西方（上位）に置く1人（A）、頭を東方（下位）に置く1人（B）、そして頭を西方（上位）に置く3人（C～E）が、南（左）から北（右）へと並ぶ。

　図2-2は10度ほど東に傾くが、遺体Aが、透かしのある櫛と透かしのない櫛を頭部に挿し、遺体Bも、ピンク色をした透かしのある櫛（図2-3左）とオレンジ色の透かしのない櫛（同図右）がセットで頭部を飾る。側臥屈葬の遺体Cは、連珠の首飾りと黒い腕輪で、やや質素な印象受けるが、胴部をめぐる植物の蔓か茎で作られた腰飾り帯（図2-5・6）こそが、この人物を特色づける。左

292　第Ⅳ章　副葬品と縄文社会

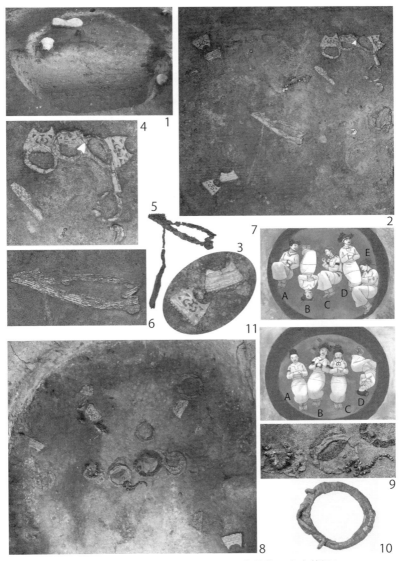

図2　123号(1〜7)・118号(8〜11)合葬墓の出土状況と
被葬者の想定復原図(7・11)（恵庭市郷土資料館所蔵）
1：123号墓内の覆土断面　2：坑底面に広がる装身具や副葬品　3：遺体Bの頭部付近の櫛
4：遺体Dの頭部を飾る櫛・髪飾り、サメ歯、勾玉　5・6：遺体Cの胴部をめぐる帯飾り
7：被葬者の復原想定図　8：118号墓の坑底面に広がる装身具や副葬品　9：遺体Bの腕輪類
10：遺体Cの装飾付き髪飾り　11：被葬者の復原推定図

コラム②　彩り鮮やかな合葬墓　293

が腹部、右が背中側で、胴回り65cmと推定される。遺体Dの黒ずんだ遺体層（頭部）を縁取るように残る装身具類（同図4）は、もっとも華やかである。頭髪に挿された透かしのある3個の櫛、その下にヘッドバンドで連結されたらしい環状の飾り4個とサメ歯が並び、2個の環状の耳飾りが垂れ下がる。遺体Eは、環状の飾りや長さ1mほどの漆塗りの細紐が頭部に装着されている。

119号土坑墓についても、被葬者数2人（A・B）と少ないが、櫛13個、腕輪6個、頭飾りや耳飾りなど13個と大量の漆製品が出土している。しかも、118号と同様に、遺体Aの胴部には精緻な文様を施した漆塗り帯がめぐる。

2. 被葬者たちは、いつ埋葬されたか

墓ごとのおしゃれな被葬者たちについて、同時に埋葬された女性たちとみなしてきたが、ひと時、死亡時期の異なる被葬者たちが、順次追葬され、最後の死者をもって墓が埋め戻されたとする異説が示されたこともある（青野2012）。

遺体安置後、掘った土が速やかに埋め戻される場合、身につけた櫛は埋土に包まれながら床面より離れ傾いたまま保存されるのに対し、墓穴が開けっ放しの場合、被葬者の頭部に装着された櫛は、遺体の腐朽・崩落にあわせ、やがて床面に横たわると推理し、カリンバ遺跡の櫛の多くは、開けっ放しの状態を物語る、と結ぶ。「追葬」説である。残念ながら根拠に乏しく、謎とはならない。

人骨が残されておらず、墓穴から発見される装身具がどのように扱われたのか、さらには埋葬後どのような動きをしたのか正確な特定は難しい。装身具とは言え、遺体の周囲に添えただけの副葬品も含まれる。また、埋葬後、遺体の腐朽・分解に伴う位置の移動が規則的に進行したとは限らない。しかも、頭の位置が床面に接する仰臥屈葬、側臥屈葬が予想されており、詳細な観察は欠かせないが、櫛の動きのみをもって断定できるほどに単純ではない。

合葬墓の埋土にこそ注目すべきである。図2-1は、もっとも分かりやすい例として第123号合葬墓を表示したが、手前半分を掘り進め、ベンガラ層・遺体層の調査を目前にした全景写真である。土層断面にみられる埋土は、墓坑の壁に現れているローム質の黄褐色土と区別がつかないほどに同質、同色である。

黒色土の上で生活する時代のこと、埋め戻しの際に黒色土がまざるのはごく普通で、遺体の埋納や埋め戻しの際に、墓穴の壁面が崩落し内部に黒色土が入

り込むケースもある。仮に、追葬のため長期にわたって開口状態にあったとすると、豪雨や地下凍結、動物の侵入を防ぎつつ、掘削土や墓穴、遺体をいかに管理できたのか。ここでは、遺体の埋納が終わり、掘り上げた黄褐色土をていねいに区分けし、汚れることなく慎重に埋め戻した様子が映し出されている。結論はただひとつ。彩り鮮やかな女性たちはいっしょに埋葬されたのである。118号も同様で、ほかの2例もやや複雑な互層をなすが基本に変りがない。

　ちなみに、多数遺体の同時埋葬は、キウス4遺跡X-10号GP-1008土坑墓の4体、美沢1遺跡JX4号110号土坑墓と美々4遺跡X-2号の3体の合葬例など後期後葉の竪穴式集団墓（周堤墓）以来、引き継がれてきた埋葬様式である。

3. 被葬者はどのような人びとか？女性シャーマン？

　話題を集める一方で、カリンバ遺跡の合葬墓の被葬者たちが、どのような女性たちで、互いにどのような関係にあったのか、何故共に死を迎えることとなったのか、多くの謎が依然として残る。単葬墓に比べ、装身具の種類や量が図抜けており、社会の中で特別に扱われていた女性たちであることは疑いない。

　とくに、装身具の組合せにみられる微妙な違いに着目し、飾りがやや控え目でひとりのみ帯飾りをした年配風の女性たちこそ、社会を治める女性シャーマン（呪術師）と推察した。一方で、美しく彩られた女性たちの相次ぐ集団死はあまりにも不自然である。女性シャーマンの死に殉じる女性たちを思い起したが、謎は続く。新たな証拠を求め、さらなる解明が求められている。

引用・参考文献

　青野友哉　2012「縄文後期における多数合葬墓の埋葬過程」『考古学研究』59―3、
　　　考古学研究会、pp.47-66

　上屋真一編　2003・2004『カリンバ3遺跡（1～3）』恵庭市教育委員会

　上屋真一・木村英明　2014「北海道恵庭市カリンバ遺跡の大型合葬墓と埋葬様式」
　　　『考古学研究』60―4、考古学研究会、pp.21-42

　上屋真一・木村英明　2016『国指定史跡カリンバ遺跡と柏木B遺跡―縄文時代の
　　　後期、石棒集団から赤い漆塗り帯集団へ』同成社

　木村英明編　1981『柏木B遺跡』恵庭市教育委員会

　木村英明・上屋真一　2018『縄文の女性シャーマン―カリンバ遺跡』新泉社

コラム③

ウルチンチュクピョンニ
蔚珍竹邊里顔面付突起と東三洞貝塚
出土の仮面形貝製品
― 北の顔と南の顔　朝鮮半島と九州 ―

廣瀬雄一

はじめに

　先史時代における第二の道具、つまり精神文化の反映として人間や動物を模した偶像意匠の表現並びにその制作は、地球規模の気候変動に伴う周辺環境の変化に適応していく為のライフスタイルの変化と、基盤となる地域間の文化的交流と相互間の広域情報ネットワーク網に依存しつつ、迅速かつ広範囲に拡散して行く方向性が認められる。その反面で同時に一見関連ありそうな類似するモチーフものが時代、地域を別にして生み出されるというケースも存在している事実もあり、その見極めには型式学的分析が有効性を発揮する。

　本論では東北アジア地域における新石器時代の精神文化を語る資料として、人面が施された蔚珍竹邊里遺跡の土器と朝鮮半島の南海岸地域と北部から中部九州にかけて限られた地域に少数分布している特殊な仮面型貝製品の展開を中心に検討し、広域的なネットワークを行き来した精神文化の姿について触れてみたいと考えている。

1. 北の顔：蔚珍竹邊里の顔面付突起

　人間には五感で認知できないもの、例えば闇に潜む物、突然襲う天変地異、誕生、病気、そして死、人間の理解が及ばない「見えない事象」「不条理な損失」の原因について、一度、「視ることのできる物体」に変換・物象化させるという行動様式を繰り返し実現してきた。人間はこの物象化の過程において生産に直接関係のない、第二の道具と呼ばれる精神生活に関わる遺物を生み出してきたのである。この第二の道具は、自己のコミュニティに属する第三者にとっても理解が容易な人や動物の形、人であれば関係する部位を強調したり不

必要な要素を消したりしながら簡潔に表現されている場合が多い。そして人や動物の顔を表現する場合には、孔をあけて眼と口を表現する最もシンプルな手法を採用してきた。そもそも人間は逆三角形に配列した３孔、あるいは２孔を人の顔や目と認識する本能があり、現在でも孔の数や配列によりそれを人の顔と認識（Simulacra 現象）するのはそのためである。

　同様な表現方法は東北アジアの考古遺物にも広く確認されているが、朝鮮半島での３孔配置の実例を見てみると、最初期の資料として蔚珍竹邊里遺跡出土の赤彩された土器に付けられた突起に人面が付けられた例がある（図1-1）。この遺跡は縄文時代の早期に相当しており、同遺跡からはほかにも三角形の頭巾をかぶって目と口だけ出しているような表現の人頭装飾もあり、それは目・口が３孔で表現されている（図1-1右上）。赤彩という行為には非日常的な要素が付与されており、それが容器としての土器に付けられている点から食物などを供物として用いた祭祀との関係が推測されている。口を開けたものが多いのは、あるいは何か聖なるモノの言葉を表現したものなのだろうか。この人面付き突起は縄文早期初頭に平行する繊維混入の条痕文系土器群である高山里式土器や梧津里式土器の段階には認められておらず、現在の資料からは突然出現する装飾文様で、隆起文土器の文様装飾の中で平行隆起文の間を区画する無文の突起としてわずかに痕跡を感じさせるに過ぎない。また、江原道鰲山里遺跡（図1-4）と竹邊里遺跡（図1-3）からは頭部だけの土製品が出土している。周辺地域を見てみると、遼寧省査海遺跡には土器の下半部に取り付けられた動物文（ヒキガエル？）と蛇が聖なるモノとして取付けられている（図1-2）。報告書によると之ノ字文に先行している可能性がある。遼寧地域では之ノ字文に代表される独立した文化圏を形成しているが、之ノ字文形成に前後して三江平原やアムール河流域と情報が交換された時期が存在していたと考えられる。（図1-5）は黒竜江省新開流遺跡出土の土偶で、刺突により目と口を表現している。（BP7,200頃）沈線により眉を表現しているが、朝鮮半島の東海岸の鰲山里の土偶（図1-4）の表現に通じる所がある。鰲山里の土偶のように顔だけを表現するのは、（図1-3）のやはり東海岸地域の竹邊里の人面を表現した土製品にも通じる。この系譜は同地域の盤亀台の岩刻画の人面（図1-8）にも通じる所があり、竹邊里の顔面付突起とともに東北アジアから朝鮮半島の東海岸まで広がる

朝鮮半島 中部・南部

東北アジア

1. 竹邊里遺跡　　2. 査海遺跡

3. 竹邊里遺跡　　4. 鰲山里遺跡　　5. 新開流遺跡　　6. 西浦項遺跡

7. 麗瑞島　　8. 盤亀台遺跡　　9. 翁牛特旗開放菅遺跡

九州

10. 東三洞貝塚　　11. 東三洞貝塚　　12. 阿多貝塚　　13. 黒橋貝塚

図1　様々に表現された精神文化の遺物

　漁撈文化の流れに乗って伝わったものと考えられる。
　一方、骨偶の3孔配置の例は、西浦項3期に刺突が開けられていて顔の表現された骨偶がある（図1-6）。小河沿文化（BP5000～4000年）に属する中国赤峰

地域翁牛特旗開放菅遺跡からも全身を表現した11cmの貝製の人型製品が出土していて、目・鼻・口と胸を孔で表現している（図1-9）。そして、遼西地域の紅山文化や小河沿文化では大型の神像が製作され特異な集団的祭礼文化を発展させている点で対照的である。

　また、朝鮮半島の東海岸地域は沿海州や中国東北地域との精神文化の表出の手法と文様に対する理解における一定の共通性も認められる。これらの地域には同時に、小型の動物の土偶を持つ点でも共通した文化様相が認められている（金2008、古澤2014など）。小形の土偶などは、集落全体の祭祀ではなく、個人を中心にした家族など最小単に守護する護符のような役割を担っていたと考えられてきた（金1967ほか）。類似する土製品としては東三洞貝塚の熊型土製品や欲知島のイノシシ型土製品、細竹里遺跡の海獣型土製品などの動物土製品、また顔を表現しない麗瑞島（図1-7）・水佳里貝塚・新岩里遺跡の小型土偶や、東三洞貝塚からは粘土紐を板状の粘土に張り付けた人形土製品などが出土している。麗瑞島や水佳里、新岩里の土偶は顔が省略されていて、東北アジアとは系譜を異にする。ただ、日本列島の土偶との関係は不明である。

　以上、これを文化の流れで見ると中国東北地方の興隆窪文化に始まるアワ・キビなどの雑穀栽培文化、宮本一夫のいう第一段階（宮本2003・2005）、華北型農耕文化が狩猟・採集民のニーズに合わせて取捨選択を経て朝鮮半島の西部に定着する以前、漁撈文化が咸鏡道から江原道の海岸の東側のルート寄りを進み、朝鮮半島の東海岸地域に至りクジラ類などを含む海獣類を捕獲対象として外洋漁撈が発展に向かう段階前後に、この蔚珍竹邊里の顔面付突起は位置づけられている。そして、朝鮮半島の南海岸地域を経てこの文化的様相は縄文前期前半には対馬・壱岐・五島・松浦半島沿岸域にまで及ぶと考えられる。蔚山盤亀台岩刻の捕鯨の様子や人面（図1-8）は、この頃の人々の生活と豊穣の願いを岩壁に刻んだものなのであろうか。一方、朝鮮半島では中期以降（縄文中期平行）になると土偶や土製品はあまり見られなくなる（古澤2014）。朝鮮半島では中期に中西部から中東部・南部地域へ雑穀栽培を伴う文化が拡散して、一時的に文化の攪拌現象が起こり精神文化においても、影響が見られるようになる。

2．南の顔：朝鮮半島南海岸と中北九州の仮面形貝製品

　後期になると朝鮮半島の南部地域では内陸地域に拡散するとともに、沿岸地域、島嶼地域では外洋漁撈が活性化する。日本の西北九州地域においても外洋性漁撈が盛行するようになり、九州の縄文土器（主に坂の下式）が朝鮮半島の東・南海岸部に出現して、この時期の前後に北・中九州と朝鮮半島の南海岸地域では、縄文後期の段階に有名な仮面形貝製品が登場する。朝鮮半島の南海岸地域の仮面形貝製品は、イタヤガイ（Pecten albicans）製で、釜山広域市影島区東三洞貝塚において国立中央博物館の調査時に第Ⅳ層（後期）から出土している（図 1-10）。一般には「貝面」と呼ばれる貝製仮面は辟邪的行為（除魔、除厄）と関連した儀礼具として使用され、漁民の祭祀行為と関連した精神文化の一面が反映されたものと推定されている（河仁秀 2017 ほか）。しかし、東三洞の仮面形貝製品には顔面に固定する紐跡が見られず、また、仮面としての機能的根拠は考古学的には説明不可能であり、紐跡など実際に顔への装着は可能か、目孔とされる部分から覗くことは可能か、そもそも目孔とされる 2 孔は意図的に穿孔されたものなのかなど解決しなければならない問題がある（水ノ江 2012 ほか）。一方、日本列島内でも仮面形貝製品が熊本市阿高貝塚から出土しており、この仮面形貝製品はイタボガキ製で中期末の阿多式土器の段階と考えられている。仮面型貝製品として目孔と口孔を持つものは、阿多貝塚の一例（図 1-12）と東三洞貝塚の出土例（図 1-10）に限られている。対馬海峡を隔てて両地域から同様な貝製品が出土したことから、精神文化における日韓交流の証拠の一つとして考えられている（山崎 2001 ほか）。

　ところで仮面型貝製品には口孔が見られない目孔だけの 2 孔の例が、対馬海峡を挟んで韓国側の東三洞貝塚からと（図 1-11）、九州では沖ノ原遺跡・桑原飛櫛貝塚・黒橋貝塚（図 1-13）・佐賀貝塚・南福寺貝塚から出土している（山崎 2001）。2 孔のものは韓半島東三洞貝塚の例はイタヤガイ製が主体であるのに対して（図 1-11）、九州出土の仮面形貝製品の素材はイタボガキが主体であり、このほかに沖ノ原遺跡の 1 例と南福寺貝塚 1 例の計 2 点がマダカアワビ製である。貝の形質からイタボガキ製のものは殻高（長さ）が殻長（幅）より長い縦型となり、マダカアワビ製のものは反対に横幅が広い横に丸い形とな

る。イタボガキ製のものは目孔間の間隔が狭く、マダカアワビ製のものは目孔間の間隔が広いのも一つの特徴である。時期は九州では縄文中期末の阿高式土器、後期の坂ノ下・南福寺式という後期初頭と考えて良い（水ノ江2002）。この時期は朝鮮半島の釜山周辺と南海岸地域、蔚山など東海岸地域に九州からの搬入土器やそれを模造した土器が作られ、対馬海峡を介して双方向のネットワークが活性化した時期である。同時に、九州では顔を持つ土偶や石棒など西日本以東の縄文文化が祭祀関係の遺物が流入してくる時期に相当し、九州においても祭祀の形態が大きく転換している。

　島津義昭は口と目を表現した3孔のものを「阿高型」、目を表現した2孔のものを「黒橋型」と分類している（島津1992）。山崎純男の整理によると第1段階が東三洞貝塚と阿高貝塚の例が縄文中期末の阿高式土器、第2段階が黒橋貝塚と南福寺、沖ノ原の大型のものが後期初頭の南福寺式土器、第3段階が後期中頃中心とする桑原飛櫛遺跡、沖ノ原遺跡の小型のもの、佐賀貝塚の資料となる。第1段階では3孔あけられたものがあり、縦に比較的に長い素材が用いられる。第2段階では横広のマダカアワが選択され、実際に仮面としても装着が可能な横広な形であり、これが第3段階になり小型化する傾向にある。用途についてはマダカアワビ製のものは実際に仮面としての機能も有していたと考えられ、縄文後期に盛行する土製仮面との関係も指摘されている（水ノ江2002）。縄文後期中頃に入ると小形化して、仮面としての装着の機能が失われ語る仮面から沈黙の仮面へと変化していったと考えられる。仮面型貝製品には実際に顔に装着したものもあるが、装着が困難に小型のものもある。仮面型貝製品は、先史社会における精神文化の一端を象徴的に示していて、海との関連を考えるのは魅力的な解釈の一つと言えよう（山崎2001）。仮面型貝製品の素材となる貝はイタガキ・マダカアワビ・イタボガキで貝輪製作の素材には適していない。日常的によく食した貝で作られている点に仮面型貝製品の本質が見られる。水ノ江が指摘しているとおり、考古学的な証拠が不明な状況において使用方法は推測の域をでないが（水ノ江2002）、貝などの海の恵みに対する両地域の共通した感覚が、縄文時代後期の漁撈活動を背景に相互補完を必要とする海上ネットワークの中で培われたものと推測される。

　東北アジア由来の北の顔と対馬海峡（大韓海峡）を挟んだ南の顔の一部を見

コラム③　蔚珍竹邊里顔面付突起と東三洞貝塚出土の仮面形貝製品　*301*

てきた。精神文化の広がりは土器の文化圏を超えた位置まで広がっている。

北からの流れ、南からの流れの交差など精神文化は広範囲にダイナミックに動いている。

我々はまだその片鱗に触れているのに過ぎないかもしれない。

謝辞

本稿は釜山大学校林尚澤先生のご指導並びに釜山臨時首都記念館の河仁秀館長のご教示を得ると共に山崎純男、水ノ江和同、古澤義久諸氏の論考を参考とした。以上の方々に感謝申し上げる。

引用・参考文献

島津義昭　1992「日韓の文化交流」『季刊考古学 アジアの中の縄文文化』第38号

島津義昭　1992「縄文時代の貝面―熊本県阿多貝塚の出土品を中心として―」『平井尚志先生古稀記念考古学論攷第Ⅱ集』平井尚志先生古稀記念考古学論攷刊行会

古澤義久　2014「東北アジア先史時代の偶像・動物型製品の変遷と地域性」『東アジア古文化論攷』1

水ノ江和同　2002「仮面形貝製品について」『環瀬戸内海の考古学―平井勝氏追悼論集―』古代吉備研究会

宮本一夫　2003「朝鮮半島の新石器時代の農耕文化と縄文農耕」『古代文化』第55巻7号

宮本一夫　2005「園耕と縄文農耕」『韓国新石器研究』第10号

山崎純男　2001「海人の面―九州縄文時代精神文化の一側面―」『久保和士君追悼考古論集』久保和士君追悼論文集刊行会

金　恩瑩　2017「高城文岩里遺跡을 通해 본 新石器時代平底文化의 展開」『文化財』40

金　勇男　1967「朝鮮의 新石器時代」『考古民俗』1967-3

金　材胤　2008「先史時代의 極東全身土偶와 環東海文化圏」『韓国上古史学報』60

辛　岩・方　殿春　2003「査海遺跡址 1992~1944 年発掘報告」『遼寧考古文集』遼寧省考古研究所

河仁　秀　2017「新石器時代道具論」

第4節

身体装飾の発達と
後晩期社会の複雑化

阿 部 芳 郎

はじめに

　縄文時代の社会は定住的な生活の普及により、複雑化への歩みを速めて行く。その様相は地域により異なるが、関東地方では前期後半が1つの画期となるであろう。その指標の1つとして墓壙からの装飾品や漆塗土器などの出土が指摘できる。こうした出土事例は考古学的には個人が所有したモノの存在を決定づけている。この傾向は中期へと引き継がれ、環状集落の内部の墓域からの硬玉製大珠の出土が示すように、明らかに限定された個人の保有を示す場合がある。さらにまた華美な土器装飾などから縄文時代中期の文化的な高揚が指摘されてきた[1]。

　近年、縄文時代後期から晩期の時代観は大きな変更を余儀なくされている。従来までは狩猟採集社会が行き詰まった中で、停滞的で呪術と祭祀が支配したイメージが強く主張されてきた（勅使河原1995）。しかし、近年では集落の継続性の長期化や「環状盛土遺構」と呼称された長期継続的な集落遺跡の存在が明らかにされ、むしろこれまでの主張とは異なり、安定的な社会が存在したことが明らかにされてきたからである（阿部2017）。そこで次なる課題は、なぜどのように長期的な社会が形成されたのかという要因の解明が必要である。

　ここで取り上げる装身具類は、かつて停滞的な社会の産物として象徴化された遺物である。こうした解釈は時代観という暗黙の下敷きが用意されてきた。しかし個々の分析結果を従来の時代観に押し込めるのではなく、個々の分析から時代観を構築することこそが本来の考古学の方法ではないか。本論ではそうした視点に立ち、後晩期の装身具の発達からその時代の特質を考えてみたい。

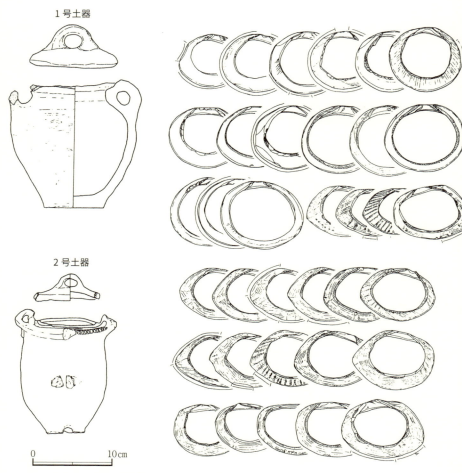

図1 千葉県古作貝塚出土の貝輪（ベンケイガイとサトウガイ製のみ）

1. 貝輪の生産と着装

　長い縄文時代の中で早期中葉に出自をもつ貝輪は縄文時代以降も継続して利用された装身具の1つである。そのため、着装数や素材貝の種類、製作技術、着装方法など、様々な視点からの検討が加えられ、時期や地域の特徴が研究されてきた（堀越1985・忍澤2011ほか）。また、縄文時代は多くの着装者が女性

であることから、女性社会の特質を示唆する遺物としても注目されてきた。

　筆者は貝輪の多量副葬例として著名な福岡県山鹿貝塚の2号と4号人骨と命名された2体の女性人骨が両腕に着装しているすべての貝輪45点の計測と観察を行った。その結果、貝輪のサイズに着装者単位で強い規格性の高さがあることや、異種同時着装の事例（図2左）が、例外的ではあるが存在することも確認した（阿部2018）。山鹿貝塚の人骨は貝輪と共に大珠や耳飾などを伴うもので後期前葉の身体装飾を知ることができる好例である（図2）。

　片岡由美は全国の貝輪の着装事例を集成し、後期になると貝輪の着装数が増加する事や、着装者が基本的に女性であった事実を指摘している（片岡1983）。この傾向は身体装飾から社会複雑化を考える2つの重要な事実を反映しているように思える。1つは女性社会全体の中で貝輪着装の風習が普及したこと。そしてもう1つが山鹿貝塚の人骨にみるように、他を圧倒する数の貝輪を着装する人物が登場したことである。これは全国的に起こった縄文後期の女性社会内部での変化を示唆する現象なのであろう。

　片岡由美の研究（片岡1983）をもとにすると、人骨の時期別平均着装数は、

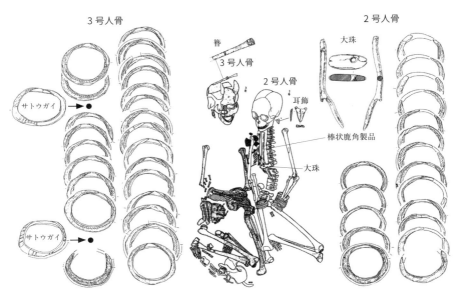

図2　福岡県山鹿貝塚の貝輪着装人骨

早期 2.2 点、中期 1.6 点、後期 7.5 点、晩期 2.8 点であり、後期に着装数のピークをもつことがわかる。山鹿貝塚の多数着装例はこの時期の典型例と考えることができる。また山鹿人骨の貝輪は出土状況から着装時に「内面を肘方向に向けて」手を通し、貝殻の蝶番部分は腕の内側にきれいに貝輪の向きが揃っている。こうした着装方法は多くの着装人骨にも共通に確認できる現象である。これは丁寧に研磨した貝輪の表面を見せる場合、腕を下げるのではなく、おそらく肘を折り曲げて上腕を上に挙げ、貝輪の平滑な腹縁部が第3者に視認できるように配慮した結果である（図3-C・D）。そして腕の向きと貝輪自体の向きが一致している出土状況は貝輪自体がいくつかの単位を維持し、位置がずれないように紐などで緊縛されていたことを予測させる（図3-A）[2]。

さらにまた2号人骨に観察できたように、外面を最も丁寧に研磨した貝輪が

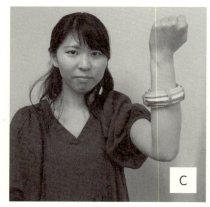
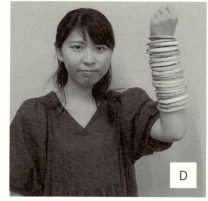

図3　ベンケイガイ製貝輪の装着実験
A：紐による5個のベンケイガイ製貝輪の連結状況　B：連結貝輪の装着状況　蝶番部分を肘の内側にそろえて装着する。　C：5個の装着状況　D：20個の貝輪の連着状況

一番上に着装されていることもわかった。つまり、貝輪には一番上に着装し、丁寧に磨いた面を全面に見せるための貝輪と、それ以下に着装する貝輪の2種類が存在したことを予測させる。山鹿貝塚の貝輪のサイズの規格性の高さは、これらの貝輪が着装者個人に帰属したことを示している。

　また、3号人骨の右腕の貝輪は11個のベンケイガイと2個のサトウガイ製の貝輪から構成されている。こうした事例は全国的に見ても稀有であるが、サトウガイ製貝輪は6個のベンケイガイ製貝輪を区分するように着装されていた（図2左）。略円形のベンケイガイ製の貝輪に比較してサトウガイの形態は非対称で着装の状況は異様に映る。さらに両種の現生の殻を比較すると、ベンケイガイは薄茶色～紫色を呈しているのに対して、サトウガイは純白である点も大きく異なるので、視覚的にも明瞭に区別できる貝輪が片腕に着装されていたことになる。このようにサトウガイ製貝輪によって区別された3号人骨の右腕の貝輪群は、ベンケイガイ製貝輪に意味のある単位が存在したことを意味しているのではないか。左側には15個が着装され、2号人骨は右腕に5個、左腕に14個であり、5～6個の倍数であることも偶然ではないであろう。いずれにしても、複数の貝輪が単位を持つこと自体は、多数着装の実態を読み解く1つの手がかりになることは間違いない。

　以上に見てきたように、多数の貝輪を身に着ける人物の登場が平均着装数の増加率に関係していることは間違いない。さらに、貝輪自体の出土や貝輪の着装人骨数の増加も相関している。このことは、後期になると一般に女性が貝輪を着装する習慣が広く普及したことを示している。それでは貝輪の管理や生産から見た場合、どのような特色が認められるのだろうか。

2.　大量生産遺跡の出現背景

（1）貝輪貯蔵事例と貝輪形土製品の在り方

　貝輪の着装状況は後期に大きな変化を示す。これに加えて古くから指摘されてきた貝輪収納土器が注目される（図1）（八幡1935）。千葉県船橋古作貝塚から出土した2点の蓋付土器からは合計で41個の貝輪が収納された状況で発見された。これらの土器の在り方については、貝輪の流通状態を示したと考えるもの（忍澤2004）と、祭祀以外の未使用時に保管されていた状況を示すもの

第4節　身体装飾の発達と後晩期社会の複雑化　*307*

（堀越 1985、堀越・多田井 1996）と考える 2 つの意見がある。また、貝輪は 1 度腕に通したら外さないという考え（高倉 1975）と、着脱可能であり、いつでも必要時にのみ着装したという 2 つの考えがある（堀越 1985 ほか）。前者の考え方では身体の成長とともに変化する腕の太さに子供用の貝輪は対応できないので、もとより成り立たない机上での推測であろう。また、サイズから見た場合、子供専用の貝輪が存在する事実からしても（阿部・金田 2013）、貝輪は身体の成長とともに付け替えられたものであり、着脱が可能な装身具であったのである。

　土器内部から発見された貝輪はオオツタノハとベンケイガイとサトウガイの3 種から構成されており、この時期の貝種の典型的なセット関係を示している。視点を変えてこれらの貝輪のサイズを検討してみると、3 種類の貝輪は、ともに異なるサイズから構成されていることがわかる。

　筆者はかつてベンケイガイとサトウガイ製貝輪のサイズと着装年齢の関係を検討した際、内周長の 142 mm〜152 mm に子供と大人の境界があることを指摘した（阿部・金田前掲）。この数値を参考にすると、ベンケイガイ製の貝輪には明瞭な世代区分帯が読み取れる。山鹿貝塚人の着装したサイズのまとまりから古作貝塚人の大人の貝輪は複数人分に相当し、なおかつ個々のまとまりの数は少ない。

　この事実は山鹿貝塚人にみたような多数着装者は古作貝塚には存在しなかったことを意味し、反面でそれ以前の時期に比べて、より多くの女性が貝輪を着装したという事実が浮かび上がる。成人女性だけでなく、より小型の子供用貝輪の数も比較的多いことは、着装の多世代化（阿部・金田前掲）を意味している点で重要である。しかも子供用の貝輪の多くはサトウガイを素材としていることもわかってきた[3]。そして貝の特徴から子供用の貝輪の色は純白だった可能性が高い。

　古作貝塚の貝輪の分析を通じてわかってきたことは、後期前葉社会における貝輪着装習俗の普及状況であった。それでは関東地方には貝輪を多数着装する人物は存在しなかったのだろうか。茨木県三反田貝塚からは後期前葉の人骨の片腕に 13 個の貝輪が着装された状況で見つかっているので、関東地方における多数着装の人物の存在を示唆する点で重要である。

　さらに多数着装の存在を示唆する遺物として腕輪形土製品がある（図 4）。腕

輪形土製品には単独の貝輪を表現したものと、腕輪と呼称されたように沈線による文様が描かれるものの2者がある（図4）。前者がオオツタノハ製貝輪を模倣した土製品と考えられるのに対して、後者は横位の平行する沈線文が描かれる特徴があるとともに、栃木県萩平遺跡例のように白色の塗彩物が付着したものが複数例あることから、貝輪を模倣したものと考えられてきた。

　この土製品のなかで筆者が注目するのは、横線の文様とされている沈線の本質的な意味である。これが貝輪を模倣したものとするならば、おそらく横線の本質的な意味は沈線ではなく、貝輪が連着された状況を表現しているものであろう。そうであるならば、本来は沈線と沈線に挟まれた隆起部分が貝輪の表現主体であったことになる。そしてこれらの類例を観察すると、千葉県伊篠白幡遺跡の堀之内式期の資料では6～7本の沈線によって表現されたものと（図4-2・3）、その倍数に近い本数（同図5）の2者が存在する事実に注目したい。これは連着が7個前後の貝輪から構成される単位とする考えと矛盾しない。

　さらにこれらには、横線を垂直に区切る沈線や円形刺突文が施されるものが多い。この土製品を連着した貝輪と考える前提に立つと、それは貝輪同士を束ねて緊縛した紐などが文様化したものと考えることがではないだろうか。

　そうすると、すでに検討した山鹿貝塚3号人骨の右腕の貝輪が6個を単位にしていたことは単なる偶然ではなく、貝輪は6～7個前後の数を1つの単位としていた可能性が浮上する。すなわち、後期の貝輪による表示単位は、例えば0-1-7-14-21といった着装単位数が着装者内での差別化であり、基本は6ないし7の倍数という原理で説明できる可能性が高い。

　また、古作貝塚のような土器に収納した貝輪の一時期的な保管を考える場合、後期前葉における非煮沸系土器で土製蓋をもつ壺形土器の出現も重要であろう。重要なのは貝輪の一時期的な収納とは、日常的には貝輪を着装していなかったことを示す事実でもあることだ。土器の中には、玉や石斧などが収納された事例が中期終末から後期前葉にかけて東日本の各地に認められる。貝輪について言えば、後期前葉に複数の貝輪の連着を表現した腕輪形土製品が出現するのも偶然の一致とは思えない現象で、非日常的な儀礼行為の制度化がこれらの収納容器を生み出した背景にあるのだろう。

　以上に指摘した貝輪の材質転換を伴う模倣や保管行為は、貝輪の着装風習の

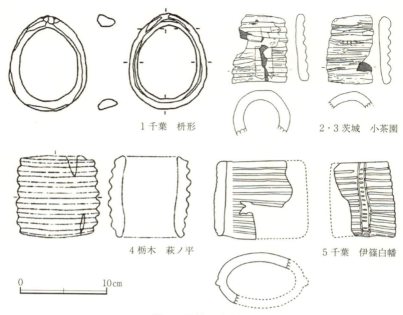

図4　貝輪形土製品

普及を示唆する社会的な現象として考えることができる。それでは、こうして普及した貝輪着装の習俗は貝輪生産の体制をどう変化させたのだろうか。次に貝輪の生産遺跡に目を向けてみよう。

（2）「原産地型生産集落」の出現背景

　後期前葉におこる貝輪着装数の増加は、後期中葉に新たな変革をもたらす。それは海浜部における貝輪の大量生産遺跡の出現である。千葉県銚子市余山貝塚は関東地方最大の貝輪生産遺跡であり、複数の住居や墓域から形成された集落遺跡である。余山貝塚は戦前から繰り返し好事家たちによる乱掘を受け、各地に大量の貝輪や骨角器がコレクションとして保管されているため、正確な出土数は不明であるが数千点を優に超える数が出土していたことは間違いない。出土している土器からは堀之内2式期から加曽利B1式期を形成初期と想定できる。

　貝輪の大半は素材の貝に大きな孔をあけた製作工程段階のもので、出土品の大半がそうした未成品や、それ以後の工程で失敗した破損品によって構成され

ている特徴がある。余山貝塚で生産された膨大な量の貝輪は遺跡外へと持ち運ばれたことになる。さらに貝輪とともに未加工のベンケイガイやサトウガイとともにハンマーや貝輪の内輪を研磨する砥石なども多く出土しており、原産地遺跡としての特徴がある（図5）。

　貝輪の素材は外洋性のベンケイガイを主体にサトウガイが加わるもので後期の貝輪の主体を占める2大貝種であるが、これらは遺跡が立地する低位台地が面する太平洋の海岸線で採取された可能性がある。一方、余山貝塚は外洋に直面しておらず、また砥石やハンマーに利用された砂岩が産出する犬吠埼から10kmあまり距離を置いた位置に立地しており、むしろ現在の利根川（当時の鬼怒川）の河口部に立地している。これは内陸地への貝輪の流通を想定した占地であったことをうかがわせる。こうして考えた場合、余山貝塚は貝輪着装の社会的制度を基盤から支える役割も担っていたことになる。また、余山貝塚から

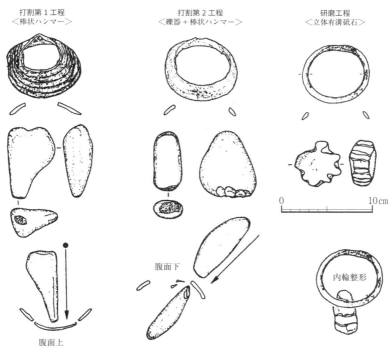

図5　貝輪の製作工程と石器の利用方法

はかつて安行2式の深鉢の内部に20個の小形の貝輪が収納された状況で発見された事例がある（図6、江見1909）[4]。さらに未成品の中にも子供用と想定できる小型の貝輪が存在することからも、余山貝塚で生産された貝輪は、子供用から成人用に至るまで着装の多世代化に対応していたことがわかる。余山貝塚が集落遺跡であることは、こうした生産体制を多世代にわたり維持されたことを予測させるもので、筆者はこうした集落を「原産地型生産集落」と呼び、資源流通の中核をなす社会的な性格を指摘した（阿部2012）。

　同様な器物の生産体制として埼玉県関場遺跡における緑泥片岩製石棒の製作址を挙げることが出来る。緑泥片岩の資源産出地に集落を進出させて関東地方一円に石棒を流通させる機能を担った遺跡と考えることができる（栗島2014）。後期中葉以降に石棒は小型化するとともに大型竪穴建物址などでの石棒祭祀などが集落間を結びつける役割を演じ、石棒祭祀を担う集団は小規模化して各集落の内部に存在したと考えられるが、その一方で特定の集落において複数の集落から参集して共同の石棒祭祀が行われたことを大型竪穴建物址は示している

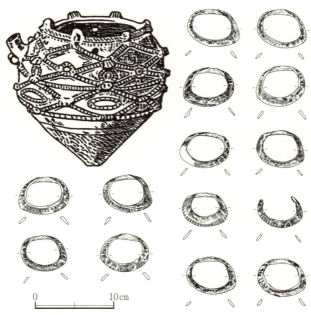

図6　千葉県余山貝塚出土の貝輪収納土器と子供用貝輪

ことからも（阿部2001）、中期と比較した場合、多量の石棒が必要とされたことは確実である。そしてその供給をになったのは、石棒製作の専業的な集団であったに違いない。したがって、余山貝塚や関場遺跡などの資源の原産地に形成された集落は、決して偶然に出現したわけではなく、広域な地域に存在した地域社会を連携した社会複合体の維持のための祭祀器具の生産と流通という役割を担っていたに違いない。

貝輪の着装習俗を支えた原産地型生産集落は加工具としての砥石や敲打の石材や貝輪の素材貝の入手が可能であり、かつ供給先への交通に有利な地域が条件となっていた。余山貝塚が形成された利根川（古鬼怒川）は内陸へと貝輪を流通させる水路の基点にあたる地域であった。余山貝塚で生産された多量の貝輪は余山貝塚出土の女性人骨の貝輪着装を見れば、その多くが遺跡外に持ち出されたことがわかる。広大な関東平野へと流通網が形成されていたに違いない。最後に身体装飾品の供給遺跡が出現した背景について考えてみよう。

（3）耳飾の着装習俗と社会

貝輪と同様に後期から晩期に発達した身体装飾の１つに耳飾がある。貝輪が人骨に着装されて発見される事例が多くある半面、耳飾の人骨伴出事例は驚くほど少ない。しかし反面で関東地方では後期から晩期の土偶には耳飾の着装が表現されている事例を多く指摘することができるし、古くは坪井正五郎による指摘もある（坪井1909）。関東地方の後期後半から晩期に盛行するミミズク形土偶は、大型の耳飾の着装が表現されているが、その反面で安行式期の耳飾は大型のものだけではないという事実もある（図7）。小さいものでは、魚の椎骨を利用したものなども存在し、臼形や滑車形の耳飾も、その直径のバリエーションが非常に大きい。それに比べて中期の土製耳飾は出土数が限られている上に装飾やサイズのバリエーションが小さい特徴が指摘できる（上野1995）。

また、後期から晩期の耳飾は装飾に地域性をもち、関東地方の内部においても複数の地域性を持つことが知られている（吉岡2010）。これらの地域性は土器文様の示す地域性と対応するものが多く、耳飾のサイズの多様化という全体的な傾向のなかで生じた地域性の発現とみるべき現象である。耳飾の文様が土器文様の表出技法と共通性を持つ事実は、土器製作者が女性であることを示唆するのかもしれない。また一方で、多量出土遺跡の中にはこうした地域性を超

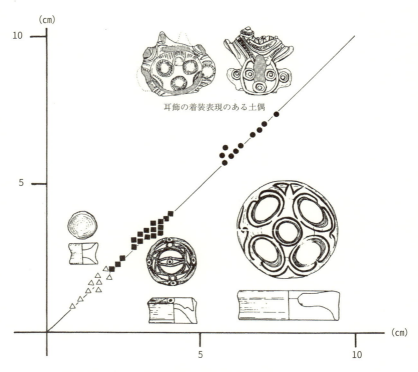

図7　耳飾のサイズと装飾の多様性（埼玉県高井東遺跡）

えて他地域の特徴を持つ耳飾が出土することも稀ではない。埼玉県赤城遺跡では北関東の千網谷戸遺跡周辺の特徴を持つ大型で装飾性の高い特徴的な耳飾が出土している（図8）。これらは、着装者自体の移動の可能性を示唆する。その意味で耳飾の装飾が婚姻圏を示すという指摘は示唆に富む（吉田2003・2008）。

　後晩期の耳飾の中にある小型の耳飾は無文のものが圧倒的に多く、地域性を示す表徴に乏しいのは、それぞれの地域のなかでの通過儀礼などの経験を経てやがて出自集団を示す耳飾を着装できるようになったことを示しているのであろう。小型・中型・大型という作り分けは着装の多世代化を示すもっとも明確な現象である。ところで、耳飾は左右対で着装していたというイメージがある。確かに土偶の耳飾の着装表現は対で表現されている事例が多いが、土偶には片側のみに着装した表現がある。

314　第Ⅳ章　副葬品と縄文社会

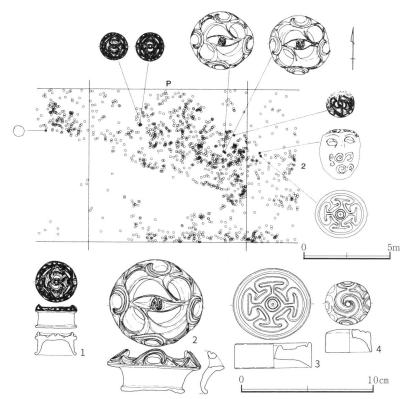

図8　埼玉県赤城遺跡における耳飾の出土状態

　さらに東京都西ヶ原貝塚の後期人骨では片側に1個だけ土製耳飾が出土したり、埼玉県神明貝塚でもサメの椎骨製の耳飾が1個のみ着装された事例がある。晩期の事例では長野県宮崎遺跡で石棺墓の内部より、1個の土製耳飾が着装状態で検出された。これらの埋葬人骨における着装事例は片側のみに耳飾を着装した人々が、中期から晩期の各地に存在したことを示唆する有力な証拠であろう。では土偶における対の着装表現は何を示しているのだろうか。先に示した赤城遺跡における2個1対の耳飾の出土状況は、本来は埋葬された人骨が身に着けており、人骨のみが腐朽したと考えられるので、2個1対の着装者も存在したことになる。
　両者の着装表現の差異は、耳飾のサイズとは異なる位階的な表示形態とみる

べきであり、むしろ貝輪の着装人骨に指摘できる両腕着装と片腕着装や左右の数的な着装数の偏在性と同様の意味をもつのであろう。人体が正中線を中心に左右2分割され左右をそれぞれ独立した着装単位と考えれば、この着装状況の違いは合理的に説明できる（図9）。ところで、大珠などの垂飾は首から紐などで胸に垂らして利用したことを考えると、身体の中心軸に着装されることになる。大珠や連珠にせよ、着装者に性差の区分は認められないので、身体の中心軸への着装は性差とは異なる階層的な差異を表徴したものと考えるべきであろう。多くの土偶に認められる着装表現の対称性は、女性社会の位階の頂点に立つ姿を投影したものと考えることができる。

3. 社会複雑化と身体装飾の発達

（1）装身具のもつ社会的機能

　これまでもたびたび指摘されてきた後・晩期における祭祀の活発化や、装身具の多様化・多量化の背景を明らかにするために、本論では貝輪と耳飾を取り上げて考えてきた。これらの装身具の着装の意味について中期からの変遷を視野に入れて考えると、まず多数の貝輪を着装した中期の女性は存在しない。そのため中期の女性の位階表示は貝輪を着装する人物としない人々という大きく2項対立的な関係として整理できる。耳飾も同様で、中期の耳飾自体のサイズの変化は小さいため、区分原理としては成人の貝輪と同様の関係をもっていたに違いない。

　こうした状況に変化が生じたのが後期中葉から晩期である。貝輪の着装数の増加とサイズの多様化は多世代化を伴う着装習俗の中で多数の貝輪を着装することにより、ほかと区別する位階表示の方法が確立したことを示している。さらに遠隔地より持ち運ばれたオオツタノハは獲得難易度などから後期以前の貝輪の中でも特に威信財的な価値が高かったとみてよい。そのためか、オオツタノハ製貝輪の連着例はない。もし、存在すれば、より高い位階の表示を意味したに違いない。

　一方、耳飾は中期では特定の成人女性のみが着装していたものが、後期ではサイズの多様化が示すように着装の多世代化が進行し、サイズ・形態・装飾・左右の着装部位の4つの属性が組み合って複雑な表示体系が確立する[5]。装飾

の多寡や形態の違いは位階的なランクの違いを示していると考えれば、貝輪の着装習俗との間に意味のある関係性が指摘できる。

　他方で耳飾の文様には広域的に見た場合、地域的な特性も指摘できる。したがって、耳飾を着装した人物は文様やサイズによって、おそらく出自を示す地域や世代が表示されていたのであろう。

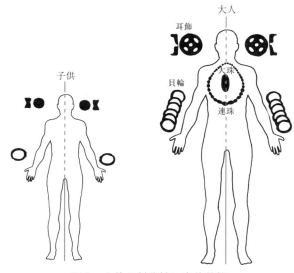

図9　人体の対称性と身体装飾

貝輪には着装者の出自を表示する機能は本来的には保持しないため、後晩期における耳飾の多様化は、地域社会の中で出自や世代を表示する社会的な必然性の高まりが生じたことを示唆している。関東地方における貝輪生産の画期が後期中葉に求められることは余山貝塚における貝輪生産の在り方から比較的明瞭に想定できる。

　また、単体の着装から数的な区分原理の発生により小型化・多量化した装身具として石製垂飾がある。大珠は単体で土坑墓から出土し、小型の珠とセットで利用された例はない。ところが、後期から晩期になると珠類の小形化が進むとともに、それらを複数の組み合わせとして着装する人物が登場する（図10）。さらに着装例の中には、数点の小珠のみを副葬する事例も多い。これは貝輪の着装数の多量化と同質的な現象と考えることができるであろう。小型化は位階表示の多様化と相関すると考えるべきであろう。

（2）なぜ祭祀が発達したのか

　本論の目的として掲げた後晩期における装身具の発達の背景については、貝輪と耳飾の着装習俗での分析から、女性社会の内部での位階表示の顕在化を意味するものであることが指摘できた。着装の多世代化は集団の内部での個人の

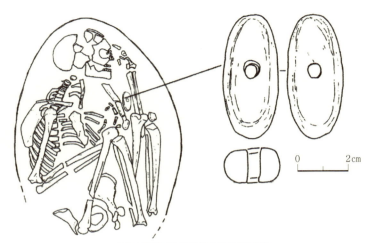

大珠の副葬（北海道礼文島船泊遺跡）

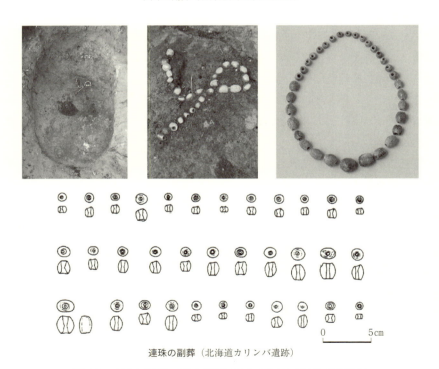

連珠の副葬（北海道カリンバ遺跡）

図10　大珠と連珠の出土状況（写真は恵庭市郷土資料館所蔵）

社会的な位置づけの明確化であり、そのことは社会自体の複雑化を意味するものである。一定のサイズ以上の耳飾には女性の出自集団を表徴する文様が描かれ、大型化した耳飾の登場は着装の多世代化と位階表示としての意味があったと想定できる。一方、貝輪の着装数は出自の表示とは異なり、着装数とオオツタノハなどの獲得難易度の高い貝輪の着装者の存在などから耳飾とは性格の異なる位階表示の意味をもっていたに違いない。

　このように女性社会の中で装身具が発達を遂げていることは重要であろう。また土偶を多産祈願の象徴と考えるならば、装身具の着装の多世代化は出生後の個人がすでに社会の構成員として認識・期待されていたことを意味するのではないか。制度化された装身具の着装によって、着装者は社会の構成要素として位置付けられ、子供は世帯あるいは家族の単位としてではなく、社会や共同体の一員としての役割を付与されていたに違いない。住居内の小児埋葬は堀之内１式期に認められる現象であるが、耳飾が盛行する後期中葉の時期には消滅する。この事実は子供が世帯の一員から社会の一員へという意識の変化を示すのかもしれない[6]。着装の多世代化とは、成人のみが対象となった中期以前とは異なり、子供の社会的な役割の顕現と考えることができる。

　またこのことは、関東地方の後・晩期社会の継続期間が長期化した事実とも密接な関係があると思われる。すなわち居住活動の長期化は、当然それを支える人口維持が重要な前提条件となり、そのサイクルの起点は出産に求められるからである。そのため、婚姻や集団の統率のための女性社会内部の複雑化が進行したのではないか。

　この事実は社会全体が差異のない等質的な単位から形成されているのではなく、性差や年齢などの自然発生的な差違をもつ人間集団が、さらに個々の技量や経験により発生した社会的な役割に応じて多層化したことを示唆している。そして集団相互の関係の緊密化が進んだことにより、土器型式の連続性としてみた場合、10型式以上にもわたる継続期間をもつ長期継続型社会が出現したのである。この連続性は縄文時代で最長の継続性を示すものであり、本論で扱った装身具とは、これらの社会の中でそれぞれの出自や位階を表示するための器具として創出され、その存在はそれらを身に着けた儀礼・祭祀の発達を意味するのである。冒頭で指摘した停滞的な性質をもつ後晩期社会における祭祀

の発達とは大きく異なる意味が内在していたことは、これらの事実から比較的明瞭に説明することができる、と筆者は考えている。

註

1) 筆者は中期の社会がそれ以前の社会に比べて定住的な活動が定着し、集団内や遺跡間に分業が発達し、社会が一定程度の発達をしたことは否定するものではない。ただし、それが縄文文化全体を通じた評価の中で発達の頂点を極めたという言説には、一元的な量的な側面に妄信したきわめて観念的な評価にとどまっているため、否定的である。さらに言えば、むしろ、繁栄や衰退といった二者択一的な説明と歴史的解釈に問題があると考えている。

2) 貝輪の連着は1つずつ腕に通したあとに貝輪を紐などで連結したと考えられる。本論で推測した7個前後を単位とした貝輪を一度に腕に通すことは不可能である。

3) 時代は異なるが、山口県古浦遺跡では弥生時代前期の小児骨に貝輪の着装が認められ、ハイガイを素材としたものであることが指摘されている。ハイガイはサトウガイと同様に貝殻は純白である。

4) 江見の発見による土器に収納された貝輪は東京国立博物館の収蔵品の中に発見され、実測図が公開されている（東京国立博物館 2009）。

5) 耳飾の着装における片耳の着装事例として、千葉市蕨立遺跡の中期後葉の女性人骨は片耳だけの着装である（千葉市史 1974）。したがって左右の区分単位とした着装習俗は中期にまで遡ることになる。

6) 中期中葉以降に中部地方から関東地方で住居内埋甕が盛行するが、小児の胎盤を収納したという説や乳幼児の埋葬とする考えがある。千葉県西広貝塚では堀之内1式期の住居内埋甕内から小児骨が発見されている。中期の住居内埋甕での発見例がないため、その正否を判断できる発見には恵まれないが、後期の住居内埋甕が出産や埋葬に関わる施設であるとするならば、子供が世帯を単位に帰属していたことを示す重要な証拠になる。反面でそうした遺構が消失する後期中葉以降は子供の帰属に変化が生じたと考えることもできる。

引用・参考文献

阿部芳郎　2001「縄文時代址晩期における大型竪穴建物址の機能と遺跡群」『貝塚博物館紀要』第 28 号

阿部芳郎　2007「内陸地域における貝輪生産とその意味」『考古学集刊』第 3 号

阿部芳郎　2012「縄文時代の資源利用と地域社会」『考古学ジャーナル 627』号

阿部芳郎　2017「縄文社会をどう考えるべきか」『縄文時代』吉川弘文館

阿部芳郎　2018「縄文時代における貝製腕輪の研究」『明治大学人文科学研究所紀要』第83冊

阿部芳郎・金田奈々　2013「子供の貝輪・大人の貝輪」『考古学集刊』第9号

上野修一　1995「東北南部・関東における縄文時代中期後半の土製連飾とその分布について」『研究紀要』23

江見水蔭　1909「五度目の余山」『地中の秘密』博文館

大野雲外　1906「貝輪に就いて」『東京人類学会雑誌』22巻第249号

岡崎文喜ほか　1975「金堀台貝塚の再検討」『船橋考古』第3・4号合併号

東京国立博物館　2009『骨角器集成』

堀越正行　1985「関東地方における貝輪生産とその意義」『古代』第80号

堀越正行・多田井用章　1996「東京大学蔵の船橋市古作貝塚出土遺物」『千葉県史研究』第4号

忍澤成視　2001「千葉県における主要貝輪素材ベンケイガイの研究」『史館』第31号

忍澤成視　2004「貝輪素材供給地から消費地へ—余山貝塚と古作貝塚出土資料からの検討—」『千葉県の歴史』資料編考古4、千葉県

忍澤成視　2006「縄文時代におけるベンケイガイ製貝輪生産」『動物考古学』第16号

忍澤成視　2011『貝の考古学』同成社

片岡由美　1983「貝輪」『縄文文化の研究』第9巻、雄山閣

栗島義明　2007「硬玉製大珠の社会的意義」『縄文時代の社会考古学』同成社

栗島義明　2014「緑泥片岩製石棒の生産・流通」『駿台史学』150、駿台史学会

酒詰仲男　1941「貝輪」『人類学雑誌』第56巻第6号

高倉洋彰　1975「右手の不使用—南海産貝製腕輪着装の意義」『九州歴史資料館研究論集』1

永井昌文　1972「山鹿貝塚人骨着装品とその考察」『山鹿貝塚』芦屋市埋蔵文化財調査報告書第2集、芦屋市教育委員会

千葉市　1974『千葉市史』資料編

坪井正五郎　1909「土製滑車形耳飾」『東京人類学雑誌』pp.24-274

勅使河原彰　1995「ハレとケの社会交流」『縄文人の時代』新泉社

八幡一郎　1935「最近発見された貝輪入蓋附土器」『人類学雑誌』第43巻第8号

吉岡宅真　2010「関東地方における縄文時代後期址葉土製耳飾の研究」『千葉縄文研究』4

吉田泰幸　2003「縄文時代における土製栓状耳飾の研究」『名古屋大学博物館報告』19

吉田泰幸　2008「土製耳飾の装身原理」『縄文時代の考古学』10

山田康弘　2008「装身具の装身原理」『縄文時代の考古学』10

あとがき

　最初にも触れたことであるが、装身具研究の魅力は縄文人に直接的に結びつき、集団や社会との関わりを示す考古遺物であることにあり、縄文前期以後に装身具の種類と装着事例が増加している事実は、集団の規模や定住生活を営むうえで装身具の存在と装着が必要不可欠なものとなったことを物語っている。そうした意味で装身具とはすぐれて社会的関係性を示す考古遺物と捉えることも可能なのである。

　手ごろな粘土や植物、石材などを用いた場合には過剰なまでの装飾や色彩を施し、またヒスイやコハク、オオツタノハ貝など何処に在るのかも知らない希少財を素材とした製品へのこだわり、しかもそれが日本列島を覆うように分布している事実、装身具を追究してゆくことは必ずや縄文人の心象や縄文文化の躍動に迫り得るものになるであろう。いずれにしても装身具には計り知れない多くの情報をその内に秘めた、極めてメッセージ性の強い遺物として捉えなおす必要があろうし、本書がその契機となれば幸いである。

　最後に本書を刊行するきっかけは 2014 年に明治大学で開催したシンポジウム「副葬品から見た縄文社会」で、予想外に多くの方々の参加を得たこともあり、配布資料集を踏まえた出版物刊行についても話が及んだが、具体的に前には進まず時を過ごしてしまった。

　その後、資源利用史クラスターでの研究計画が推進されてゆくなかで、本書の刊行も具体化する方向へと大きく舵を切ることとなった。これは阿部芳郎氏のリーダーシップに拠るところも大きいが、それにも増してシンポジウムに参加頂いた方々がその後も変らぬ熱意と情熱をもってお付き合いを続けてくださったことが原動力になったと思う。改めてこの場を借りて深く感謝申し上げたい。

栗島義明

2019 年 9 月 20 日

執筆者一覧（掲載順）

町田 賢一（まちだ けんいち）　1973 年生

（公財）富山県埋蔵文化振興財団 埋蔵文化財調査課

主要著作論文　『日本海側最大級の縄文貝塚　小竹貝塚』新泉社、2018 年、「ヤマ弥生」『平成 30 年度埋蔵文化財年報』（公財）富山県埋蔵文化振興財団、2019 年、「富山県における"貝塚"のあり方」『大境』第 29 号、富山考古学会、2011 年

渡辺　新（わたなべ あらた）　1965 年生

千葉縄文研究会

主要著作論文　「ＳＫ13 土坑「人骨集積」の調査」『松戸市牧之内遺跡発掘調査報告書』、2015 年、「「人骨集積」研究の視点 ― 船橋・古作貝塚の検討から ―」『千葉縄文研究』6、2016 年、「正中唇顎裂に口蓋裂が合併した後期の人骨」『千葉縄文研究』7、2016 年（共著）

青野 友哉（あおの ともや）　1972 年生

東北芸術工科大学 准教授

主要著作論文　『墓の社会的機能の考古学』同成社、2013 年

八木 勝枝（やぎ かつえ）　1974 年生

（公財）岩手県文化振興事業団埋蔵文化財センター 文化財専門員

主要著作論文　「北上川中・下流域の盛土遺構 ― 縄文時代晩期包含層分析からの一視点 ―」『岩手考古学』第 16 号、2004 年、「岩手県北上川流域における後晩期集落の立地と分布」『岩手県立博物館研究報告』第 26 号、2009 年、「北上川上・中流域における後期初頭土偶の型式」『土偶と縄文社会』雄山閣、2012 年

川添 和暁（かわぞえ かずあき）　1971 年生

愛知県埋蔵文化財センター

主要著作論文　『先史社会考古学 ― 骨角器・石器と遺跡形成から縄文時代晩期』六一書房、2011 年、「東海地方の縄文集落と貝塚」『生活・生業』シリーズ縄文集落の多様性Ⅲ、雄山閣、2012 年、「東海地方の縄文集落の信仰・祭祀」『信仰・祭祀』シリーズ縄文集落の多様性Ⅳ、雄山閣、2014 年

藤森 英二（ふじもり えいじ）　1972 年生

北相木村教育委員会

主要著作論文　『信州の縄文早期の世界　栃原岩陰遺跡』新泉社、2011 年、『信州の縄文時代が実はすごかったという本』信濃毎日新聞、2017 年

川崎　保（かわさき たもつ）　1965 年生
長野県埋蔵文化財センター調査第 2 課長　長野大学非常勤講師

主要著作論文　『文化としての縄文土器型式』雄山閣、2009 年、『「縄文玉製品」の起源の研究』雄山閣、2018 年、『日本と古代東北アジアの文化』雄山閣、2018 年

石坂 雅樹（いしざか まさき）　1960 年生
船橋市教育委員会生涯学習部文化課埋蔵文化財調査事務所

主要著作論文　『印内遺跡群（20）』（財）船橋市文化・スポーツ公社埋蔵文化財センター、2000 年、『取掛西貝塚（5）Ⅰ』船橋市教育委員会、2013 年（共著）、「遺跡速報　千葉県取掛西貝塚」『考古学ジャーナル』5 月号、2009 年

木島　勉（きじま つとむ）　1959 年生
糸魚川市教育委員会　長者ケ原考古館 館長

主要著作論文　「翡翠の工人たち」『古代翡翠文化の謎を巡る』学生社、2006 年、『長者ケ原遺跡』同成社、2007 年（共著）、「新潟県における縄文時代前半期の翡翠製品について」『玉文化』

増田　修（ますた おさむ）　1947 年生
群馬県桐生市教育委員会嘱託

吉岡 卓真（よしおか たくま）　1979 年生
さいたま市教育委員会

主要著作論文　「土製耳飾りのサイズと着装」『縄文の資源利用と社会』雄山閣、2014 年、「縄文時代後晩期　ミミズク土偶の変遷」『考古学集刊』第 11 号、2015 年、「縄文時代後晩期集落形態の多様性」『埼玉考古』53、2018 年

河　仁秀（ハ インス）　1960 年生
釜山 臨時首都記念館長

主要著作論文　「新石器時代 韓日文化交流と黒曜石」『韓國考古學報 』58、韓國考古學會、2006 年、『 韓半島 南部地域 櫛文土器研究 』民族文化、2006 年、『新石器時代 道具論』進仁進 、2017 年

三浦　綾（みうら あや）　1992 年生
明治大学資源利用史研究クラスター協力者

森山　高（もりやま まさる）　1978 年生
春日部市教育委員会

主要著作論文　「縄文時代後・晩期北日本出土勾玉の系統と傾向」『考古学論攷』Ⅰ、千葉大学文学部考古学研究室、2012 年、「縄文時代後・晩期北日本出土勾玉の形態別特徴」『考古学論攷』Ⅱ、千葉大学文学部考古学研究室、2015 年

山田 武文（やまだ たけふみ） 1956 年生
岡谷市教育委員会臨時文化財調査員

谷畑 美帆（たにはた みほ） 1966 年生
主要著作論文 『墓と骨の考古学』角川ソフィア文庫、2018 年、『コメを食べてい
なかった？ 弥生人』同成社、2016 年、「東京湾沿岸における縄文時代人骨にみら
れる古病理的所見について」『東京湾巨大貝塚の時代と社会』雄山閣、2009 年

山田 康弘（やまだ やすひろ） 1967 年生
国立歴史民俗博物館教授
主要著作論文 『老人と子供の考古学』吉川弘文館歴史文化ライブラリ、2014 年、
『つくられた縄文時代』新潮選書、2015 年、『縄文時代の歴史』講談社現代新書、
2019 年

木村 英明（きむら ひであき） 1943 年生
白滝ジオパーク推進協議会学識顧問
主要著作論文 『シベリアの旧石器文化』北海道大学図書刊行会、1997 年、『黒曜
石原産地遺跡・「白滝コード」を読み解く』六一書房、2012 年、『氷河期の北極に
挑むホモ・サピエンス（増補版）』雄山閣、2019 年

上屋 眞一（うわや しんいち） 1952 年生
元恵庭市教育委員会
主要著作論文 「木製ドリルによる日高ヒスイの穿孔実験」『北海道の文化』83、
2011 年、『ユカンボシ E2 遺跡Ⅲ・ユカンボシ E11 遺跡Ⅲ』恵庭市教育委員会、
2012 年、『国指定遺跡カリンバ遺跡と柏木 B 遺跡』同成社、2016 年（共著）

廣瀬 雄一（ひろせ ゆういち） 1956 年生
大韓民国　釜山大学校考古学科　博士課程
主要著作論文 「対馬海峡を挟んだ日韓新石器時代の交流」、『西海考古』第 6 集
2013 年、「北部九州地域における轟式土器の成立と展開」『名護屋城博物館研究紀
要』第 20 集、佐賀県立名護屋城博物館、2014 年、「土器の制作技術から見た西唐
津海底出土の土器の変遷―土器詳細断面観察を通して―」『名護屋城博物館研究
紀要』第 23 集、佐賀県立名護屋城博物館、2017 年

阿部 芳郎（あべ よしろう） 1959 年生
明治大学文学部教授　明治大学資源利用史研究クラスター代表
主要著作論文 「縄文時代の生業と中里貝塚の形成」『中里貝塚』2000 年、「大森貝
塚の調査と大森ムラの実像」『東京の貝塚を考える』雄山閣、2008 年、「加曽利貝
塚の形成過程と集落構造」『東京湾巨大貝塚の時代と社会』雄山閣、2009 年、「「藻
塩焼く」の考古学」『考古学研究』63―1、2016 年、「余山貝塚の生業活動―骨角
貝器の大量生産遺跡の出現背景―」『霞ヶ浦の貝塚と社会』雄山閣、2018 年

編者紹介 ─────────────────────────────

栗島 義明（くりしま よしあき）

1958 年生
明治大学大学院博士前期課程修了
博士（史学）
現在、明治大学 研究知財戦略機構 黒耀石研究センター 特任教授

〈主要著作論文〉

　「木組遺構再考」『考古学研究』62 ─ 1、2015 年、「移動に組み込まれた石材交換」
『人類史と時間情報』雄山閣、2012 年、「森の資源とその利用」『考古学の挑戦』岩
波ジュニア新書、2010 年、「ヒスイとコハク」『移動と流通の縄文社会史』雄山閣、
2010 年、「神子柴文化」『講座日本の考古学 2　旧石器時代（下）』青木書店、2010
年、「硬玉製大珠の社会的意義」『縄紋時代の社会考古学』同成社、2007 年、「列島
最古の土器群」『地域と文化の考古学』六一書房、2005 年

2019年 10 月 25日　初版発行　　　　　　　　　　　　　《検印省略》

先史文化研究の新展開 2

身を飾る縄文人 ─副葬品から見た縄文社会─

　　編　者　栗島義明
　　発行者　宮田哲男
　　発行所　株式会社 雄山閣
　　　　　　〒 102-0071　東京都千代田区富士見 2-6-9
　　　　　　ＴＥＬ　03-3262-3231 ／ＦＡＸ　03-3262-6938
　　　　　　ＵＲＬ　http://www.yuzankaku.co.jp
　　　　　　e-mail　info@yuzankaku.co.jp
　　　　　　振　替：00130-5-1685
　　印刷・製本　株式会社ティーケー出版印刷

ⒸYoshiaki Kurishima 2019　　　　　ISBN978-4-639-02687-7　C3021
Printed in Japan　　　　　　　　　　N.D.C.210　328p　22cm